MAAR WAAR KOM JE ÉCHT VANDAAN?

Eerder verschenen van Robert Vuijsje

Alleen maar nette mensen (2008)
Beste vriend (2012)
Kaaskoppen (2016)
Salomons oordeel (2019)

Robert Vuijsje

Maar waar kom je écht vandaan?

100 verhalen over de Nederlandse identiteit

LEBOWSKI PUBLISHERS
AMSTERDAM 2020

© Robert Vuijsje, 2020
© Lebowski Publishers, Amsterdam 2020
Alle interviews in deze bundel zijn eerder gepubliceerd in *de Volkskrant*
Omslagontwerp: Dog and Pony, Amsterdam
Auteursfoto: Jan Willem Kaldenbach
Typografie: Crius Group, Hulshout

ISBN 978 90 488 5963 4
ISBN 978 90 488 5964 1 (e-book)
NUR 401

www.lebowskipublishers.nl
www.overamstel.com

OVERAMSTEL
uitgevers

Lebowski Publishers is een imprint van Overamstel uitgevers bv
Meld je aan voor de nieuwsbrief om op de hoogte te blijven van de nieuwste boeken van Lebowski Publishers via www.lebowskipublishers.nl/nieuwsbrief

Alle rechten voorbehouden
Niets uit deze uitgave mag worden verveelvoudigd en/of openbaar gemaakt door middel van druk, fotokopie, microfilm of op welke wijze ook, zonder voorafgaande schriftelijke toestemming van de uitgever

Inhoud

Inleiding 9

1. Soundos El Ahmadi 19
2. Fresku 23
3. Atilay Uslu 27
4. Noraly Beyer 31
5. Sylvana Simons 35
6. Won Yip 39
7. Hef 43
8. Zarayda Groenhart 47
9. Leroy Fer 51
10. Özcan Akyol 55
11. Sunnery James & Ryan Marciano 59
12. Anna Nooshin 63
13. Sandra Reemer 67
14. Dries Boussatta 71
15. Mano Bouzamour 75
16. Simone Weimans 79
17. San Fu Maltha 83
18. Karin Amatmoekrim 87
19. MocroManiac 91
20. Giovanca Ostiana 95
21. Dilan Yurdakul 99
22. Sait Cinar 103
23. Dehlia Timman 107
24. Soenil Bahadoer 111
25. Jayh Jawson 115
26. Rotjoch 119

27.	Jeroen Pauw	123
28.	Johan Fretz	127
29.	Diana Matroos	131
30.	Achmed Akkabi	135
31.	Franc Weerwind	139
32.	Sevn Alias	143
33.	Khalid Boulahrouz	147
34.	Gerda Havertong	151
35.	Jörgen Raymann	155
36.	Simon Tahamata	159
37.	Def Rhymz	163
38.	Cynthia McLeod	167
39.	Touria Meliani	171
40.	Lavinia Meijer	175
41.	Akwasi	179
42.	Tania Kross	183
43.	Malik Azmani	187
44.	Typhoon	191
45.	Fajah Lourens	195
46.	Dennie Christian	199
47.	Rob Malasch	203
48.	Zihni Özdil	207
49.	Winonah de Jong	211
50.	Raquel van Haver	215
51.	Natacha Harlequin	219
52.	Ahmed Marcouch	223
53.	Bilal Wahib	227
54.	Micha Wertheim	231
55.	YousToub	235
56.	Pete Philly	239
57.	Olcay Gulsen	243
58.	Murat Isik	247
59.	Laetitia Griffith	251

60.	Gerard Cox	255
61.	Nadia Bouras	259
62.	Barry Hay	263
63.	Mo Sahib	267
64.	Willem de Bruin	271
65.	Cihan Karadavut	275
66.	Fernando Halman	279
67.	Yootha Wong-Loi-Sing	282
68.	Serdar Gözübüyük	286
69.	Carolina Dijkhuizen	290
70.	Mustapha Nakhli	294
71.	André Dongelmans	298
72.	Edgar Burgos	302
73.	Woenzelaar	306
74.	Samira Rafaela	310
75.	Avinash Bhikhie	314
76.	Shady El-Hamus	318
77.	Edwin Jonker	322
78.	Tabitha	326
79.	Salo Muller	330
80.	Dopebwoy	334
81.	Humphrey Lamur	338
82.	Numidia	342
83.	Amanda van Hesteren	346
84.	Sjaak	350
85.	Charl Landvreugd	354
86.	Chivv	358
87.	Abdelkader Benali	362
88.	Deniz Üresin	366
89.	Karim Erja	370
90.	Bokoesam	375
91.	Dido Michielsen	378
92.	Amade M'charek	381

93.	Catherine Keyl	385
94.	Ajouad El Miloudi	389
95.	Sinan Çankaya	392
96.	Najib Amhali	396
97.	Dinand Woesthoff	400
98.	Orlando Engelaar	404
99.	Oumayma Elboumeshouli	408
100.	Jay-Way	412

Inleiding

De autochtone Nederlanders die zich sinds kort afvragen waarom ze ineens wit moeten worden genoemd terwijl ze toch gewoon blank waren.
De jonge Nederlandse Marokkanen die niet alleen rekening moeten houden met het meedogenloze oordeel van de Hollanders, maar ook van wat zogenaamd hun eigen mensen zouden zijn.
De inwoners van Brabant of Friesland die zich helemaal geen Hollanders voelen, maar wel zo worden genoemd omdat het een handige aanduiding is voor autochtone Nederlanders.
De Nederlandse Surinamers en Antillianen die sinds 11 september 2001 lijdzaam hebben moeten toezien hoe Nederlandse Turken en Marokkanen een monopolie kregen op gediscrimineerd worden. Waarom ging het alleen nog maar over de moslims? Alsof wíj het niet meer moeilijk hebben in dit land.
De Nederlandse Turken en Marokkanen die sinds de opkomst van Black Lives Matter denken: wat is dit, het ging in dit land toch over ónze discriminatie?
De Hollanders die sinds Black Lives Matter denken: wat is nu eigenlijk het probleem, waarom moet ík ineens veranderen, het ging toch goed hier?
De Nederlanders met roots op Aruba, Bonaire, Curaçao of Sint Maarten die geen Antillianen willen worden genoemd omdat het een koloniale term is.
De ingewikkelde relatie tussen Nederlandse Afro-Surinamers

en Ghanezen, met als ingrediënten: pesten, onderlinge discriminatie en slavenhandel.

De Nederlandse Afro-Surinamers die, tot woede van de Hindoestanen, Javanen en Chinezen, in het nationale debat van dit land het hele podium voor zichzelf hebben opgeëist.

Nederlanders met een oorsprong in Marokko en Turkije, twee landen die nergens anders ter wereld iets met elkaar te maken hebben, die tot hun verbazing in Nederland worden gezien als hetzelfde volk.

Alle andere Noord-Afrikanen, van Egyptenaren tot Algerijnen en Tunesiërs, die in Nederland voor het gemak Marokkanen worden genoemd.

En natuurlijk de joden, die wanhopig duidelijk proberen te maken: hallo, wij zijn er ook nog. Wij hebben zelfs het unieke voorrecht om door iedereén te worden gehaat, maar niemand die het meer wil zien.

Sinds de zomer van 2014 praat ik voor *de Volkskrant* iedere week met een Nederlander over zijn of haar afkomst. Die gesprekken worden, volgens modern gebruik, verschillend beoordeeld. Vanaf de extreme rechterzijde bezien ben ik een naïeve sukkel en een allochtonenknuffelaar. De extreme linkerkant vraagt zich af waarom een geprivilegieerde witte man als ik mensen van kleur mag ondervragen over een onderwerp waar ik niets van af kan weten. Zelf probeer ik via de honderd gesprekken in dit boek een verhaal te vertellen dat met de dag gelaagder, ongemakkelijker en diffuser wordt.

De meeste gesprekken gingen over de niet-Nederlandse afkomst van de geïnterviewde en welke rol die speelde in het dagelijks leven. Al snel werd duidelijk dat die voor alle gesprekspartners een rol speelde, of ze dat wilden of niet. Grof gezegd: aan de ene kant van het spectrum bevinden zich de landgenoten die de hele dag over niets anders lijken na te denken dan hun afkomst. Aan de andere kant, en zij bevinden zich meestal hoog op de maatschappelijke ladder, zijn daar de Nederlanders die niet willen worden aangesproken op de migratie van hun (voor)ouders. Maar ook deze laatste categorie wordt gedwongen zichzelf tot dit onderwerp te verhouden.

Waar een autochtone Nederlander naar waarheid kan zeggen dat hij nooit een reden heeft gehad om na te denken over zijn afkomst, daar bestaat die luxe niet voor Nederlanders met een migratieachtergrond, zoals de recentste officiële benaming luidt. Zelf vind ik, geloof ik, dat zwartharige Nederlanders een overzichtelijkere term is.

Tussen de twee hierboven genoemde karikaturale extremen bestaan vele, soms subtiel van elkaar verschillende gradaties. De honderd mooiste voorbeelden daarvan zijn verzameld in dit boek. De titel verwijst natuurlijk naar de dialoog die iedere zwartharige Nederlander uit het hoofd kent. Steeds weer dezelfde vraag: waar kom je vandaan? Gevolgd door: nee, waar kom je écht vandaan?

Zelf kreeg ik deze twee vragen vooral in mijn jonge jaren, toen ik nog zwart haar had. De eerste vraag beantwoordde ik dan met: ik kom uit Amsterdam. Maar wat moest ik antwoorden op die andere? Mijn vader heeft een Nederlands-joodse vader en een autochtoon Nederlandse moeder. Mijn moeder heeft twee joodse ouders en is geboren in New York. Haar ouders werden geboren in Egypte en Israël, destijds Palestina geheten. En hún ouders kwamen uit Polen en Oekraïne. De vraag waar ik écht vandaan kom, beantwoordde ik daarom meestal met: ik ben joods. Dat leek me de simpelste verklaring voor de vraag waarom ik niet voldeed aan het beeld van hoe een Nederlander er kennelijk uit hoort te zien.

In mijn jonge jaren, toen de Tweede Wereldoorlog nog niet zo lang geleden was, leek het ook duidelijker dat een jood iets anders is dan een autochtone Nederlander, of zoals het tegenwoordig heet: een witte Nederlander. Ik vermoed dat hier de oorsprong ligt voor mijn interesse in dit onderwerp. In de familie van mijn vader hadden mijn opa en zijn drie broers de oorlog overleefd. Drie van de vier broers konden vrijwel nergens anders over praten. Uit de verhalen die zij vertelden trok ik de conclusie: wanneer het erop aankomt, horen wij kennelijk niet bij de witte Nederlanders.

En in de familie van mijn moeder, die als volwassene naar Nederland verhuisde en de taal spreekt met een buitenlands accent, is het helemaal moeilijk om de vraag te beantwoorden: maar waar kom je écht vandaan? In vier generaties ben ik de eerste die kinderen krijgt in het land waar ik zelf ben geboren. Wanneer wordt gevraagd waar ik écht vandaan kom, moet ik dan een land noemen? Ik ben hier geboren en voel me Nederlands, meer dan ik me met welk ander land dan ook verbonden voel. Maar ik weet ook dat ik als jood net zo goed in een ander land geboren had kunnen worden. Als kind vroeg ik verontwaardigd aan mijn ouders: dus papa kwam uit Amsterdam en mama uit New York, en jullie kozen voor Amsterdam?

Tijdens de honderd gesprekken in dit boek leidde het weleens tot een spraakverwarring. Hoe ik mezelf zie – dat beeld komt niet altijd overeen met hoe mensen zoals ik tegenwoordig worden gezien, in dit geval door andere minderheden. Mijn gesprekspartners zeiden: wat goed dat jij, als witte Nederlander, je hier zo voor interesseert. Of ze merkten op: o ja, het komt natuurlijk door je zwarte vrouw, daarom ben jij hier zo mee bezig.

Ik zei dan voorzichtig: nou eh, mijn halve familie is uitgemoord in dit land, vanwege hun afkomst, net als meer dan driekwart van de mensen zoals ik en dat gebeurde vijfentwintig jaar voordat ik werd geboren – daarom ben ik van huis uit geïnteresseerd in de vraag hoe mensen met elkaar samenleven. Wat ik eigenlijk zou moeten zeggen en hopelijk denk ik daar de volgende keer aan: als jood zit ik overal tussenin, wij horen nergens bij, niet eens bij de andere minderheden, dus ik denk dat ik de verhalen uit dit boek moet kunnen begrijpen.

En dan wordt het nog ingewikkelder. Aan mij werd gevraagd waar ik écht vandaan kwam omdat mensen het écht niet wisten. Mijn debuutroman ging over een jood die eruitziet als een Marokkaan. Het was geen toeval dat ik daarover wilde schrijven. Bij mijn oudste zoon zie ik nu hetzelfde gebeuren: ook hij wordt aangezien voor een Marokkaan. Zijn moeder, mijn ex-echtgenote, komt uit Brazilië. Wanneer aan Sonny wordt gevraagd waar hij écht vandaan komt, zegt hij, tot mijn grote woede: uit Brazilië. Ik roep dan: waarom zeg je niet dat je joods bent? Je denkt toch niet dat je het zwarte haar alleen van je moeder hebt?

In de zomer van 2019 speelde hij op het balkon van zijn huis in Amsterdam-Zuid. Het was de eerste keer dat hij een avond alleen thuis mocht zijn. Sonny was destijds bijna dertien, maar ziet er ouder uit. Het balkon ligt aan de achterkant van het huis. Omdat de woningbouwvereniging daar aan het werk was, stonden er steigers. In de schemering van de zomeravond was mijn zoon van het balkon op de steiger gestapt, dat is wat jongetjes kunnen doen als ze aan het spelen zijn. Tot uit een van de ramen in de binnentuin een geweer op hem werd gericht door een buurman die riep: 'Jij hoort hier niet.'

Sonny sprong terug naar binnen en belde 112. Een paar weken later, tijdens het mediationgesprek met de wijkagent, hoorden we dat het ging om een windbuks die dezelfde avond nog door de politie in beslag was genomen. De buurman vertelde lachend dat hij dit wapen had 'gepresenteerd' omdat hij mijn zoon aanzag voor een inbreker.

Ik herinner me hoe ontspannen en relativerend de buurman vertelde over een incident waarbij hij een twaalfjarig kind onder schot had gehouden. Eigenlijk zag hij nog steeds niet dat hier iets verkeerds was gebeurd. En zijn uitroep dat mijn zoon 'hier niet hoort' terwijl die bij zijn eigen balkon aan het spelen was? Volgens de buurman bedoelde hij natuurlijk dat een inbreker niet op die steiger hoorde te staan, het had niets te maken met het donkere uiterlijk van mijn zoon.

Tijdens die mediation moest ik denken aan een paar jaar eerder, toen ik zelf in contact kwam met een politieagent. Alleen was dat niet in Nederland, maar in de Verenigde Staten. In Memphis, Tennessee, om precies te zijn.

Als kind ging ik bijna ieder jaar op vakantie naar de ouders van mijn moeder, in New York. Ze woonden in een deel van de Bronx dat eerst joods was, tot daar Afro-Amerikanen kwamen wonen en alle joden verhuisden. Behalve mijn grootouders. Jaren later kwam ik als uitwisselingsstudent aan de University of Memphis ook terecht in een Afro-Amerikaans gezelschap. Op de Universiteit van Amsterdam zaten in die tijd niet of nauwelijks zwarte studenten. Pas in Memphis, een overwegend zwarte stad, zag ik: o ja, zij studeren natuurlijk ook.

Gregory werd een van mijn beste vrienden en we waren al twintig jaar geen student meer toen ik bij hem logeerde. Na een avond uit zat ik achter het stuur van mijn huurauto en miste de afslag naar de straat waar hij woonde, dus we moesten nog een rondje rijden. Dat de agent van de Memphis Police Department zijn zwaailichten aanzette om ons te laten stoppen, had waarschijnlijk te maken met de als vrouwen verklede mannen die in de buurt van Gregory's huis zichzelf 's nachts op straat prostitueerden. De agent dacht dat wij aan het cruisen waren voor she-males.

De politieagent was wit, Gregory zwart en ik zat tussen ze in. Aan mijn kant van de auto vroeg de agent door het geopende raam of ik mijn rijbewijs wilde overhandigen. Het was na middernacht, bij het zien van de politieauto hadden alle she-males zich uit de voeten gemaakt, dus er was niemand in de buurt. Met een zaklantaarn scheen de agent de auto in en zei dat ook mijn bijrijder zijn rijbewijs moest afgeven. Gregory merkte nog op hoe ongebruikelijk dat was, aangezien hij niet achter het stuur zat.

Misschien duurde het in werkelijkheid tien minuten tot de politieagent terugkwam met onze rijbewijzen, maar voor ons leek het een uur. In de tussentijd waren we allebei te gespannen om een woord uit te brengen. Nadat we onze rijbewijzen hadden teruggekregen en de agent was weggereden, zei Gregory: 'Bedankt.'

Ik vroeg waarvoor hij me bedankte.

'Gewoon,' zei hij. 'Dat je erbij was. Ik weet niet wat er anders was gebeurd.'

Het incident met mijn zoon is nu een jaar geleden, maar er is weinig veranderd. Mijn hele leven woon ik al tussen Nederland en Amerika in. De Verenigde Staten zijn in alle opzichten een gewelddadiger en extremer land dan Nederland. Dat is logisch, Amerika was vanaf het begin een extreem en gewelddadig land. Vanuit Europa arriveerden immigranten die de oorspronkelijke bewoners lieten weten: dit land is nu van ons. In de eeuwen erna transporteerden ze onder dwang miljoenen Afrikanen om het land voor ze te bewerken, onder gruwelijke omstandigheden.

In het contact met de politieagent in Memphis, maar eigenlijk bij iedere sociale interactie in Amerika, zijn alle aanwezigen zich bewust van de geschiedenis en van de bepalende rol die deze permanente donderwolk ook vandaag nog speelt. Tijdens de mediation op het politiebureau in Amsterdam-Zuid werd niet alleen niet benoemd dat de buurman nooit op deze manier zou hebben gereageerd wanneer een blond buurjongetje op zijn eigen balkon had gespeeld – bij het ter sprake brengen van dit onderwerp werd zelfs stomverbaasd gereageerd. Nee, natuurlijk had het niets te maken met Sonny's uiterlijk dat niet overeenkomt met dat van de gebruikelijke bewoner in Amsterdam-Zuid, hoe kon ik toch op dat idee komen? Dezelfde haast kinderlijke reactie is nu in Nederland te zien, sinds de protesten, discussies en maatschappelijke ontwikkelingen die in gang werden gezet na, onder meer, de moord op George Floyd. Ook Nederland heeft een gewelddadige geschiedenis, alleen heeft die zich grotendeels afgespeeld in de overzeese gebieden, zowel in de landen die werden veroverd door de West-Indische Compagnie als de Oost-Indische Compagnie.

Etnisch geprofileerd worden door de politie, altijd je best doen om niet agressief of bedreigend of emotioneel dan wel hysterisch over te komen, steeds worden gezien als onderdeel van een groep en niet als een individu, een lager advies krijgen na de basisschool en in het algemeen worden ingeschat als minder slim, hardwerkend of hoogopgeleid – waarom is dit voor het zwartharige deel van Nederland allemaal zo vanzelfsprekend dat het niet eens hoeft te worden uitgesproken, terwijl dezelfde verschijnselen voor de meerderheid van Nederland in 2020 volkomen nieuw lijken te zijn?

Het verschil met Amerika, waar de oorsprong lag van deze mondiale beweging, is dat iedereen daar weet wat de kleur 'wit' betekent en welke historische betekenis ermee samenhangt. In Nederland lijkt het alsof nu pas voor het eerst 'wit zijn' wordt benoemd als een afkomst, waar ook nog eens negatieve eigenschappen aan kunnen worden toebedeeld, zoals racisme en discriminatie.

Minderheden zijn het allang gewend om als een groep te worden beoordeeld – en meestal niet op een positieve manier. Maar vanuit een groep die zichzelf altijd heeft gezien als de neutrale standaard wordt nu gedacht: wat is dit, waarom word ík aangesproken op een systeem met racistische elementen dat niet door mij eigenhandig is aangelegd? Wíj hebben hier toch jarenlang de dienst uitgemaakt en bepaald wat wel of niet acceptabel is, waarom zouden we ineens moeten luisteren naar andere stemmen? Waarom zouden zíj iets te zeggen mogen hebben over óns land? De frictie en onrust over alles wat door Black Lives Matter in gang wordt gezet, het draait allemaal om ongemak over verandering. De verhalen van politieke partijen, in musea, bij standbeelden of straatnamen, in praatprogramma's op de televisie – ze zijn hetzelfde gebleven, alleen worden ze nu getoetst aan een bredere en diversere standaard. En die verandering was niet voorzien. Liever was vastgehouden aan een toneelstukje waarin Nederland op wonderbaarlijke wijze het enige land ter wereld zou zijn waar nauwelijks of geen discriminatie bestaat.

Dan nog een snelle leeswijzer bij deze honderd verhalen. Ze zijn in chronologische volgorde geplaatst, van 2014 tot nu. Dat levert hier en daar een tijdsbeeld op. Zoals een van de geïnterviewden kort geleden opmerkte: nu wil iedereen zich júíst uiten over de betekenis van hun afkomst in Nederland, maar vijf jaar geleden spraken we daar liever niet over. In de eerste jaren vertelden de geïnterviewden over de invloed van hun gemengde afkomst op leven en werk. De gesprekken maakten een ontwikkeling door. In de huidige tijd is het uitgangspunt geworden: oké, en hoe gaan we nu verder?

Kennelijk was 'blank' in 2014 nog een gangbare term, rond 2016 verschoof dat in bepaalde progressieve kringen naar 'wit'. De citaten van de geïnterviewden worden weergegeven in hun eigen taal. Wanneer zij 'blank' zeggen, of 'wit' of 'neger' of 'kankerjood', dan is dat de term die zij in het gesprek gebruikten.

In de tweede helft van het boek vraag ik iedereen te kiezen tussen de woorden 'wit' en 'blank'. Dat vraag ik omdat het een soort indicatie is voor waar zij staan in wat ik maar even de 'cultuuroorlog *du jour*' zal noemen. Eerder in het boek worden de geïnterviewden gevraagd naar hun mening over Zwarte Piet en Mohammedcartoons.

Ten slotte, een persoonlijke noot. Ik zie een belangrijk onderscheid tussen echte, legitieme problemen en theoretische discussies over vermeende racistische details die uiteindelijk vaak insignificant blijken te zijn. Het laatste heb ik in dit boek zo veel mogelijk proberen te vermijden. Voor een tragikomische beschrijving van dit spanningsveld – over wat er gebeurt wanneer het niet langer gaat om theorie, maar om de realiteit van de echte wereld – verwijs ik u graag naar mijn recentste roman, *Salomons oordeel*.

Soundos El Ahmadi

Comedian (Nederland, 1981)

NEDERLANDS
'In het buitenland. Daar ben ik zuinig, nuchter en ik zie dat niets zo goed geregeld is als in Nederland. In België begint dat al. Op tijd komen, je aan afspraken houden, dat kunnen ze buiten Nederland niet. In Marokko zijn kantoren twee of drie uur per dag geopend. Vind je het gek dat het een derdewereldland is?'

MAROKKAANS
'Als we naar vrienden van mij gaan en Daniël vraagt of daar eten zal zijn. Ja natuurlijk is er eten. Als we bij zijn vrienden op bezoek gaan is het altijd ramadan, het hele jaar door. Je krijgt niets te eten.'

Ze waren drie jaar in gesprek geweest, de AVRO wilde meer diversiteit. Haar toekomst was erop afgestemd. Het presenteren van entertainmentprogramma's en een kindershow die speciaal voor haar werd ontwikkeld. Tot het telefoontje.

'Een kort telefoontje. Ze kozen voor Kim-Lian van der Meij in plaats van voor mij. Een uur later zapte ik toevallig langs RTL *Boulevard*. Kim-Lian vertelde trots over haar nieuwe contract bij de AVRO. Ze hadden mij nog snel even gebeld voordat ik op de televisie zou zien dat iemand anders het werd. Aan die drie jaar heb ik niets overgehouden, alleen een grap: het enige zwarte aan de AVRO is hun naam en zelfs die hebben ze verkeerd gespeld.'

Geen slechte grap.
'Hé, ik heb hem zelf geschreven, natuurlijk is het een goeie grap. Maar dat is wel hoe het gaat. In Hilversum zeggen ze gewoon: deze keer zoeken we geen Marokkaan, misschien nemen we volgende

keer weer een exotische presentator. Dan vraag ik: maar jullie zochten toch een presentator? Daarna zeggen ze: ja, maar we hebben vorig jaar al een Surinaams meisje gehad. De redacties zijn helemaal blank en ze hanteren een soort quotum. Wanneer Ali B in een programma is geweest, weet ik al dat ik daar voorlopig niet in zit.

'Toen ik dat telefoontje kreeg van de AVRO veranderde er iets in mijn hoofd. Ineens wist ik dat ik in het theater moet zijn, niet bij de televisie. In het theater kun je zeggen wat je wilt, zonder dat iemand van een redactie je komt vertellen wat je wel en niet mag doen. Daar heb je weer andere dingen. Wist je dat er een Nederlands theater bestaat met een programmeur die er speciaal is voor de allochtone artiesten? Dat je om die reden in hun theater wordt geboekt? Eerst dacht ik: wow, ik mag op dat podium staan. Toen ik hoorde over die programmeur voelde ik me zo vies, ik wilde meteen douchen.'

Op papier lijkt het misschien zwaar maar als Soundos El Ahmadi het vertelt klinkt het anders – als een soort grap. Op het gala van de Televizier-Ring verzamelen alle televisiemakers van Nederland zich. 'Van al die duizenden mensen zijn er dus zes niet blank. We staan samen in een hoekje te klagen.' Ze vertelt het op een vrolijke manier. Als iets dat nu eenmaal zo is. Maar eigenlijk anders zou moeten zijn.

'Weet je wat het probleem is? Je mag het niet zeggen. Autochtonen denken dat het niet bestaat, alle allochtonen weten dat het wel bestaat. Het is als liefdesverdriet. Wanneer je dat zelf nooit hebt gehad, kun je je er misschien niets bij voorstellen. Maar je kunt er toch wel naar luisteren en proberen het te begrijpen?

'Wanneer je dit benoemt, klink je als de presentator die klaagt dat hij geen werk heeft. Ik heb genoeg werk. Een jonge Marokkaanse comedian en ook nog vrouw. Vanaf het begin kreeg ik veel aandacht. Dat ze wilden weten wat mijn ouders ervan vonden dat ik op een podium stond. Ik heb een keuze moeten maken:

wil ik een goede comedian worden of wil ik die Marokkaan zijn? Alleen maar praten over Marokkanen, programma's maken voor de NPS – die weg wilde ik niet. Dan herhaal je een trucje en word je lui. Ik ben een Nederlander die toevallig goed kan dansen. Tenminste, ik denk zelf dat ik dat goed kan. Voor interviews vraag ik altijd: wil je de comedian of wil je de Marokkaan?'

Is al die aandacht omgekeerde discriminatie?
'Positieve discriminatie? Het is gewoon discriminatie, ik zie er niets positiefs aan. Wanneer jij je niet verdiept in mij, maar me alleen ergens voor vraagt omdat ik Marokkaans ben, dat is toch goor? Een Hollander zal zoiets nooit meemaken, die worden gevraagd om wat ze doen.

'Er is een revolutie gaande. Mensen zijn er klaar mee dat alles moet gebeuren volgens een bepaalde bestaande organisatie. Habbekrats, de makers van de films *Rabat* en *Wolf*, zouden nooit een kans krijgen op subsidie van het Filmfonds. Dan doen we het toch zelf? Op internet zie je nu ook allerlei programma's ontstaan die in Hilversum nooit gemaakt zouden worden.'

Ze is getrouwd met Daniël. 'Uit Zuid-Limburg. Vijlen, het mooiste bergdorp van Nederland.'

Zegt dat iets over jou?
'Nee. Het zegt dat ik verliefd ben geworden op Daniël. Soms krijg ik een Mocro voor me die zegt dat ik een sell-out ben. Meestal is dat een jongen die geen Arabisch spreekt en ook niet goed Nederlands. En dan zou ik in de war zijn, met mijn Nederlandse man?'

Haar moeder kwam uit Tetouan, haar vader uit Rabat. Allebei uit zichzelf, onafhankelijk van elkaar.

Waarom kwamen ze juist naar Nederland?
'Dat weet ik eigenlijk niet. Omdat dit het leukste land van de wereld is?'

Denk je dat jouw ouders verschilden van gastarbeiders?
'Misschien wel. Mijn moeder studeerde, van mbo naar hbo naar post-hbo en daarna een managementstudie aan de Erasmus Universiteit. Mijn vader had een rijschool. Die waren er toen niet veel, hij had het rijk alleen. Op het vwo kreeg ik hetzelfde te horen als alle Marokkanen: dat we beter met onze handen kunnen werken, wat kwam ik hier doen? Dan moest mijn moeder weer naar school om met de leraar te praten.'

Fresku

Rapper, geboren als Roy Reymound (Nederland, 1986)

NEDERLANDS
'De compassie die bij ons allemaal loskwam nadat het vliegtuig neerstortte in Oekraïne, ik vond het mooi om te zien. Toen voelde ik me wel een Nederlander. Het zou nog mooier zijn als we die compassie ook konden opbrengen als het niet om Nederlandse slachtoffers gaat.'

ANTILLIAANS
'We hebben daar een begroeting. *Bo tei si?* Het betekent: je bent er wel toch? Of je echt aanwezig bent, erbij bent. Als ik me lekker voel, als ik in mijn flow zit, als ik hard praat en iedereen in de kamer kijkt naar me en luistert naar mijn verhalen, dan voel ik me een Antilliaan.'

ETEN
'Ik ben nu op een veganistisch dieet, dus ik mag er eigenlijk niet aan denken, maar ik geloof toch wel dat het kip is. En dan bedoel ik de poten.'

Zijn moeder kwam in Brabant thuis met een Antilliaanse man. Daar was haar familie niet blij mee. 'Dat is een van de moeilijkste dingen, denk ik. Zij zijn mijn familie, zo voelt het ook als ik bij ze ben. Ik identificeer me met de familie van mijn moeder. Het gevoel voor humor heb ik van mijn ooms, en mijn volle wenkbrauwen, dat kan ik zien. Maar ik zie ook dat ze geen andere donkere mensen kennen dan mij en mijn zus en broertje. En ik weet dat mijn vader het gevoel had dat ze hem niet in de familie wilden omdat hij zwart is.

'Ik ben ook zwart. Het is een soort zwarte bladzijde, ik ga er niet over beginnen. Dat heeft geen zin, want ik weet dat het van tafel wordt geveegd. Zij zullen zeggen dat het niet waar is. Het gaat niet over mijn familie, het gaat over een tijd waarin mensen in Nederland niet beter wisten.'

Voel jij je een Eindhovenaar?
'Dat voel ik echt. Het is niet altijd makkelijk om hier te wonen, je moet alles zelf doen. Ik kan niet even om de hoek gaan en vragen: hoe doe jij dat? De rest van de wereld is toch ver weg.'

Je bedoelt dat je niet in Amsterdam woont?
'Ja, dat. Maar ik ben trots op die dorpse mentaliteit, daar hoor ik bij. Alleen weet ik dat het soms botst met mijn zwarte mentaliteit. Voor ik artiest werd, heb ik veel gewerkt met echt boerse boeren. Productiemedewerker. Wanneer er weer iets in de krant stond over Antillianen en criminaliteit werd daar op het werk over gepraat. Ik wilde laten zien: kijk maar, ik heb zelfspot. Dan maakte ik met een Brabants accent een grap om te laten zien dat ik wél een goeie was.

'Toen ik in de riemenfabriek werkte, moest ik een nieuwe collega inwerken. Hij vroeg: kan jij tegen een grapje? Op die vraag kun je eigenlijk geen ander antwoord geven dan ja. Daarna vroeg hij: wist je dat er een nieuwe apensoort bestaat die niet houdt van lianen? Ik wist al dat hij zou zeggen: een anti-liaan.

'Het was als een aflevering van *Seinfeld*, ik lachte even en er viel een stilte. Hij gaf me een schouderklop en zei dat ik een goeie was. Ik zei nog steeds niets en wilde dat ik die schouderklop kon teruggeven. Een echte leider, iemand die andere mensen vooruit wil helpen, had op dat moment iets gezegd. Ik schaam me dat ik dat niet heb gedaan.'

'Mijn vader heeft ooit Zwarte Piet gespeeld op mijn lagere school. Ik was jong, maar ik weet nog hoe pijnlijk het was. Op die school zaten mijn zus en ik en nog een paar Hindoestaanse kinderen, verder alleen Brabanders. Alles wat ik om me heen zag was blond, op school en in mijn familie. Mijn vader was in die jaren niet zo in de picture. Ik was een Nederlander, net als iedereen. Toen kinderen op school tegen me zeiden dat ik een

neger was, voelde ik ineens dat ik anders was. Tot die tijd dacht ik dat ik bij ze hoorde.
 'Mijn vader en moeder hadden altijd ruzie, ik kan me niets anders herinneren. Toen ik zeven was, ging het niet goed met mijn moeder, ze kon ook niet voor drie kinderen zorgen. Mijn vader zat al op Curaçao, hij eiste ons min of meer op. Mijn zus en ik verhuisden naar Curaçao. Het was anders. De opvoeding. Je kreeg daar klappen, thuis en op school, met de liniaal.
 'Mijn oma had acht kinderen, die allemaal kinderen hadden. De meesten woonden in ons huis en anders kwamen ze wel langs. Je zat op de vloer en je kreeg een bord eten. Het was anders dan in Nederland, maar ik mis het wel. Ik was lang, iedereen dacht dat ik zeventien was, dus kreeg ik ook ruzie met oudere jongens. Vraag me niet waarom, maar toen ik veertien was, had iedereen daar de gewoonte om een zakmes mee naar school te nemen. Ik deed het ook. Een jongen zei tegen me: ik heb daar wel iets voor. Hij bedoelde een pistool. Vanaf dat moment was ik gewoon bang. De hele tijd. Ik verhuisde terug naar mijn moeder.'

'Vroeger zei ik altijd dat mijn vrouw eruit zou zien als Lauryn Hill in haar jonge jaren. Om mijn eigen kleur meer identiteit te geven, wilde ik een zwarte vrouw hebben. Ik had een kantoor nodig in Eindhoven en ging naar een woningbouwvereniging. Daar werkte Lieke. Vanaf het moment dat ik haar zag, was ik verliefd.
 'Lieke is Brabants, ze komt uit Eindhoven. Een mooie vrouw. Ze heeft een rock-uiterlijk, met tatoeages, maar ze is ook hiphop-minded, dat merkte ik meteen. Lieke is van overal. Ik kende alleen Nederland en Curaçao, zij liet me andere plekken op de wereld zien. Nu zijn we samen een gezin, in Eindhoven.
 'Met Lieke ben ik naar Curaçao geweest. Ze kon daar gewoon rondlopen in de moeilijke wijken. De mensen wilden haar meenemen in hun cultuur, ze waren *eager* om haar iets te leren. Dat had ik ook gemerkt toen ik daar kwam als het Nederlandse

kindje. Ze stonden voor mij open. In Nederland staan ze niet op die manier open, ze willen buitenlanders niet meenemen in hun cultuur en hun leven.'

Komt het niet doordat ze op de Antillen langer gewend zijn aan verschillende mensen dan in Nederland?
'Dan nog. Nederland is toch het *civilized* land en Curaçao niet? Zouden Nederlanders niet verder moeten zijn in hun ontwikkeling?'

Atilay Uslu

Ondernemer (Turkije, 1968)

> **NEDERLANDS**
> 'Als het Nederlands elftal speelt. En als ze tegen Turkije spelen? Dat is een gewetensvraag. Ik win altijd, dat is een voordeel.'
> **TURKS**
> 'Wanneer ik bij mijn ouders ben. Mijn vader woont in Turkije, met zijn jongere vriendin. Als hij in Nederland is logeert hij bij mijn moeder.'

Atilay Uslu richtte in 2005 Corendon op, een reisbureau en luchtvaartmaatschappij voor voordelige zonvakanties. Onder meer all-inclusive naar Turkije. 'Onderzoek onder de klanten wijst uit dat de PVV bij ons boven de twintig zetels zit. Ze voelen zich thuis in Turkije – zolang de Turken daar blijven. Wij zijn trouwens de enige volledig Nederlandse luchtvaartmaatschappij. KLM en Transavia zijn inmiddels Frans, Arke is Duits.'

Wat zou er zijn gebeurd wanneer Atilay Uslu's moeder níet met de kinderen naar Haarlem was gekomen toen ze ontdekte dat zijn vader daar buitenechtelijke activiteiten ontwikkelde? Hij moet even nadenken. 'Dan was ik nu een boer geweest, in Turkije, en hield ik me bezig met koeien en schapen. Daar kun je ook heel groot in worden.'

Ben je blij dat je leven werd verplaatst?
'Ja natuurlijk, Nederland is een prachtig land. Kijk naar de landen die grenzen aan Turkije. Syrië, Irak. Dan zit je hier beter.'

Hij weet precies de dag waarop hij in Nederland arriveerde. '16 december 1969. We kwamen vanuit een dorp in de buurt van Ankara, ik was één jaar. Mijn moeder had gehoord dat mijn vader een vriendin had. Op dat moment hadden ze drie kinderen, ze vond dat mijn vader zijn verantwoordelijkheid moest nemen. Het schijnt dat ik de eerste jaren in Haarlem gedeeltelijk ben opgevoed door mijn vaders vriendin, mevrouw Carla. Ik herinner me daar niets van.

'De droom van mijn vader was: in Nederland genoeg geld verdienen voor een huisje in Turkije. En dan teruggaan. Ze dachten allemaal dat ze terug zouden gaan. In Haarlem had mijn vader koffiehuizen en pensions voor Turkse mannen. Die mannen kwamen alleen, ja. Vrouwen stonden in de rij voor die mannen met donkere haren. In die tijd werd het blijkbaar nog sexy gevonden. Niet alle mannen konden die verleiding weerstaan.

'Ik kan me niet herinneren dat ik in Haarlem ooit heb gevoeld dat ik een buitenlander was. Het gebeurde voor de eerste keer toen ik twintig was. Ik werkte bij Fokker als cockpittechnicus. Een afdeling ging dicht en mijn chef wilde me graag houden. Door de voorman werd ik toch ontslagen. Mijn chef zei dat het kwam door mijn Turkse achternaam. Als ik Van Dam had geheten, kon ik daar gewoon blijven werken.

'Later ontmoette ik ook wel Nederlanders die zeiden: eigenlijk mag ik Turken niet, maar jij bent een goede Turk. Dan dacht ik: jippiejee, dank voor het compliment.'

Hoe begon het geld verdienen?
'Het zat al een beetje in de familie, door mijn vader. Ik moest een miljoen bij elkaar hebben voordat ik dertig was. In guldens was dat nog, hè. Na dat eerste miljoen gaat het vanzelf, dan kun je steeds je doelen bijstellen.'

Zo makkelijk is het?
'Nou, het gaat vaker mis dan dat het lukt. Ik denk dat het draait om vooruitzien. Dat kan ik blijkbaar goed. En je moet de juiste mensen om je heen verzamelen en ze motiveren. Daarna is het: alleen naar voren kijken en gaan met die banaan, zoals ik altijd zeg. Dat is mijn lijfspreuk.'

Het klinkt simpel.
'Dat is het ook. Traditionele bedrijven maken alles ingewikkelder dan het moet zijn. Over RyanAir kun je zeggen wat je wilt, maar ze zijn nu twee keer zo groot als KLM en Air France. Met één vijfde van het personeel. Het kan allemaal, als je het maar simpel houdt.'

Heb je contact met andere vermogende Nederlanders?
'Je hebt van die clubs, daar ga ik nooit heen. In Rotterdam hebben ze een keer gevraagd of ik een presentatie wilde geven. De organisator vroeg me: wat is het verschil tussen een Marokkaanse en een Turkse caissière? Ik zei dat ik het niet wist. Wat is dat voor vraag? Marokkanen zijn donkerder en ze hebben meer krullen. De enige verbondenheid is dat we allebei zogeheten allochtonen zijn. En we hebben hetzelfde geloof, een beetje. De culturen zijn totaal verschillend. Wanneer mensen mij een Marokkaan noemen, zeg ik eerst altijd dat ik van Turkse komaf ben. Na de tiende keer geef ik het op. Oké laat maar, dan ben ik wel een Marokkaan.

'Op die miljonairsclub vertelde een andere man trots dat hij 1700 werknemers had, van wie 1000 allochtonen, allemaal laaggeschoold. En in het managementteam, vroeg ik. Nul van de zes. Dat vind ik opmerkelijk in Nederland. Die stap durven ze niet te maken met mensen die ze niet kennen. Verschillen zijn er altijd, ik vind dat je daar niet naar moet kijken. In mijn bedrijf kijk ik alleen naar kwaliteit.

'In Duitsland is het anders. In de toplaag zie je veel Turken, het is normaal. Het verschil is dat de Duitse en de Turkse regering bondgenoten waren bij de immigratie. In overleg werden hoogopgeleide Turken naar Duitsland gehaald. Dan bestelde de Duitse overheid honderd Turkse dokters en vijftig advocaten. Hun kinderen hebben nu goede posities in Duitsland.

'Naar Nederland kwamen Turken om in de fabriek te werken, of als schoonmaker. Of ze kwamen ongevraagd. Nu moet je tien landen door, toen hoefde je maar vijf grenzen over. Oostenrijk was de poort, na die grens was je binnen. Alleen al mijn vader heeft duizenden illegale Turken het land in geholpen. Als artiest had je geen visum nodig, iedereen had een gitaar bij zich, waarop ze niet konden spelen. En een Turks meisje dat legaal in Nederland woonde, was goud waard.'

Ben je met een Turkse vrouw?
'Mijn oudste zoon kreeg ik met een Turkse vrouw. Nu ben ik met een Hollandse vrouw. Ik weet niet of het veel verschil maakt. Een relatie in stand houden is sowieso een kunstwerk, zeg ik altijd. Toevallig vertelde mijn vrouw me laatst dat we cultuurverschillen hebben. De eerste paar jaar had ik daar ook last van. Als ik met vrienden ben en mijn moeder belt, staat er tien minuten later eten op tafel. In een Hollands gezin moet dat van tevoren worden geregeld met afspraken. Ik kan niet zomaar mijn vrouw bellen en zeggen: we komen eraan.'

Noraly Beyer

Van 1985 tot 2008 presentator van het *NOS Journaal*
(Curaçao, 1946)

NEDERLANDS
'Ik ben Nederlands, dat is een wezenlijk onderdeel van wie ik ben. Als je vraagt of ik een Nederlander ben, zeg ik ja. Maar als je vraagt of ik me een Surinamer voel of een Antilliaan, zeg ik ook ja. Ik ben gewoon een kind van het Koninkrijk.'

Het mooiste vond ze de mensen die kwamen vragen of ze over je hand mochten wrijven, om te zien of de kleur zou afgeven. Als kind was Noraly Beyer één keer op vakantie geweest naar Nederland. 'De mensen hadden ogen op steeltjes als ze ons zagen. Een gezin met zes kinderen, allemaal donker. Dat was ongekend.'

Eind jaren dertig verhuisden haar ouders van Suriname naar Curaçao. Daar was olie en Shell en meer banen. De vader van Noraly Beyer kwam terecht bij Shell, haar moeder zat in het onderwijs. Wie het zich kon permitteren stuurde zijn kinderen naar Nederland om te studeren. Op haar twaalfde ging ze naar het internaat in Roermond, bij de nonnen.

'Alles was nieuw en spannend. Op Curaçao was ik al gewend aan een samenleving met verschillende soorten mensen, zeker ook met Hollanders. Omgekeerd kenden ze dat hier niet. Mensen zoals mij kenden ze alleen van de missiekalender. Ik zat met twee andere kinderen uit de West op die kostschool. We waren de zwarte korrels in een pan met witte rijst.'

Tot eind jaren zestig bleef ze in Nederland wonen. Tot ze een kind kreeg. 'Ik wilde dat mijn kind zou opgroeien in de vrijheid van de tropen. Niet in zo'n klein huis in Nederland.'

In Suriname kwam ze te werken bij het televisiejournaal van STVS, de staatsomroep. 'De eerste paar jaar was ik euforisch over de onafhankelijkheid, net als iedereen. Toen kwam de coup in 1980. Mijn schoonvader, die in Hongarije de inval van de Russen had meegemaakt, waarschuwde vanaf het begin dat het nooit goed afloopt met een land waar militairen de macht grijpen. Ik dacht: slechter kan niet, van mij kregen ze *the benefit of the doubt*.

'Algauw ging de groep rond Bouterse zich dictatoriaal gedragen. Wij maakten al jaren een televisiejournaal, we wisten hoe dat werkte. Zij wisten alleen: als je de macht hebt, ben je de baas. Over mij en een andere collega zeiden ze dat we de revolutie niet hadden begrepen. De Decembermoorden waren de Apocalyps. Tijd om te gaan.

'Ik was veertien jaar weggeweest uit Nederland. De sfeer was totaal omgeslagen, alles was veranderd. Voordat ik wegging, werden wel al grapjes gemaakt over Surinamers. Dat ze de meiden afpakten en lui waren en zo hard lachten. Turken en Marokkanen had ik ook leren kennen. Die werden een beetje achter de dijk gehouden. Ze zouden toch teruggaan.

'Ik denk dat het kwam door het aantal. Hoe meer er zijn, hoe ingewikkelder het wordt. Voordat ik wegging, had ik veel contact met Antillianen en Surinamers. Altijd in een gemengd gezelschap, dat ging op een natuurlijke manier. Dat mengen ging niet meer zo makkelijk, het was harder geworden. In Nederland was blokvorming ontstaan, die er nu nog steeds is. Het heeft ook te maken met het geloof, met de islam, waar in Suriname op een andere manier mee wordt omgegaan.'

Wat trof u verder aan?
'Ik viel in een discussie onder Surinamers en Antillianen die zichzelf niet herkenden in de media. Ze riepen: waar is de zwarte

Emmer? Fred Emmer was een nieuwslezer bij het NOS *Journaal*. Mensen namen mij mee naar bijeenkomsten waar werd geroepen dat het zo niet verder kon. In koor riep ik het mee: waar is de zwarte Emmer? Op de televisie was niets terug te zien van de verkleuring in de maatschappij.

'De hoofdredacteur van het NOS *Journaal*, Peter Brusse, had lange tijd in Engeland gewoond. Daar waren en zijn ze verder dan in Nederland. Toen er een plek vrij kwam doordat Fred Emmer stopte, vond de hoofdredacteur dat zijn opvolger zwart moest zijn. Ik had dit werk eerder gedaan, ze kwamen bij mij terecht. Ik weet nog dat ik tijdens de sollicitatie zoiets zei als: zo zo, gaan jullie eindelijk op zwart? Toen moesten ze wel lachen.'

U vond het geen bezwaar dat u werd gekozen omdat u zwart bent?
'Ik vond en vind nog altijd dat functies in het openbare leven een goede afspiegeling van de maatschappij moeten zijn. Er was niets. Als ik dan de kans kreeg om er iets aan te doen, moest ik niet flauw zijn.'

Bent u zich bewust van de historische betekenis?
'Dat is lastig om over jezelf te zeggen. Ik vind het vooral jammer dat het niet doorzet. Hoeveel zijn er nu? Overal wordt gezegd: ze zijn er niet. Bij de televisie, in het theater. Het is een taboe dat geen taboe zou moeten zijn. Maar iemand moet het managen, die verschillende culturen. In de hectiek van de dag is daar vaak geen tijd voor.

'Toch zouden ze actiever moeten zoeken, zich inleven in andere culturen. Voor mensen met een andere afkomst, die wel hier zijn geboren en getogen, blijft het leven toch anders dan voor iemand die iedere middag om vier uur een kopje thee kreeg van zijn moeder. Ik begrijp dat het makkelijk is om steeds maar weer terug te vallen op je eigen bastion. Als het geloof erbij wordt gehaald, is het helemaal ingewikkeld. Maar als we verder willen, zullen we toch zwaarder moeten inzetten op wederzijds begrip.'

Sylvana Simons

Nu politicus, tijdens het interview nog presentator
(Suriname, 1971)

NEDERLANDS
'Dat voel ik me altijd.'
SURINAAMS
'Ook altijd. Als ik in Suriname ben, voel ik het nog sterker omdat ik daar geen minderheid ben.'
ZWARTE PIET
'Een achterhaald symbool van racisme. Zeker als je kijkt naar de andere historische zwarte symbolen in de Nederlandse cultuur. Die zijn er niet. Deze blackface is het enige zwarte rolmodel in onze massacultuur en op onze scholen. Dat maakt het erger.'

Ze zegt het als een constatering: 'Je leeft altijd in minimaal twee werelden. Thuis met je familie en vrienden. En buiten, op de werkvloer en op straat. In die werelden is alles anders. Dat is de realiteit als je zwart bent en in een blank land leeft. Ik klaag er niet over, het gaat erom wat je doet met dit gegeven.'

Sylvana Simons groeide op in Amsterdam en daarna in een nieuwbouwwijk in Hoorn. 'Nu zou je het een Vinex-wijk noemen. Met veel Amsterdammers die, net als wij, daar kwamen wonen. We hadden allemaal hetzelfde huis, waar we net zo lang woonden met eenzelfde soort gezin. Het was gelijkwaardig. In die wijk woonden nog twee Surinaamse gezinnen, verder was die blank. Toen we er woonden, voelde ik niet bewust speciale verbondenheid met de andere Surinaamse kinderen. Later besefte ik dat die verbondenheid wel degelijk bestond. De wereld kijkt anders en behandelt je anders.

'In Hoorn waren we niet met veel, we vormden geen bedreiging. En we waren aangepast, gedroegen ons netjes. Toen ik veertien was, vertelde ik een keer enthousiast aan iemand waar ik mee bezig was. Een balletopleiding en ik zat op de havo. Dat dansen vond die man normaal, maar dat ik op de havo zat was wel heel bijzonder. En de sollicitaties waarbij ze me eerst telefonisch hadden gesproken. Wanneer ze me in het echt zagen, was het: o, we hadden niet gehoord dat je niet blank was. De gebruikelijke dingen.

'Voor de televisie begon ik bij TMF, als vj. Mijn eerste gesprek was met Lex Harding, de grote baas. Hij vroeg wat ik wilde doen. Ik antwoordde: zwarte muziek. Toen zei hij: alle muziek is zwarte muziek. Het was een witte omgeving, maar ik had mijn eigen hoekje waar ik het zo kon doen als ik dat wilde. Ik kreeg de kans om mijn muziek met de wereld te delen.

'Later, toen ik met RTL bij de grotemensentelevisie terechtkwam, liep ik tegen andere dingen aan. De redacties zijn wit, ze denken wit en maken een wit product. En dat zal ook zo blijven. Hoe angstig sommige Nederlanders ook zijn, die situatie zal niet veranderen. Ik ging mee in die programma's omdat ik dat zelf wilde.

'Een presentator zie ik als een doorgeefluik. Ik was niet de girl next door, maar wel mainstream genoeg voor een groot publiek. Als je wilt groeien, moet je buiten de comfortzone komen. Ik ben gek op de Surinaamse keuken, maar ik probeer ook graag iets anders. Het is zonde om zelf je publiek te beperken door met een accent te spreken of je alleen te richten op bepaalde topics. Ik vind het getuigen van gemakzucht, of een gebrek aan ambitie, om je kring bewust zo klein te houden.'

Vonden andere Surinamers dat ook?
'Ze hebben me vaak verweten dat ik een bounty zou zijn. Ik stapte uit de kudde, ik verbrak een verbond door dingen te doen die afwijkend waren van de rest. Ik denk dat mensen weleens de

kracht onderschatten van iedere niet-witte vrouw op de televisie – juist op een manier die vanzelfsprekend is en niet over zwarte onderwerpen gaat. Het moet geen uitzondering zijn, maar een normaal ingrediënt in een massaproduct.'

Waren Surinamers ook blij met jouw uitspraak dat wie van zwarte mannen houdt een probleem heeft?
'Dat heb ik gezegd in 1999, het is vijftien jaar geleden. Het maakte een discussie los, dat vond ik goed. Veel mensen waren boos, vooral Surinaamse mannen. Ze vonden dat ik geen vuile was moest buitenhangen. Het betekende dat die vuile was wel aanwezig was. Ik vond het belangrijk om de verbroken banden in onze cultuur te herstellen, die familieverbanden moeten weer worden opgebouwd. Als je pijn hebt is zelfreflectie moeilijk. Toch moet je onderzoeken waar de pijn vandaan komt. En niet de boodschapper van het slechte nieuws erop aanspreken. Hoewel ik ook wat genuanceerder had kunnen zijn.'

Waarom werk je niet meer bij RTL?
'Ik ben gek op een showtrap en 2 miljoen kijkers. Dat is wat ik deed tot bij RTL een nieuwe wind ging waaien. Maar het voelde wel alsof ik naar mijn werk ging. Bij de publieke omroep kan ik doen wat ik zelf wil. Als ik nu naar RTL kijk, zie ik enorme overeenkomsten tussen de vrouwen die daar presenteren. Ze zijn allemaal blond en dragen hun haar ook geregeld op dezelfde manier. Daarmee wil ik absoluut niet zeggen dat ik daar niet meer werk omdat ik een kleur heb. Het gaat om de voorkeur van de programmadirecteur. Je bent in de mode en dan ben je weer even niet in de mode.

'Mannen blijven gewoon op hun plek zitten, voor vrouwen is dat anders, hoewel Linda de Mol en Wendy van Dijk ook van *a certain age* zijn. Als er steeds nieuwe aanwas bij komt, moeten er ook mensen afvallen, er is meer talent dan zendtijd. Van jong en hip moet je de overgang maken naar iets dat beklijft. Dat moet je verdienen.'

Kun je uitleggen waarom de cover van *Beau Monde* zo belangrijk was?
'Het is niet eens een ongeschreven regel dat zwart op de voorkant van een tijdschrift niet verkoopt. Het is gewoon een regel. De eerste cover van *Beau Monde* waar ik op stond, werd een van de best verkochte nummers. Het betekent dat andere bladen het ook gaan doen en dat blanke vrouwen worden aangesproken door een zwart beeld.

'Ik heb nooit op de barricades gestaan, en toch was mijn aanwezigheid wel degelijk belangrijk. Voor mij was het vanzelfsprekend om het op deze manier te doen. Het is een gegeven dat we leven in een door witte mensen gedomineerde samenleving. Hoe ga je daarmee om? Ik ben geen slachtoffer van een racistisch systeem. Dat slachtofferschap leidt tot niets.'

Won Yip

Ondernemer (Nederland, 1969)

NEDERLANDS
'Als het Nederlands elftal speelt en met Koningsdag. Dan draag ik een oranje shirt.'
CHINEES
'Als ik verantwoording moet nemen, dat doen Chinezen meer dan Nederlanders.'
ZWARTE PIET
'Ik heb er moeite mee dat de overheid toelaat dat dit jarenlang een terugkerende discussie is. De premier had een dringende oproep kunnen doen om de pieten ook andere kleuren te geven dan enkel zwart. Compromis en klaar.'

Zijn zus was het eerste Chinese meisje in Zeeland. 'Chinese jongens waren daar al eerder gesignaleerd, meisjes nog niet. Via Cuba kwamen mijn ouders als bootvluchtelingen naar Nederland. Toevallig kwam de boot aan in Rotterdam, anders hadden we ergens anders gewoond. Eerst werkten mijn ouders jaren illegaal in Chinese restaurants in Brabant, daarna begonnen ze in Zeeland voor zichzelf. Het was de tijd van de Chinese restaurants.'

Hoe was het in Zeeland?
'Mijn vader zei: wij zijn gasten in dit land, gedraag je daar ook naar. Ik kan me niet herinneren dat ik anders was. Een Chinees valt ook minder op dan bijvoorbeeld een donker getinte man. In tegenstelling tot anderen hebben Chinezen altijd een goede naam gehad. Wij liepen in de pas.'

We zitten in Majestic, een van zijn vijf horecabedrijven aan de Amsterdamse Dam. De andere heten Café Zwart, Europub, Yip

Fellows en Players. Op twee huizenblokken beslaat zijn imperium alle horeca naast de Bijenkorf en Hotel Krasnapolsky. In zijn zaken komt vrijwel uitsluitend 'internationaal publiek', zoals hij het zelf noemt. De prijzen liggen vrij hoog vergeleken bij de rest van de stad.
'Mijn prijzen zijn veel hoger. Ik betaal ook de hoogste huur van Nederland. Minimaal het dubbele van andere horeca op pleinen in de grote steden.'

Is jouw manier van zakendoen meer Nederlands of Chinees?
'Het neigt meer naar Chinees, denk ik. Meer gedreven.'

Nederlanders zijn lui?
'Dat is een verkeerde uitleg. Ik zou zeggen: sneller tevreden. Een Nederlander heeft een bepaalde doelstelling. Als die wordt bereikt, denken ze: dit is 'm, en ze leunen achterover. Wij Chinezen zijn meer van de 24 uurseconomie. Een voorbeeld: je hebt een winkel en die doe je op zondag dicht. Heel Nederland begrijpt dat. Ik interpreteer het als arrogantie waar je straf voor krijgt. Je betaalt huur voor 365 dagen en je besluit om 52 dagen dicht te gaan, dan geef je al 15 procent weg. Het is hetzelfde als winkels met van die bordjes op de deur: van twaalf tot een zijn we dicht voor de lunch. Dat zijn de winkels die nu grotendeels failliet zijn. Om dat te begrijpen heb je niet eens de Wet van Yip nodig.'

Heb je kinderen?
'Ja. Twee stiefkinderen. Ze wonen in Zeeland.'

Wanneer zie je ze?
'Ik zie ze als het kan. Er gaan weleens weken voorbij dat ik ze niet zie, dan slaap ik in mijn appartement hier op de Dam. Maar als ik thuis ben, neem ik ook echt de tijd. Dan ga ik niet golfen of op de fiets zitten of weet ik wat andere vaders allemaal doen. Golfen,

de meest egoïstische sport die er bestaat – als je vrouw niet golft. 'Ze mogen kiezen uit alle opleidingen die ze willen, ik zal het allemaal betalen. De afgelopen jaren klaagde mijn vrouw weleens over kennissen van ons: hij is wél vaak thuis. Dat zijn precies de mensen die nu failliet zijn gegaan, die vaders die zo gezellig vaak thuis waren.'

Voel je je verbonden met andere zogeheten allochtonen?
Het is even stil. 'Nee, niet echt.'

En met Hollanders?
'Mijn vader sliep met zijn paspoort in zijn pyjama. Letterlijk. Zodat hij het bij zich had als het huis in brand vloog. Hij was illegaal geweest, dat Nederlandse paspoort zag hij als zijn belangrijkste bezit. Ik heb dat gevoel steeds minder. Toen ik opgroeide was alles top geregeld in Nederland, dat verandert. Bestaan er over twintig jaar nog bejaardentehuizen of moet ik dan bij mijn kinderen in huis? Ik zou minder moeite hebben dan vroeger om naar een ander land te verhuizen.'

Ook naar China?
'Waarom niet?'

Is China beter geworden dan Nederland?
'Ja. In Nederland wonen 17 miljoen mensen, allemaal met een eigen mening. Dat is niet te besturen. In China wonen er 1,4 miljard, denk je dat die allemaal een eigen mening hebben? In China is het duidelijk, de regels staan in het rode boekje en die gelden voor iedereen. Moord? De doodstraf. Verkrachting? De doodstraf. Die duidelijkheid is nodig om zoveel mensen te besturen.

'In Nederland wordt alles te ingewikkeld gemaakt. Gediscrimineerd worden? Dat ken ik niet. Als ik bij een café wordt geweigerd en ze willen kennelijk mijn geld niet hebben, dan ga ik toch ergens anders heen? Ken je die Surinaamse jongen die in Arnhem werd afgewezen voor een stage bij een elektronicabedrijf omdat hij zwart was? Hij laat zijn hele leven daardoor overheersen. En wat krijgt hij ervoor terug? Bij een volgende sollicitatie googelen ze zijn naam en denken: deze man kan weleens lastig zijn. Ik zou hem niet aannemen in mijn bedrijf.'

Postscriptum: In 2020 wil Won Yip nog het volgende toevoegen: 'Ironisch is dat er wereldwijd wordt gesproken over Black Lives Matter en White Lives Matter. Volgens mij bestaan er nog meer huidskleuren.'

Hef

Rapper, ook wel Hef Bundy genaamd, werd geboren als Julliard Frans (Nederland, 1987)

NEDERLANDS
'Dat voel ik me altijd. Het is ook de taal waar ik me goed in kan verwoorden.'

ANTILLIAANS
'Bij Zomercarnaval in Rotterdam. Antilliaanse muziek, eten, alles in onze taal. Daar ben ik trots op. Ook al moet je soms even rennen als het gevaarlijk wordt.'

ZWARTE PIET
'Een grote groep mensen wordt erdoor gekwetst, ik vind het niet meer dan normaal als daar rekening mee wordt gehouden.'

We praten over school. Ik vertel dat ik op een basisschool zat waar kinderen werden voorbereid op het vwo en daarna de universiteit. Hij zegt: 'In de *hood* hadden we allemaal een minderwaardigheidscomplex. Echt iedereen had dat. Je doet niet mee op school omdat je weet dat het toch niet lukt – je wordt geen dokter of advocaat, dat gaat niet gebeuren. Ik kan me niet herinneren dat ik ooit huiswerk heb gemaakt of opgelet tijdens de les. Naar school ging je om te chillen, niet om te leren.

'Ik ben ook nooit meegeweest op schoolreisje. Daar was geen geld voor. Ik weet nog dat mijn moeder één keer had betaald, 25 euro. De nacht ervoor kon ik niet slapen, eindelijk zou ik meegaan. De meester stond bij de deur van de bus, gaf me die 25 euro terug en zei dat ik niet mee mocht. Nu weet ik dat hij gelijk had. Ik was te extreem, leidde de andere kinderen te veel af, ik verdiende het om niet mee te gaan.'

Tot groep acht woonde Hef in Schiedam en Amsterdam. 'De Bijlmer was toen best *fucked up*, met junkies in de lift. Geen goede omgeving voor een kind. Veel donkere mensen ook, het was net Klein Afrikaatje. Dat waren de goede dingen: ze keken je niet raar aan als je geen schoolmelk had. Alleen de kinderen met rijke ouders hadden schoolmelk.

'We verhuisden terug naar Schiedam, daar kwam ik terecht in een Turkse community, het was moeilijk voor me. Ik was al de enige neger op die school. En dan had ik ook nog geen schoolmelk. Toen begonnen we die schoolmelk te stelen. Ik verkocht ook donuts op school. Mijn vader werkte in een bakkerij, hij kwam 's nachts thuis. Als ik wakker werd lagen de donuts er, die nam ik mee naar school.

'Tot drie jaar geleden woonde mijn vader altijd bij ons, ze zijn dertig jaar samen geweest. Tot mijn moeder hem zat werd. Toen heb ik hem netjes uit huis moeten zetten, ik ben de oudste zoon. Ik heb met hem gesproken, dat was wel emotioneel. Nu zijn we weer cool, hij woont op Curaçao.'

Voel je je een Amsterdammer of een Rotterdammer?
'Een Rotterdammer, man. Hier ben ik opgegroeid. Een chickie gezoend, voor het eerst seks gehad. Dat noem ik opgroeien. Na Schiedam verhuisden we naar Hoogvliet. Daar woon ik. In Hoogvliet weet ik op straat wat alles is. Als een auto voorbijrijdt, kan ik aan die wagen zien, of aan een van de mensen die erin zitten, wat er aan de hand is. Of het dealers zijn of junkies of dieven.

'In Amsterdam weet ik al die dingen niet, daar voel ik me naakt. Rotterdammers hebben schijt, het is rauwer en stoerder. In Amsterdam heb je mooiboys die met hun kleren bezig zijn. De boys die het goed doen op tv. Een paar jaar geleden kreeg een broer van me een huis op IJburg, ik ging daar ook wonen. Eerst leek het tof, een fucking groot huis van drie verdiepingen. We hadden een grote tv, het was gewoon hard. Maar ik kreeg te veel heimwee naar Hoogvliet. Dit is Klein Curaçao, iedereen praat hier Antilliaans, zelfs de Marokkanen.'

Hoe begon het rappen?
'Ik wilde voetballer worden, ik werd ook wel gescout. Tot we een keer de stad in gingen, dat mocht niet van mijn ouders. Ze werden gebeld uit de stad, door de eigenaar van een café, dat ik op zijn terras een reclamebord stond om te buigen. De politie bracht me thuis, ze noemden het vandalisme. Ik denk dat mijn ouders wachtten op een reden om me voor straf van voetbal af te halen. Zodat ze iedere maand het geld van de contributie konden uitsparen.

'We zaten een keer muziek te luisteren met Adje, een halfbroer van me. Naar THC, een rapgroep uit Amsterdam. Adje zei: dat ben ik. Eerst geloofde ik het niet, daarna hoorde ik dat hij het was. Adje zei: dat gaan wij ook doen, rappen. Ik had er nooit over nagedacht, ik wist niet eens waar ik moest beginnen. Hoe moet je opnemen, teksten schrijven, hoe werkt dat allemaal? Adje legde me alles uit, hij gaf me huiswerk mee. Muziek waar ik naar moest luisteren. Wat valt je op? Hoe hebben ze dat gedaan?

'Adje kwam vast te zitten. Ik had het vaker gezien, maar deze keer kwam het echt dichtbij. Het was zo'n moment dat je denkt: ga ik verder met dit of met dat? Ga ik weer scooters stelen en andere shit doen? Vanuit Hoogvliet gingen we altijd naar Spijkenisse om chickies te regelen en scooters te jatten. Dat was waar de rijke mensen toen woonden, nu is het daar ook een zooitje. Of ga ik door met muziek, met iets positiefs? Dat was de keuze.

'Je wordt pas gemotiveerd als je voelt dat iets lukt. Ik geef nu lezingen in gevangenissen, dat vertel ik die boys: zoek iets wat je goed kunt. Voor mij was het muziek, ik ben God dankbaar dat ik dat gevoel niet kreeg bij mensen van hun scooter af trappen. Je begint muziek te maken en dan zie je hoe het verandert. De eerste keer dat je geld krijgt voor een optreden. Je gaat van 200 naar 300 naar 1000 euro per keer. Je staat op Lowlands, komt op tv bij Raymann en Jandino, de eerste keer dat je op nummer 1 staat bij iTunes. En dan krijg je opeens 2000 euro voor een show.'

Ten slotte, waarom draag je altijd slippers?
'Het moeten van die gestreepte zijn, van Adidas. Ik doe het wel bewust, om te zien wat mijn bereik is, en mijn invloed. Niet iedereen kan Gucci betalen. Als ik iemand op straat zie lopen, of op een andere plek waar je normaal geen slippers aan hebt, dan weet ik: die heeft Hef gecheckt. Mijn nieuwe manager kan het goed verwoorden. Hij noemt het culturele relevantie. Aan dat woord had ik nooit gedacht.'

Zarayda Groenhart

Presentator, ondernemer (Nederland, 1982)

> **NEDERLANDS**
> 'Dat voel ik me altijd, ik word er alleen soms aan herinnerd dat ik niet altijd een Nederlander ben.'
> **SURINAAMS**
> 'Als ik met mijn familie ben en we Surinaams spreken. Of als ik daar op vakantie ben.'
> **ZWARTE PIET**
> 'Hij is best toe aan een make-over.'

Bij de televisie kwam het uiteindelijk neer op een gesprek met een leidinggevende. 'Die man zei tegen mij: je bent zwart, maar je hebt geen accent. Voor de kijkers is dat verwarrend. Het zou beter zijn als je een soort Tante Es was.' Hij bedoelde het Surinaamse typetje van Jörgen Raymann. 'Bij de televisie denken ze soms in typetjes, alleen vind ik dat mensen geen typetjes zijn. Ik vond het zo wonderlijk dat ik er in mijn boek over heb geschreven. Televisie zou moeten gaan over informatie en de wereld in kaart brengen. Sommige makers wilden het terugbrengen tot een paar typetjes. Eerst was ik natuurlijk beledigd, daarna ging ik nadenken. Ik dacht: ik ben bijna dertig, als dit bij televisie de spelregels zijn, wat is voor mij dan nog meer mogelijk?'

Haar vader werkte als leraar schei- en natuurkunde op een middelbare school en als onderzoeker in een laboratorium. Haar moeder was lerares op een basisschool. 'Ze kenden het schoolsysteem goed. Mijn broertje en ik waren een curiositeit op onze school in Nieuw-Vennep. Wat een rare huidskleur heb jij, zeiden de andere kinderen, en wat een gek haar.

'Mijn vader vond het belangrijk dat we niet in een slachtofferrol gingen zitten en kwam dan met honderd voorbeelden van wat we terug moesten zeggen. Ik moest bijvoorbeeld mijn hand laten zien en zeggen: kijk, ik heb jouw huidskleur aan de binnenkant en die van mij aan de buitenkant, dus ik heb meer mogelijkheden. Het was lief bedoeld, mijn ouders probeerden ons ook altijd duidelijk te maken dat de wereld groter was dan Nieuw-Vennep.

'We hadden thuis veel boeken, iedereen was mondig. Mijn ouders kwamen in 1975 uit Suriname om hier te studeren en een nieuw leven op te bouwen. Ze konden goed uitleggen hoe dingen vaak voortkwamen uit onwetendheid. Toen ik zestien was, gaf ik turnles. Daar zaten ook een paar geadopteerde kinderen bij, uit Colombia en Azië en Afrika. Ze hadden goede, lieve ouders die kinderen adopteerden uit arme landen.

'Ik weet nog hoe die ouders reageerden toen ze merkten dat hun kinderen werden gediscrimineerd. Ze hadden zoiets zelf nooit meegemaakt, ze konden niet geloven dat het in het echt gebeurde. Toen zag ik voor het eerst het verschil. Ik maak weleens deze vergelijking: als een vrouw zwanger is, kun je de baby aan de buitenkant voelen schoppen, maar je weet pas echt hoe het voelt als je er zelf een in je buik hebt.'

Wat deed je na je vertrek bij de televisie?
'Op projectbasis werk ik nog steeds voor radio en televisie. In mijn eigen huiskamer ben ik begonnen met het opnemen van een online talkshow, *The Why Girl*, die nu wordt uitgezonden op TLC. Ook produceer ik vanuit mijn online platform evenementen met partners. En ik begeleid ondernemers die zichzelf zichtbaar willen maken met hun eigen online show. Daar kan ik niet onverdienstelijk van leven.'

Voelt het als een nederlaag om niet meer voltijds bij de televisie te werken?
'Nee, natuurlijk niet. Mijn grote voorbeelden, los van natuurlijk Oprah, zijn allemaal online ondernemers. Als je jong en creatief bent, ga je je in 2014 toch niet beperken tot alleen de televisie? Alles gebeurt online. Mensen uit de jongere generatie zeggen tegen me: wat een toffe combi. De wat traditionelere mensen blijven vasthouden aan die televisie, ze denken dat het daar gebeurt.
'Mijn droom is niet om in Studio 21 van een showtrap af te komen. Mijn droom is om op internet wereldwijd zo veel mogelijk mensen te interesseren voor het ene kleine dingetje waar ik me in specialiseer. Ik kreeg laatst aanvragen uit bijvoorbeeld New York en Barbados, met de vraag of ik daar kan komen *teachen* over wat ik doe.'

Nog één televisie-anekdote: 'Ik zat op een redactie. Voor de uitzending van die avond was een groep dansers uitgenodigd, die jongens zaten daar te wachten. Een collega kwam binnen en vroeg: we hadden vanavond toch geen negeronderwerp? Het was een lief meisje uit Het Gooi, met wie ik fijn heb samengewerkt. Ik vertelde haar dat het de dansers waren. En dat je met deze gasten over meer zou kunnen praten dan uitsluitend negeronderwerpen – een begrip waarvan ze zelf niet kon uitleggen wat het precies was.'

En je hebt een boek geschreven.
'*Het Waarom Meisje* gaat over een familielid dat mij heeft aangerand. In Nederland overkomt dat één op de drie vrouwen, in tachtig procent van de gevallen zijn de daders bekenden. De aantallen zijn zo hoog dat mensen het niet willen weten, het is te bedreigend.
'Dit is een groot en onzichtbaar probleem in Nederland. De vraag waar geen antwoord op komt: waarom gebeurt mij dit,

wat zegt het over mij dat mij dit is overkomen? Zeker omdat het zo vaak een bekende is. Het hakt in je mensenkennis en je inschattingsvermogen. Wat is er mis met mij dat ik dit niet zag aankomen en dat ik het niet kon voorkomen?

'Mensen vragen weleens of dit een zwart probleem is, omdat het om een familielid van me ging. Met één op de drie Nederlandse vrouwen is dat niet mogelijk, het is een kleurloos probleem. Maar aan een autochtone vrouw zou deze vraag nooit worden gesteld.'

Leroy Fer

Voetballer (Nederland, 1990)

NEDERLANDS
'Als ik naar huis kom en lekker voor het Nederlands elftal ga voetballen. In het dagelijks leven voel ik me eigenlijk altijd Nederlands en tegelijk Antilliaans.'

ANTILLIAANS
'Als ik op Curaçao ben of op een familiefeestje.'

ZWARTE PIET
'Hij moet een make-over krijgen om racisme te voorkomen. Zodat het weer een feest wordt voor alle Nederlandse kinderen.'

In 2014 werd de selfie van het jaar gemaakt in een lift van Hotel Huis Ter Duin te Noordwijk, met negen spelers van het Nederlands elftal. 'Niet eens alle donkere spelers stonden erop,' zegt Leroy Fer. 'Jeffrey Bruma heeft een Surinaamse moeder, Ricardo van Rhijn een Antilliaanse vader. Ja, natuurlijk voelen we een diepe band met elkaar. In een land als Nederland, waar je wel wordt geaccepteerd, weet je als donkere speler dat je er toch harder voor hebt moeten werken. En we weten dat onze voorouders nog veel harder moesten werken. Die klik hebben we met elkaar.'

In het toonaangevende voetbalprogramma *VI* werd gezegd: wat verwachten ze dan als ze met alleen maar donkere jongens op de foto gaan, dan moet je dit soort reacties verwachten.
'We keken niet eens. We stapten de lift in en vonden het leuk om een foto te maken. Ik heb ook foto's gemaakt met Robin van Persie en Arjen Robben, ze zijn allemaal mijn medespelers.

'Wat moet ik dan doen? Moet ik kijken met wie ik wel en niet op de foto mag gaan? Moet ik bewust gaan mixen voor ik een foto maak? Moet ik met negen blanke jongens op de foto gaan en dat ik het lelijke eendje ben die er ook op staat?'

De selfie werd gemaakt door Memphis Depay en door Leroy Fer gedeeld op Twitter en Instagram. Afgelopen zaterdag, de dag voor de wedstrijd Nederland-Letland, werd de foto geplaatst op de Facebookpagina van Voetbalzone. Het leverde zoveel racistische reacties op dat de link werd verwijderd.

Een paar dagen later is Leroy Fer terug in Londen, waar hij voetbalt. Hij zit in een restaurant als ik hem bel.

'Hoe gaat het met u?'

Wil je niet steeds u zeggen?
'O ja. Ik heb van mijn oma geleerd dat ik oudere mensen altijd met u moet aanspreken. Een keer zei ik jij tegen mijn vader. Mijn oma corrigeerde me: nee, het is u voor jou.'

Was je verbaasd over de reacties op jullie foto?
'We waren allemaal echt verbaasd. We hadden ons niet gerealiseerd dat het zoveel meer mensen zijn dan we hadden verwacht. Ik heb wedstrijden gespeeld in Rusland en Oekraïne. In die landen weet ik dat ze apengeluiden maken als ik aan de bal kom. In Nederland weet je dat er ook weleens iets gebeurt, maar zoiets als dit had ik niet verwacht.'

Hebben jullie over Zwarte Piet gesproken bij het Nederlands elftal?
'Ja. Sommige spelers vonden dat hij niet meer zwart moet zijn. Andere jongens vonden dat hij zo moet blijven als hij is.'

De zwarte spelers vonden dat hij een andere kleur moet krijgen?
'Ik denk het, ik heb het ze niet allemaal gevraagd.'

Hoe groeide je op?
'In Zoetermeer heb je buurten met veel Antillianen en Hindoestanen. Wij woonden in Meerzicht, daar waren bijna geen buitenlanders. Je hoort veel over problemen met Antillianen, dat verhaal ging niet over ons.
'Ik denk dat mijn ouders bewust een rustige buurt uitzochten. Mijn vader heeft zich stap voor stap omhoog gewerkt als risicoanalist. Hij is nu een directe adviseur van de president van Curaçao. Mijn moeder is gestopt met werken, ze verhuist met mijn vader mee naar Curaçao.
'In Zoetermeer was ik bijna het enige donkere kind op de basisschool. Toen ik bij Feyenoord in de jeugd speelde, kwam ik in Rotterdam op een middelbare school met veel buitenlanders. Het was anders. Op die school gebeurde iedere dag wel iets.'

Ik las een keer dat Ronald Koeman, jouw trainer bij Feyenoord, zei dat hij zijn eigen Nederlandse zwarte spelers niet kon verstaan.
'Een blank iemand die ouder is kan dat ook bijna niet verstaan. Het is Surinaams, Antilliaans en Afrikaans door elkaar. De trainer ging daar wel aan meedoen. Dan zei Koeman plotseling: fawaka. Ik kan straattaal spreken, maar net zo goed ABN, het hangt af van de situatie. In de jeugd bij Feyenoord pasten veel blanke jongens zich aan. Die gingen ook straattaal spreken.'

Zou je kunnen zeggen dat in een stad als Rotterdam de gemengde straattaal leidend is geworden onder jongeren?
'Dat denk ik wel. Die mix heeft gewoon de overhand.'

Hoe keek je zondag naar de tribunes tijdens Nederland-Letland? Veel spelers zijn zwart, de meeste toeschouwers zijn blank.

'Ik begreep het niet. Wij zijn allemaal Nederlanders, we zijn trots om voor het Nederlands elftal te spelen. De mensen die zo over ons denken – keken ze naar de wedstrijd? Juichten ze ineens weer voor ons omdat we hebben gewonnen? Zaten ze thuis te kijken, of waren ze in het stadion? Waren het de mensen die ik op de tribune zag zitten? Hoe werkt zoiets?'

Özcan Akyol

Schrijver, presentator (Nederland, 1984)

NEDERLANDS
'Turken hechten waarde aan familie, ik vind het ballast. Turken nemen hun moeder in huis als ze oud is. Ik zou haar proberen onder te brengen bij mijn broer.'

TURKS
'Als ik visite heb, probeer ik een goede gastheer te zijn. Ik heb nooit rust.'

ETEN
'Ik rij naar Keulen voor Turkse barbecuerestaurants. Wat ze in Nederland hebben is rommel. Ver weg? Vertel mij wat. Ik kan een kwartier eten en dan moet ik weer terug.'

ZWARTE PIET
'Gewoon de kleur aanpassen.'

Zijn vader weet het niet meer. 'Ik heb vaak geprobeerd het aan hem te vragen: wanneer ben je naar Nederland gekomen? Het enige wat hij weet: Nederland verloor een WK-finale en de mensen waren verdrietig. Het moet dus 1974 of 1978 zijn geweest. Mijn moeder kwam later.'

Hoe kwam je vader hier?
'In Deventer hadden ze een fabriek die Thomassen & Drijver heette, ze maakten doppen en blikken. Bij die fabriek haalden ze hun personeel uit de bergen van Turkije. Ik geloof dat één op de tien inwoners van Deventer nu van Turkse afkomst is. Marokkanen of Surinamers wonen er niet echt. Mijn vader dacht natuurlijk dat hij twee jaar zou blijven om wat geld te verdienen.

'We werden in een huis gestopt dat eigenlijk niet geschikt was voor een gezin met drie kinderen. Door onze straat liep een spoorbaan, daar reed een trein die spullen ophaalde bij een andere fabriek. Wij woonden aan de goede kant van de straat. Als je aan de overkant woonde, kon je de deur niet uit als de trein langsreed. Die reed vlak langs de huizen.

'In onze buurt woonden alleen Turken. Pas na een paar jaar kreeg ik op school contact met Hollandse kinderen. Die kinderen zag ik alleen op school, niet erbuiten. Als ik bij ze thuis kwam, was het anders dan bij ons. Om zes uur moest je oprotten, dan gingen ze eten. Of ze hadden frikandellen en wisten niet dat wij dat niet mochten. Later heb ik dat ingehaald.

'De eerste dag op school begon ik Turks te praten, ik sprak alleen een paar woorden Nederlands. Ik ging ervan uit dat iedereen daar Turks zou praten, zoals overal waar ik kwam in Deventer. De juf keek me aan alsof ze het niet begreep, dus ik zei het nog een keer. Ik weet nog hoe machteloos ik me toen voelde. Mijn beste vriend haakte meteen af, in groep drie. De Hollandse kinderen begonnen dingen te leren, wij moesten eerst beginnen met Nederlands leren. Veel Turkse kinderen hadden een achterstand die zo groot was dat ze die niet meer konden inhalen.'

Dat lijkt me onhandig.
'Je moet niet vergeten dat een groot deel van de Nederlandse Turken en Marokkanen uit de laagste sociale klasse kwam. Als ze daar waren gebleven, liepen ze nu achter een schaap aan. Of ze waren schoenpoetser. Dat zijn de jongetjes die hier nu stoer doen met hun grote mond op de scooter.'

Denk je dat die jongetjes het leuk vinden als jij dit zegt?
'Op een zeker moment heb ik besloten om niet meer mee te doen aan sociale conventies, ik vind het niet erg om impopulair te zijn. Mijn vrienden in Deventer vinden dat ik nu het professortje uithang of dat ik een kakker ben. Zij vinden het echt vies als je doorstudeert, of rijke schoonouders hebt. Op die mensen kijken ze neer.

'Ik zeg wat ik vind. Ik vind bijvoorbeeld dat de PvdA niet vijf allochtonen in de Tweede Kamer moet zetten terwijl iedereen weet dat er betere kandidaten waren. Die komen niet in de Kamer omdat ze autochtoon zijn. Hetzelfde geldt voor de literatuur en op allerlei andere plekken. Ik weet niet zeker of die mensen het vermogen hebben om het zelf in te zien. Of dat ze weten dat ze worden gebruikt en denken: ik kan toch niet aanhaken bij de echte elite, op deze manier levert het me nog wat op.'

Hoe verschil jij van de beroepsallochtonen?
'Ik ben niet een one-issuegozer, ik word gevraagd voor meerdere onderwerpen. Politiek, sport, literatuur. Dus ik kan tenminste de illusie koesteren dat het gaat om mijn kennis en vlotte babbel.'

Waarom heb je altijd een blonde vrouw?
'Vroeger had ik Turkse vriendinnetjes, daar kreeg ik iedere keer problemen mee. Alles moest in het geniep, ik vond het hypocriet. Naar buiten toe deden ze alsof ze braaf waren terwijl ze in het echt van alles deden wat niet mocht. Ik heb me daaraan ontworsteld. Ik vond Hollandse meisjes ook gewoon lekkerder.'

Voelt een blonde vrouw als een statussymbool?
'In het begin wel, toen was het een verboden vrucht. Als klein jongetje kon ik daar alleen van dromen. Nu zijn ze meer bereikbaar geworden dan Turkse meisjes. Dan zou ik niet thuis kunnen komen en een lekker broodje frikandel eten of een glas whisky drinken. Mijn vrienden en ik zeggen altijd dat onze vaders het voor ons verpest hebben. Toen die hier kwamen hebben ze flink rondgeneukt, tot die vrouwen erachter kwamen dat onze vaders gewoon een gezin hadden in Turkije.

'Wat ik ook moeilijk vond: ik moest steeds tussen mijn ouders en de Hollanders in zitten. Mijn moeder had een keer geen melk in huis. Ze had cola in mijn beker gedaan. Toen ik op school die beker opendeed, spoot alles eruit. De leraar werd boos en belde naar mijn huis. Mijn moeder deed hetzelfde als altijd wanneer iemand opbelt en Nederlands praat: ophangen. Iedere brief die binnenkomt moet ik oplossen. Ik verwijt haar dat – je woont hier al zo lang, waarom spreek je geen Nederlands?'

Turks zijn is een heel probleem.
'Ik ben niet Turks, ik ben een Nederlander. Als ze me ergens aankondigen als een Turkse schrijver denk ik: hoezo? Ik woon mijn hele leven in Nederland. Met dit land heb ik meer binding, in Turkije kan ik niet functioneren zoals hier. De taal spreek ik minder goed, ik ken niet alle sociale regels. Ik ben niet een Nederlander in de klassieke vorm, maar ik vind niet dat ik daarom minder Nederlands ben.'

Sunnery James & Ryan Marciano

Dj's, oftewel Sunnery James Gorré (Nederland, 1981) en Ryan Marciano de Lang (Nederland, 1982)

NEDERLANDS
Sunnery: 'Altijd wel.'
Ryan: 'Ik scheld veel op Nederland, maar als ik op Schiphol aankom, voel ik me thuis.'
SURINAAMS
Sunnery: 'Soms als ik ergens de enige donkere persoon ben.'
Ryan: 'Als ik in de club sta en ze draaien een bubblingplaat.'
ZWARTE PIET
Sunnery: 'Ik heb niets tegen hem, maar als zoveel mensen er een probleem mee hebben, moeten we een gulden middenweg vinden.'
Ryan: 'Ik ben ermee opgegroeid en heb er nooit raar naar gekeken, maar er moet nu iets gebeuren.'

Allebei zaten ze op een witte school.
Ryan Marciano: 'Ik ben geboren in de Bijlmer, maar we verhuisden meteen naar Hoorn. Daar zat één Antilliaan bij ons op school, ik weet nog dat ik dacht: hij is donker. Ik zag mezelf als blank. Mijn moeder is Surinaams. Toen ik negen was, gingen mijn ouders uit elkaar en verhuisden we naar Purmerend, daar waren meer donkere mensen. In haar familie word ik als anders gezien. Lichter.'
Sunnery James: 'Tot mijn vierde woonde ik in de Bijlmer, in de tijd dat er nog geen Afrikanen waren. We verhuisden naar Dordrecht, naar de familie van mijn moeder, maar ik bleef altijd naar Amsterdam komen. Ik bleef me een Amsterdammer voelen. In Dordrecht was het anders. Als er een andere Surinamer op school kwam, dacht ik: hé, dat was toch mijn territorium?'

'Op de middelbare school kwam ik weer in een zwarte omgeving. Turken, Marokkanen, Surinamers. Op een zwarte school is het macho, je moet jezelf bewijzen. Surinamers zijn de beste pesters, die kunnen je het leven zuur maken. Op een witte school is het rustiger, iedereen loopt in het gareel.

'Ik ben blij dat ik allebei heb meegemaakt, ik denk dat ik daardoor met iedereen om kan gaan. Een Surinaamse vriend van me heeft altijd een grote mond, maar als we tussen blanke mensen zijn zegt hij niets meer. Ik vroeg een keer waarom. Hij zei: ik weet niet goed hoe ik met die mensen moet praten.'

Jullie wonen gedeeltelijk in New York.
Sunnery: 'In Nederland is het: dit is hoe het hoort, en wanneer het daarvan afwijkt is het raar. Je mag niet gek doen. Als een rapper hier op tv zijn zonnebril ophoudt en met al zijn gouden kettingen zit, denken mensen: wat een aansteller.'

Ryan: 'In Nederland denken ze: dat lukt me toch niet. In Amerika denken mensen in kansen. Dat is wat ik tegen jonge mensen in Nederland probeer te zeggen: het kan wél. Je hoeft niet alleen maar te doen wat ze op school tegen je zeggen. Er bestaan andere wegen.'

Sunnery: 'Hier leer je op school: dit pad moet je bewandelen, zo moet het, doe maar wat iedereen doet. Zekerheid is mooi, maar die atmosfeer zorgt er ook voor dat mensen er niet écht voor gaan, het wordt gek gevonden als je dat doet. In Amerika is *the sky the limit*, dan denken mensen eerder: waarom zou ik het niet kunnen?'

Ryan: 'Op school deed ik een beroepskeuzetest, daar kwam uit dat ik geschikt was voor de agrarische sector. Ik zag mezelf niet op het land staan.'

Jullie genre, housemuziek, is blank, toch? Als jullie vanaf het podium kijken, wat zien jullie dan?
Sunnery: 'Ik zie blonde chickies.'

Ryan: 'Het is veranderd. In Amerika zie je nu veel Mexicanen, alles door elkaar.'

Sunnery: 'Zeven jaar geleden was het blank. Nu treden we overal op, ook in Zuid-Amerika, in Suriname zelfs. Je moet niet vergeten dat housemuziek in Chicago is begonnen bij zwarte nichten. Zij brachten het naar Europa.'

We komen te spreken over vrouwen. Ik vertel over de aanmerkingen die ik krijg op mijn voorkeur voor grote zwarte vrouwen. Mensen begrijpen niet hoe ik dat mooi kan vinden. Van Sunnery weet ik dat hij een vrouw heeft met een andere afkomst dan hij zelf, het blonde Friese fotomodel Doutzen Kroes.

Krijg jij ook weleens de vraag hoe je dat mooi kunt vinden?
'Nee, nooit. Ik wist altijd dat ik thuis zou komen met een blanke vrouw. Daar is geen speciale reden voor, het is gewoon wat ik mooi vind, misschien omdat ik op een witte school zat? Als ik met Doutzen over straat loop, krijgen we reacties. Blanke mensen vragen aan haar: wat doe je met die wilde aap? En zwarte mensen vinden dat ik mijn eigen volk verloochen. Ze zeggen: nu ben je succesvol en dan moet je met een blanke vrouw zijn, vind je ons niet goed genoeg meer? Ik weet nog dat ik vroeger een keer een donker vriendinnetje had en mijn moeder zei: zóóó, een Surinaams meisje?'

Ryan: 'Mijn vader is Hollands, voor de grap probeerde hij steeds Surinaams te praten met mijn moeder.'

Sunnery: 'De generatie van mijn ouders zei toch wel tegen hun kinderen dat ze Hollanders niet moesten vertrouwen – dat kwam door de geschiedenis. Mijn moeder probeerde me mee te geven dat ik niet minder ben omdat mijn huid donker is. Ik kan me voorstellen dat een zwarte vrouw zich een stapje minder voelt, maar ik zou zeggen: negeer het en ga er dwars doorheen. Mijn moeder is Surinaams-Portugees, met make-up probeert ze zich altijd donkerder te maken.'

Ryan, heb jij verkering?
'Ja. Ook met een blank Hollands meisje. Maar we houden van billen, geloof me.'
Sunnery: 'Daar houden we zeker van. Met Doutzen was ik een keer op de *airport* in Suriname. Een vrouw liep voorbij, ze was smal maar aan de achterkant had ze zó'n toeter. Toen ze voorbij was, vroeg Doutzen meteen: zag je dat? We zijn er wel mee bezig.'

Anna Nooshin

Ondernemer (Iran, 1986)

NEDERLANDS
'Als ik me erger aan mensen die te laat komen.'
IRAANS
'Ik heb een sterk temperament, word snel boos of blij.'
ZWARTE PIET
'Van mij hoeft hij niet zo.'

Een jeugd in asielzoekerscentra is anders dan een leven als *It girl* met een eigen online magazine over mode. 'Maar dit is wat ik wilde met mijn leven. Ik vind het belangrijk wat er gebeurt met asielzoekers. Alleen vind ik niet dat ik verplicht ben de rest van mijn leven daarmee bezig te zijn. Ik voel me niet minder goed over wat ik doe dan wanneer ik de politiek in was gegaan of zo.'

Als Anna Nooshin een nieuwe tas aanprijst op NSMBL of bij haar 105.000 volgers op Instagram, dan betekent dat iets. NSMBL.nl, oftewel: ensemble, is met twee miljoen bezoekers per maand een van de grootste onafhankelijke online vrouwenmagazines van Nederland. 'Wat vernieuwend was: hiervoor had je blogs die gingen over één onderwerp. Wij hebben alles. Beauty, lifestyle, mode, entertainment, voeding. En we koppelen het aan onszelf, het is geen anonieme redactie. Alle campagnes creëren we zelf.'

Voor een kind was het asielzoekerscentrum gezellig. 'Op mijn zevende kwamen we naar Nederland. Mijn ouders vluchtten voor het regime. Ze hadden twee dochters, mijn moeder wilde ons niet in Iran laten opgroeien.'

Vier jaar later kregen ze een verblijfsvergunning en een huis in Aalsmeer. 'Ik denk dat we in wel tien asielzoekerscentra hebben gewoond. In Vlissingen, Rosmalen, Nuland, Groningen ook. Meestal in een dorpse omgeving, waar ze zo'n centrum makkelijk kwijt kunnen. Ik ging met kindjes om uit de hele wereld, het was leuk.

'Voor een buitenstaander lijkt het superheftig. Om de paar maanden verhuizen, met wildvreemde mensen een kamer moeten delen. Ik vond dat er ook iets moois in zat. Een soort saamhorigheid, we zaten allemaal in dezelfde situatie. En ik denk dat het me streberig heeft gemaakt en sociaal. Ik kan met iedereen praten. Dat zijn goede eigenschappen. Een minpunt is dat ik me moeilijk kan wortelen, ik voel me het best als ik op reis ben.'

Hoe was het om een huis te krijgen?
'Ik denk dat de andere bewoners van Aalsmeer het wel bijzonder vonden, ik voelde me nooit benadeeld of zo. Misschien keken ze iets langer als ze ons voorbij zagen komen. Van de jaren in Iran herinner ik me bijna niets. In Aalsmeer had ik voor het eerst een eigen kamer, de onzekerheid was voorbij. Aan het hebben van een eigen huis wen je trouwens heel snel.'

Voel je verbondenheid met andere Nederlanders uit Arabische landen?
'Nee, helemaal niet. In die valkuil wil ik niet stappen. Iraniërs organiseren in Nederland allemaal feesten en avonden, ik zoek dat niet op. Als iemand vraagt waar ik vandaan kom, zeg ik: van dezelfde planeet als jij. Mensen om me heen hoor ik wel praten over Marokkanen en allochtonen. Dan zeg ik dat ik ook een allochtoon ben. Het antwoord is altijd: ja, maar jij bent anders. Of ze zeggen dat vluchtelingen lekker terug moeten naar waar ze vandaan komen. Geloof me, vluchtelingen komen hier echt niet voor hun lol.

'Nu ik wat ouder ben, gaat het beter, maar ik heb een ontzettende hekel aan mensen die hun achtergrond gebruiken als verklaring voor iets wat ze niet is gelukt. Ja, ik heb een andere jeugd gehad. Het mag nooit een excuus zijn, voor jezelf als persoon is het ook zonde. De een heeft het moeilijker gehad dan de ander, maar het kan wél. Het toont karakter als je het los kunt trekken van wie je bent. Doorzettingsvermogen, talent, visie – dat is veel belangrijker dan je afkomst.'

Hoe begon NSMBL?
'Aan de Universiteit van Amsterdam studeerde ik Communicatiewetenschap, ik ben cum laude afgestudeerd in de richting Nieuwe Media. Nadat ik een wereldreis had gemaakt, begon ik te solliciteren. Overal zeiden ze dat ik te ambitieus was. Ze vonden me de beste kandidaat, maar konden me niet aannemen. Na vier maanden zou ik met mijn hoofd tegen het glazen plafond zitten. Met een vriend die ik kende uit een asielzoekerscentrum in Zaandam ben ik gaan kijken of we zelf een online magazine voor vrouwen konden opzetten. We wilden zien wat het gat in de markt was. Drieënhalf jaar later zijn we een van de grootste in Nederland.'

Hoe verschil jij van je Hollandse vriendinnen?
'In Iran is meer een deelcultuur. We zijn ook makkelijker met geld, je zult mij niet snel moeilijk zien doen over wie in een restaurant welk deel van de rekening moet betalen. En we zijn meer gericht op familie en emotie. In Nederland heb ik alleen mijn moeder en mijn zusje, we zijn erg close met elkaar. Naar Iran ben ik één keer teruggeweest, na een aardbeving. Ik voelde me verloren.

'Het is mijn cultuur, maar ik wist er niet veel van. Dat je van 's ochtends vroeg tot diep in de nacht met je hele familie samen bent, dat zijn wij in Nederland niet gewend. En het uiterlijk hè.

Iran is een van de meest ijdele landen ter wereld. Ik ben ook erg ijdel, ik hou van mooie dingen. Op NSMBL probeer ik wel dingen uit Iran te delen: kijk hoe supermooi die meiden eruit zien. Ik wil ook een ander, minder zwart beeld van het land tonen. Minder streng.'

Is je moeder ook ijdel?
'Die was zevenentwintig toen ze mij kreeg, daarna ontvluchtten ze het land. Mijn moeder was met andere dingen bezig dan mode. Ik heb het meer van mijn vader. Hij had dure parfums op en was altijd bezig met kleding.'

Sandra Reemer

Zangeres, presentator (Indonesië, 1950 - Nederland, 2017)

> **NEDERLANDS**
> 'Altijd.'
> **INDO**
> 'Als mensen grof in de mond zijn, daar word ik ongemakkelijk van.'
> **MOHAMMEDCARTOONS**
> 'Dat moet kunnen. Als je het niet leuk vindt, kijk je niet. Van God en Jezus bestaan ook heel rare cartoons.'

Het gebeurde tien jaar geleden. Sandra Reemer zat voor de spiegel om zich op te maken. 'Ik kijk iedere dag in de spiegel, ineens zag ik het: daar zit een Indisch vrouwtje tegenover me, ik ga eens met haar in gesprek. In de jaren ervoor had ik me zo laten meeslepen door het werk, en door Hollandser te willen zijn dan Hollands, dat ik nooit had stilgestaan bij de vraag: wie ben ik? De eerste paar weken kwam niet veel terecht van dat gesprek, daarna heb ik echt de tijd genomen.'

Hoe ging dat gesprek?
'Ik ontdekte een rode draad in mijn leven, die te maken heeft met anders zijn, vanaf het moment dat we naar Brabant kwamen. Ik was zeven. In Indonesië had ik een prettig leven waar alles kon en mocht. We leefden buiten. Brabant was in de jaren vijftig het donkere katholieke Zuiden waar niets kon en niets mocht.

'In Sint-Michielsgestel waren we de tweede Indische familie – hé bruine mensen, laten we eens kijken of ze afgeven. Ik realiseerde me niet dat ik anders was, ik wilde erbij horen. Het anders zijn stopte ik weg. Toen ik tien was, kreeg ik een gitaar, die had mijn vader voor me gemaakt. Een jaar later begon ik met optreden. Het huiswerk nam ik mee naar optredens. Zo ging het jaren door. Tot ik tien jaar geleden dacht: ik ben niet happy.'

In 1972 zong u voor het eerst namens Nederland op het Eurovisiesongfestival. U was eenentwintig, is dat niet jong?
'Ik was tien jaar bezig, trad al op in Japan, in Maleisië. Het was voor mij een van de mogelijkheden om in het buitenland te werken. Ik was trots om Nederland te vertegenwoordigen. Of ik extra trots was als Indo? Nee, waarom? Ik ben een Nederlander.'

Ze onderbreekt een vraag over Indo's die als eerste groep immigranten zo geruisloos assimileerden. 'Ho. Stop. Je maakt een paar fouten. Wij waren geen immigranten. We waren repatrianten, we woonden al in Nederland, alleen in een ander deel: in Nederlands-Indië. Ik verhuisde van mijn vaderland naar mijn moederland. Wij waren Nederlanders, we hoefden niet te assimileren. Het enige verschil was dat we Indonesisch eten konden maken.

'Thuis spraken wij ABN. In Brabant woonden we tussen mensen die niet te verstaan waren omdat ze in een dialect praatten. Zij hadden last van onwetendheid, wij niet. Ze vroegen hoe het kon dat wij de taal zo goed spraken. Dan zei mijn vader: wij hebben een speciale talenknobbel waarmee we op de boot in drie weken Nederlands hebben geleerd.

'De Nederlandse regering heeft fouten gemaakt in hoe ze onze komst communiceerden. Ze hadden moeten zeggen: onze landgenoten komen hier, zij zijn net zo Nederlands als wij. Dat was ook zo. In Indonesië had mijn vader hbs B gedaan, precies dezelfde opleiding als in Nederland. Hij had allemaal andere opleidingen gedaan, mijn vader regelde de administratie bij Gebeo, een elektriciteitsbedrijf. In Nederland moest hij zijn diploma's opnieuw halen.

'Een andere fout. De Nederlandse overheid zei: wij helpen deze mensen, we zorgen voor opvang en kleren. Het land kwam net uit de oorlog, niemand had het breed, ze dachten: waarom moeten die Indo's van alles krijgen terwijl wij niets hebben? Maar we hebben niets gekregen. We werden opgevangen in contractpensions, daar lustten de honden geen brood van.
'Ons gezin heeft geluk gehad met de opvang, alleen moesten we wel alles gewoon terugbetalen. Toen mijn vader eindelijk een baan kreeg, werd 60 procent van zijn salaris ingehouden. Dat verhaal is onder het tapijt geschoven. Mijn ouders vonden dat we dankbaar moesten zijn dat we hier mochten komen. Ik denk: ja dag, hoezo dankbaar, we waren gewoon Nederlanders.'

Wat is het verschil tussen Indo's en Molukkers?
'Zij waren Indonesiërs. Het verhaal van de Molukkers is natuurlijk nog veel erger. Het was honds hoe zij werden behandeld, daar heeft de Nederlandse overheid echt iets goed te maken. Het verschil is dat zij mondiger zijn dan wij. Zij hebben dat, wij niet. Indo's denken: laat maar, we maken geen problemen. We zouden wat van de brutaliteit van de Molukkers moeten hebben.'

In het tv-programma *Wedden dat* werd u door Jos Brink altijd kroepoekje genoemd. Hoe vond u dat?
'Uit zijn mond vond ik die bijnaam lief, ik wist hoe hij het bedoelde. Het werd minder leuk toen andere mensen het ook gingen zeggen. In die tijd bestond internet niet, Jos kreeg postzakken vol brieven dat hij me geen kroepoekje mocht noemen. Over dit soort taalgebruik is nu meer gevoeligheid ontstaan. Ik denk dat die gevoeligheid te maken heeft met blanke Nederlanders die niet goed weten wie ze zijn en waar ze voor staan. In de laatste jaren heb ik mijn authenticiteit en identiteit gevonden. Niet alle blanke Nederlanders hebben dat.

'Een voorbeeld. Met vrienden ging ik naar Keulen, we maakten zo'n toeristische toer met een bus. We kwamen langs een enorme klok. Daar werd omgeroepen: dit was het station van waaruit de joden werden getransporteerd tijdens de oorlog. Ik ga nu iets vreselijks zeggen: wij kunnen leren van de Duitsers. Zij erkennen hun fout en zeggen: wat gaan we daarmee doen, hoe gaan we nu verder? Door je fout te erkennen laat je zien dat je de ander ziet. Het slachtoffer. Dat is een begin van helen. Nederland is nog niet zo ver.

'De slavernij, onze rol in de Tweede Wereldoorlog – als we die zaken niet benoemen, betekent het niet dat die er niet zijn. Die energie hangt er. Ik heb het gevoel dat van veel zaken wordt gedaan alsof ze er gewoon niet zijn, maar zo los je niets op. De heldendaden uit de Gouden Eeuw zijn super, maar waarom laten we niet ook de andere kant zien? Hoe wij inlandse vrouwen hebben behandeld bijvoorbeeld. Daar ben ik zelf uit voortgekomen. Ik ben van de hand reiken, dan kun je pas verder.'

Dries Boussatta

Oud-voetballer, ondernemer (Nederland, 1972)

NEDERLANDS
'Als ik ergens op tijd kom. Die discipline heb ik.'
MAROKKAANS
'Altijd.'
MUZIEK
'Vroeger luisterde ik wel naar hiphop en zo. Nu heb ik in de auto koranverzen aan staan of lezingen over de islam.'
PARTNER
'Mijn vrouw is Marokkaans. Ze kan een andere afkomst hebben, maar ik vind het belangrijk dat ze hetzelfde geloof heeft als ik. Ik zou niet met een vrouw kunnen zijn die rookt en drinkt.'
MOHAMMEDCARTOONS
'Ik ben niet *je suis*. Als je weet dat daarmee zo'n grote gemeenschap wordt gekwetst, waarom zou je het dan doen?'

Dries Boussatta was de eerste Marokkaan in het Nederlands elftal. 'Voor de wedstrijd sta je naast elkaar, ik keek om me heen: Frank de Boer, Bergkamp, Davids, Seedorf. Ik dacht aan alle tegenslagen die ik had overwonnen, aan waar ik vandaan kwam, aan dat ik altijd harder had moeten werken – het was een supermoment.

'Nee, ik dacht er niet aan dat ik de eerste Marokkaan was. Ik ben niet iemand die kippenvel krijgt van een volkslied. Een paar jaar later heb ik een paar wedstrijden gespeeld voor het Marokkaans elftal, toen had ik dat ook niet. Een liedje maakt voor mij niet het verschil.'

Hoe begon je met voetballen?
'Ik kom uit de Marco Polostraat in Amsterdam. De Baarsjes. We deden niets anders dan voetballen. Als ik nieuwe schoenen had,

waren ze binnen een week kapot. De gaten maakte ik dicht met plakband, ik durfde echt niet om nieuwe schoenen te vragen. Mijn vader werkte in de fabriek, zes dagen per week, zestien tot achttien uur per dag. Ik wil niet zeggen dat hij werd uitgebuit, maar dat was zijn leven. Hij werkte. Tot hij op zijn vijfenvijftigste werd afgekeurd, hij was versleten.

'Mensen die nu praten over integratie, hadden in die periode moeten leven. In welke tijd had mijn vader moeten integreren? Hij was blij dat hij 's avonds in bed kon liggen. Toen ik tien of elf was, kon ik bij een club spelen. Mijn oudste broer betaalde de contributie, hij werkte als elektricien. Daar had mijn vader geen geld voor, we waren thuis met zeven kinderen.'

Hoe was het om een van de eerste Marokkanen te zijn?
'Een trainer zal niet in je gezicht zeggen: je bent een vuile vieze tyfus-Marokkaan. Daar zijn ze te slim voor. Eén moet de eerste zijn, daarna volgt de rest. Dat zie je nu in het Nederlandse betaald voetbal, overal spelen Marokkaanse jongens. Alleen bij de trainers blijft het zoals het was. We hebben achtendertig profclubs en één gekleurde hoofdtrainer, Henk Fraser van ADO Den Haag. Dat zegt genoeg.

'Winston Bogarde wil heel graag aan de slag, Patrick Kluivert moet naar Curaçao om te kunnen werken. Die mannen hebben grote carrières gehad in het Nederlands elftal. Bij Go Ahead Eagles in de eredivisie is nu een man trainer van wie ik nog nooit had gehoord. Ik weet zeker dat Kluivert graag bij die club zou werken. Op het geld kan het niet afketsen, want dat heeft hij al. Het is niet honderd procent maar duizend procent racisme. Al die clubs zoeken alleen maar mensen uit hun eigen kringetje, het soort mensen dat ze al kennen.'

Hoe ging het bij jou?
'Op de tribunes maakten ze schapengeluiden, in de Amsterdam

ArenA zongen 50.000 mensen: *Dries Boussatta, je moeder heeft een snor.* Als je je daar al door laat afleiden, ben je niet geschikt voor het hoogste niveau. Ik was geen 1 meter 80, ik was niet sterk, ik heb het allemaal zelf moeten doen. Vier avonden per week 's avonds krachttraining erbij doen. Voor die imbecielen op de tribune kun je je makkelijk afsluiten, het gaat om de mensen met wie je werkt.

'Bij FC Utrecht had ik een trainer, Mark Wotte, die me toeblafte op een manier waarvan ik dacht: ik ben je hondje niet. Tijdens de ramadan vroeg ik nooit om rust, ik deed gewoon alles mee. Mijn medespelers Rob Witschge en John van Loen gingen naar de trainer: wij hebben er problemen mee dat Dries tijdens de lunch aan tafel moet zitten terwijl hij niet mag eten en drinken. Nee, dat kon niet anders, de trainer bepaalde de regels. Denk jij dat ik voor die man door het vuur ging of dat ik een bloedhekel aan hem had?

'We zijn vijftien jaar verder, er is niets veranderd. Trainers blijven spelers op dezelfde manier benaderen, ze blijven uitgaan van hun eigen beleving. Op die manier haal je niet het maximale uit een voetballer. Een blond jongetje dat door zijn vader en moeder overal naartoe is gebracht, zit anders in elkaar dan iemand die op straat moest overleven. Ze doen het allemaal.

'Louis van Gaal wil spelers altijd zijn wil opleggen, hij kan niet omgaan met vedettes en met andere nationaliteiten, iedere keer zorgt dat voor dezelfde problemen. Frank de Boer is een nuchtere Hollandse boer, dat is prima, maar niet iedereen is zoals hij. Alleen behandelt hij alle spelers wel zo. In de moderne wereld kan dat niet meer. Frank is een toptrainer, als oefenmeester is hij veel beter dan coaches die in de echte top werken. Hij weet meer van voetbal dan José Mourinho van Chelsea, maar dat is een peoplemanager. Dat is waar het om gaat in de echte top, die voetballers komen van over de hele wereld. Om helemaal top te worden zal Frank zich echt moeten verdiepen in hoe zijn spelers in elkaar zitten, dan wordt hij de beste trainer van allemaal.'

Toen je voor het Nederlands elftal werd geselecteerd, speelde je bij AZ.
'AZ was een leuke club, vooral in het begin, met Willem van Hanegem als trainer. En met zijn opvolger Gerard van der Lem. Hij vertelde dat het bestuur tijdens een bespreking had medegedeeld: we willen een nieuwe koers, alleen nog maar Scandinaviërs, alle buitenlanders moeten eruit. Daarmee bedoelden ze de Marokkanen en Surinamers.

'De voorzitter was Dirk Scheringa, van die hypotheken bij de DSB Bank. Van der Lem zei tegen het bestuur: ik maak de opstelling, niet de voorzitter. Twee maanden later was hij ontslagen. De nieuwe trainer heette Henk van Stee. Tijdens de eerste training sprak hij ons toe. We waren te verwend met onze dikke Rolexen, zelf droeg hij een Casio. Een maand later, nadat zijn eerste salaris was gestort, liep Van Stee rond met een horloge van Cartier. Niemand nam hem serieus.

'De eerste wedstrijd onder Van Stee zat ik op de bank, ik keek naast me: Urvin Lee, Ali El Khattabi en Karim El Hadrioui, allemaal spelers die tot dan nooit reserve stonden. Een paar maanden later ben ik naar het bestuur gestapt: binnen een week wil ik op papier dat ik transfervrij weg mag, anders stap ik naar de pers over jullie snode plannen met alle buitenlanders eruit.

'Een week later was ik weg. Het was een breuk in mijn carrière, daarna heb ik niet meer op hetzelfde niveau gespeeld. Maar dat maakt me niet uit. Ik begeleid nu veel jonge Marokkaanse voetballers en hun ouders. Dan vertel ik ze niet dat je ruzie moet maken, zeker niet, maar ik zeg wel: soms moet je principes hebben en zeggen: dit accepteer ik niet.'

Mano Bouzamour

Schrijver (Nederland, 1991)

NEDERLANDS
'Ik ben een Amsterdammer. Mijn DNA bestaat uit het fijne netwerk van Amsterdamse straatjes, grachtjes en steegjes.'

MAROKKAANS
'Als journalisten mij vertellen dat ik een Marokkaan ben.'

PARTNER
'Een Hollands meisje. Ik val op leuke, lieve en slimme mensen. Waar ze vandaan komen maakt me geen fuck uit.'

MOHAMMEDCARTOONS
'Ik ben de laatste die zegt dat creatieve uitingen verboden moeten worden.'

Een paar weken geleden zag Mano Bouzamour hem op straat. Zijn vader wenkte: kom hier, dan kunnen we praten. 'Ik ben rechtsaf geslagen en weggescheurd op mijn scooter.'

De verwijdering begon na de publicatie van zijn debuutroman, *De belofte van Pisa*, over hoe een Amsterdamse Marokkaan op het lyceum tussen twee werelden in komt, die van zijn ouders en die van zijn klasgenoten. 'Mijn ouders kunnen niet lezen. En ze spreken geen Nederlands. Hoe dat dan gaat? Via kennissen, buren en familieleden kregen ze te horen dat mijn boek godslasterend was.'

Hij woonde nog thuis. Zijn spullen stonden ingepakt bij de deur. 'Ze schopten me het huis uit. Verder zeiden ze niets. Dat is het hele ding, het contact tussen die ouders en die kinderen deugt niet. Daar schreef ik ook over. Ik heb geen misdaad begaan, ik heb niemand vermoord. Drie jaar lang zat ik in mijn eentje op een zolderkamer aan mijn boek te werken.

'Nu zie ik het positieve ervan in, ik ben eigenlijk wel blij dat het is gebeurd. Zoals Hafid Bouazza tegen me zei: wie woont er nou nog thuis op z'n tweeëntwintigste? Ik ben blij dat ik nu andere dingen ga meemaken. Trouwen op mijn vijfentwintigste met een Marokkaans meisje, met al die hypocriete figuren op de bruiloft, en daarna in Almere of Zaandam gaan wonen, daar had ik helemaal geen zin in. Ik ben een Amsterdammer, net zo Amsterdams als Nescio. Misschien nog wel Amsterdamser.'

Wat is er zo hypocriet?
'Ik groeide op en ik was moslim. Daar had ik nooit voor gekozen. Hoezo moest ik al die profeten aanbidden? Begrijp me niet verkeerd, ik ben dol op de Arabische cultuur, ik luister naar Cheb Khaled en Cheb Mami, ik ken de teksten uit m'n kop. En ik ga vaak op vakantie naar Marrakech. Het is sfeervol, al je zintuigen worden er geprikkeld en het eten is lekker.

'Waar ik me tegen afzette was dat eeuwige gelul, dat hypocriete gedoe. Het doen alsof je vroom bent. Ik hoef mezelf niet een maand te verhongeren om te weten hoe de armen zich voelen. Als die maand is afgelopen moet je eens naar de Wallen gaan om te zien wat daar gebeurt.'

In je paspoort staat Mohammed. Maakt dat een verschil met Mano?
'Ik zie het verschil niet. Als mijn paspoortnaam op mijn boek stond, zouden mensen het misschien nog wel interessanter vinden. Ik heb nog nooit een cv opgesteld. De vrienden van mijn broers zag ik altijd met sollicitatiebrieven. Dat ze weer waren afgewezen. Ik dacht: zo moet ik het dus niet aanpakken. Bij de plekken waar ik heb gewerkt, ben ik gewoon naar binnen gelopen – ik zou hier willen werken. Als je wordt buitengesloten moet je je eigen kansen creëren in plaats van jammeren en zeiken. Een echte man creëert zijn eigen kansen.'

Hoe kwam je op het lyceum?
'Mijn oudere broer had een leuk vriendinnetje, Marlies, ze zat op het Hervormd Lyceum Zuid. Toen ik naar de middelbare school moest, zei ze: kom even langs, we hebben een open dag. Ik werd verliefd op die school, ik wist: hier wil ik heen. Op de basisschool was ik ijverig, ik mocht altijd naast de juf zitten, als ze een vraag stelde stak ik als eerste mijn vinger op.

'Dit maken Marokkaanse jongeren vaak mee en ik ook: voor we de Cito-toets kregen, gaf de juf mij een vmbo-advies. Eerst dacht ik dat ze een grap maakte, ik kon het niet geloven. Ik legde uit dat ik niet naar het lyceum kon met een vmbo-advies. Ze zei dat ik het tegendeel moest laten zien op de Cito-toets. Op het lyceum kreeg ik een gesprek met de lerares Nederlands: je advies is vmbo, maar je Cito is van vwo-niveau, beloof je echt dat je hier goed je best zult doen? Met die lerares heb ik nog contact, ik ben haar voor altijd dankbaar.'

Hoe was het op het lyceum?
'Ik merkte dat mijn nieuwe vriendjes net zoveel van Ajax hielden als ik, en van meisjes en van leuke vakanties. Kakkers en Mocro's lijken op elkaar. Bij allebei kom je er als buitenstaander moeilijk in. En ze worden door hun ouders een beetje aan hun lot overgelaten. Als ik bij kakkers thuis kwam, waren hun ouders altijd op zakenreis of ze kwamen heel laat uit hun werk. Bij Mocro's staan de ouders buiten onze wereld.

'Ik groeide op met de gedachte: iedereen die niet zo is als wij wil je de hel in sleuren. Mensen die alcohol dronken waren vies en slecht. Mijn halve jeugd dacht ik dat iedereen tegen me was. Het was puur een mentaliteitsding: als je dat denkt, ga je je er ook naar gedragen. Op het lyceum ontvouwde zich een nieuwe wereld voor me. Ik werd meegenomen op vakanties, ineens zat ik in Zuid-Frankrijk, op Bali. Iedereen ging op het strand boeken lezen. Ik dacht: wat is dit? Het was ontzettend saai, tot ik zelf

ging lezen. En die lieve ouders van mijn vrienden dronken wijn en aten varkensvlees. Volgens mijn god zouden ze dus naar de hel gaan.
'Ik wil een leuk leven leiden. Donder op met die regels. Die vergiftigen je systeem. Alles is gebaseerd op angst. Godvrezend – ook weer zo'n woord. Ik ben blij dat ik nu met niemand meer rekening hoef te houden, ik kan zo schaamteloos zijn als ik wil – vooral in mijn schrijven. Ik ben loyaal en trouw aan mezelf, ik ga *all the way* en geef me helemaal bloot. Mijn lezers waarderen dat.'

Postscriptum: Drie jaar na het interview herstelden Mano Bouzamour en zijn ouders het contact.

Simone Weimans

Presentator van het NOS *Journaal* (Nederland, 1971)

NEDERLANDS
'In het binnenland van Suriname voel ik echt het verschil. Hoe ik praat, hoe direct wij zijn. In hun ogen is dat heel Nederlands.'
SURINAAMS
'Ook als ik daar ben, in Klaaskreek. Ze hebben een andere flow, maar ik hoor toch bij ze.'
PARTNER
'Tot nu toe altijd Hollandse mannen. Ik ben opgegroeid met het stereotype over Surinaamse mannen en vreemdgaan.'
MOHAMMEDCARTOONS
'Ik blijf het opmerkelijk vinden hoe mensen met geweld kunnen reageren op een tekening. Als iemand te ver gaat, hoor je naar de rechter te stappen. Of je reageert met woorden of de pen.'

Bij de Wereldomroep werkten 'alle kleuren van een Benetton-reclame'. Daarna ging Simone Weimans naar de VARA. 'Ik schrok gewoon toen ik voor het eerst in de kantine kwam. De VARA, dacht ik, dat is progressief en kleurrijk. Maar ik was bijna de enige met een kleur. Het is een Hilversums probleem. Niet alleen van de VARA en het NOS *Journaal*. Van heel Hilversum.'

Waarom lukt het bij jou wel?
'Heeft het te maken met hoe je bent opgegroeid? Ik heb altijd op witte scholen gezeten. De universiteit was ook wit. Ik kan me thuis voelen in een witte omgeving. Je leert een taalgevoeligheid en kennis van de Nederlandse cultuur die anderen misschien niet hebben? Het is natuurlijk belangrijk dat iemand op zijn gemak is. Niet het gevoel heeft dat ze worden benaderd als een stereotype. Dat ze alleen de allochtone onderwerpen mogen doen.'

Hoe groeide je op?
'Mijn ouders kwamen in de jaren zestig uit Suriname naar Nederland, om te studeren. Mijn vader werd onderwijzer, mijn moeder maatschappelijk werkster. Mijn vader was Saramaccaans, een Marron uit het binnenland van Suriname. Net als in Nederland kijken mensen uit de stad, uit Paramaribo, er een beetje op neer als je uit een dorp komt. Ik ben er trots op dat ik half-Saramaccaans ben. Het zijn de mensen die het binnenland in zijn gevlucht voor de slavenhouders. Ik vind het fantastisch dat ze dat hebben gedaan.

'Daar in het binnenland lijkt het alsof je op het Afrikaanse continent bent. Ze dragen doeken, je wast je in de rivier. Als mijn ouders niet naar Nederland waren gekomen, had ik misschien ook zo geleefd. Voor de familie van mijn vader, de Weimansen, was studeren belangrijk. Een opleiding, dat werd altijd benadrukt. Bij ons thuis waren veel boeken. Mijn ouders moedigden het aan. Ze waren niet voor niets naar Nederland gekomen, ze vonden het belangrijk dat we vooruitkwamen.

'In Rotterdam waren wij de enige donkere familie in de buurt. Mijn moeder vertelde dat ik een keer huilend thuiskwam van school – ze zeggen dat ik zwart ben. Ze zette me voor de spiegel, om te laten zien: ja, je bent zwart en prachtig. Voor mijn zus was het niet zo'n issue, die zat meer in haar eigen hoofd, ze was niet zo bezig met haar omgeving. Dat was ik wel. Ik zei dat ik niet meer naar school wilde, ik wilde bij de groep horen. Een panty op je hoofd doen, dat deed ik ook. Als ik mijn hoofd schudde leek het of ik een paardenstaart had, met glad haar.'

Hoe kwam je bij de televisie?
'Op mijn lagere school zaten veel kinderen van creatieve mensen. Via een van de ouders kwam ik terecht bij *Schuurpapier*, een kinderprogramma van de VARA-radio. We gingen op pad, mensen interviewen. Ik zag dat je alleen maar een microfoon

hoefde te hebben en je kwam overal binnen. Achter de schermen, op plekken waar ik normaal nooit zou komen. Ik wist: dit wil ik later gaan doen. Aan de Universiteit van Amsterdam ben ik Communicatiewetenschap gaan studeren.
'Bij de radio heb ik zeventien jaar gewerkt. Ik bedacht dat ik wel naar de televisie wilde. Het gebeurde toevallig. Bij een screentest voor *NOS op 3* was ik het niet geworden. Ze zeiden: we zoeken nog iemand voor het *Journaal*.'

Had hun keuze iets met je kleur te maken?
'Laïla Abid was net weg bij het *Journaal*, het team was geheel wit. Ik vind het goed dat ze op zoek gingen naar meer diversiteit. Het betekent niet dat ik een soort projectje was, ik had al veel ervaring.'

Na bijna twintig jaar in Hilversum: waarom blijft het zo ingewikkeld?
'Ik weet niet hoeveel symposia en workshops ik hier al over heb meegemaakt, het frustreert mij ook. Op de redactie van het *Journaal* kijk ik soms om me heen: jezus, het zou mooi zijn als hier wat meer kleur was. Met een andere redactie krijg je net even die andere invalshoek of een andere spreker. Ik weet dat hoofdredacties het ook graag willen, ze hebben van alles geprobeerd. Op de redactie kregen we laatst twee grote groepen op bezoek van de School voor Journalistiek. Ik kijk dan speciaal of er kleur bij zit. Niet één student. Dan wordt het lastig.'

Merk je verschil tussen jou en collega's?
'Eén keer vond ik dat ik iets moest zeggen. De dag waarop bekend werd gemaakt dat Zwarte Piet bij de intocht in Amsterdam roetvegen zou hebben. Collega's vroegen zich af: dit is de zoveelste episode, moet dit echt? Ik vond van wel. En dat is ook gebeurd.

'Wat ik soms heb: dat ik, zeg maar, uit mezelf treed en zie hoe ik daar zit, met een net jasje aan in de studio van *Nieuwsuur*. Het is nooit mijn ambitie geweest om het NOS *Journaal* te presenteren. Als ik mezelf zo zie zitten, kleine Simone Weimans uit Rotterdam, vind ik het best hilarisch.'

San Fu Maltha

Filmproducent (Nederland, 1958)

NEDERLANDS
'Als ik in het buitenland ben.'
INDO
'Wanneer ik met botheid word geconfronteerd. Dat is helaas vrij vaak.'
PARTNER
'Het is geen toeval dat mijn vrouw Indo is. De eerste keer dat ik in Indonesië kwam, wist ik meteen: de geur, het gevoel, dit is vertrouwd.'
MOHAMMEDCARTOONS
'Die moeten niet worden verboden. Tenzij het puur is om te beledigen en te kleineren. Daar is de vrijheid van meningsuiting niet voor bedoeld.'

San Fu Maltha coproduceerde de tv-serie *Shouf Shouf!* 'Ik stond een beetje te praten met de Marokkaanse acteurs, over dat ze werden geweigerd in discotheken. Ze vertelden het alsof het iets nieuws was. Alsof dit daarvoor niet bestond in Nederland. Iedere generatie denkt dat zij uniek zijn.

'Dit soort dingen gebeuren iedere keer dat grote groepen mensen ergens aankomen. Het is niet vreemd om bang te zijn voor mensen die je niet kent. Vreemd wordt het pas als je bang blijft nadat is gebleken dat die nieuwe mensen zich normaal gedragen.'

Ook jij werd geweigerd in discotheken?
'En dan was ik nog het netst gekleed van al mijn vrienden. Maar als ik me hier over uitspreek, wordt weer gezegd: haha, jij moet ook zo nodig een allochtoon zijn. Terwijl ik me alleen uitspreek over mijn identiteit en over een realiteit. Dat wordt niet geapprecieerd.'

De naam Maltha komt vermoedelijk van het eiland Malta. 'Mijn vader had een gemengde afkomst: Nederlands, Frans, Vlaams, Engels, Duits en waarschijnlijk dus Malta. De familie van mijn moeder, dat waren Chinese Indonesiërs. Mijn ouders ontmoetten elkaar in Jakarta, mijn vader had dienst genomen in het Nederlandse leger. Ze trouwden tegen de wil van de vader van mijn moeder. Omdat mijn vader Nederlands was. En hij stond in een lagere rang in de maatschappij, zijn vader was schilder. De familie van mijn moeder was welgesteld, ze hadden plantages.'

Hoe groeide je op?
'In het Brabantse katholieke dorp Oudenbosch waren nog een paar Indische gezinnen. Verder alleen Hollanders. Wat wij precies waren, dat wist ik niet. Mijn vader probeerde ons zo Hollands mogelijk te laten opgroeien, mijn moeder was verstoten door haar familie. Die weg was afgesloten. Ik wist van niks, mijn moeder vertelde niets. Op de lagere school werd ik uitgescholden voor alle kleuren van de regenboog, dat werd soms fysiek.'

U heet San Fu.
'Ken je dat liedje van Johnny Cash, *A Boy Named Sue*? Over een vader die zijn zoon een meisjesnaam geeft, zodat hij is opgewassen tegen de harde wereld. Nou, dat klopte wel. De oudste twee kinderen heetten Saskia en John, daarna kregen we allemaal Chinese namen.'

Was jouw leven anders verlopen met een naam als John?
'Mijn naam hielp niet mee, dat is duidelijk. Later heb ik de familie van mijn moeder ontmoet, die accepteerden me ook niet, ik was niet Chinees genoeg. Ik was geen Chinees en geen Nederlander. Eigenlijk was ik niks. Waarom de jongere kinderen Chinese namen kregen? Op die vraag heb ik nooit antwoord gekregen. Mijn moeder zei dat mijn vader het zo wilde. Pas toen ik mijn

vrouw ontmoette, die ook Indo is, ben ik me gaan verdiepen in mijn achtergrond. Het komt bijna niet voor, een Indo die trouwt met een andere Indo. Ze hebben allemaal een Hollandse partner. Misschien zijn ze nog steeds onbewust bezig om zo Nederlands mogelijk te worden.
'Ik was vroeger ook zo, ik had een keer een blond vriendinnetje. Haar ouders zeiden: wij discrimineren niet, kijk maar hoe goed wij jou accepteren. Ik zei: dat is makkelijk, ik ben hoogopgeleid, ik spreek goed Nederlands. Wat als ik een zwarte moslim was geweest, waren jullie dan ook zo blij met mij? In Nederland doen we altijd alsof het niet uitmaakt welke kleur iemand heeft. In het echt doet het er natuurlijk wel toe. Dat heb ik wel geleerd: zolang het goed gaat, heb je er weinig last van. Maar als het erop aankomt, ben je niet een van hen, je hoort er niet echt bij.'

Hoe merkte je dat?
'De mensen die iets te vertellen hebben in mijn wereld, de bazen over de omroep, de festivals en de fondsen – daar zit niemand bij die een andere kleur heeft. Ik ben niet voor positieve discriminatie, alles met het woord discriminatie erin vind ik niet goed, maar het is wel opmerkelijk.
'In Nederland wonen anderhalf miljoen mensen die een band hebben met Nederlands-Indië. Hoeveel films zijn daarover gemaakt in de laatste vijfenzeventig jaar? *Max Havelaar, De schorpioen, De gordel van smaragd, Blauwe hemel, Ver van familie, Gekkenbriefje* en *Oeroeg*. Hoe komt dat? Doordat ze niet geïnteresseerd zijn. Waarom zijn ze dat niet? Omdat ze er niets over weten. Nu bestaat er even aandacht voor, zeg maar, de nieuwe allochtonen. Het zou zonde zijn als over honderd jaar alleen de rijsttafel over is als herinnering aan Nederlands-Indië. En sambal.'

Wat merk je persoonlijk?
'Door een journalist van NRC *Handelsblad* werd mijn werkwijze ooit on-Nederlands hard genoemd, omdat ik niet verder ga met mensen die hun werk niet goed doen. Sluwheid, dat wordt mij ook toegedicht. Dat zou dan horen bij mijn Aziatische afkomst. Aan een Hollander worden zulke eigenschappen niet toebedeeld. Ik ben geen Europeaan en geen Aziaat, ik ben het allebei. De directheid van de Nederlander probeer ik te combineren met de empathie van de Aziaat.'

Karin Amatmoekrim

Schrijver (Suriname, 1976)

NEDERLANDS
'In Suriname. Ik praat daar overwegend Nederlands, omdat ik in het Surinaams zo'n zwaar accent heb dat ik word uitgelachen.'
SURINAAMS
'Wanneer ik mijn kinderen opvoed of als ik mijn vrienden hun kinderen zie opvoeden. Hollanders kunnen dat niet.'
PARTNER
'Een Nederlandse Amerikaan met blond haar en blauwe ogen. Hij is voor mij exotisch.'
MOHAMMEDCARTOONS
'Natuurlijk mag het, maar is het echt nodig? Ik vind het schofterigheid, verscholen achter een masker van vrijheid van meningsuiting.'

Het gebeurde op wintersport. 'We waren in Zwitserland met mijn man, die op wintersport gaat sinds hij vijf is. En met zijn vrienden, die daar ook al kwamen met hun ouders. Ik vond het allemaal nogal overbodig en koud maar we zijn samen, dus ik ga mee op wintersport met mijn man en zijn vrienden. Die dag moesten we met een sleeplift. Een lift zonder stoeltjes die je de berg op sleept. Ik durfde daar niet in met mijn snowboard.

''s Avonds bij de après-ski zei een vriendin van mijn man: Karin, probeer toch eens wat nieuws. Toen ben ik wel even ontploft. Eerst kom ik van de andere kant van de wereld naar Nederland, ik heb in arbeiderswijken gewoond en in de grachtengordel, ik heb alle kanten van dit land gezien. Nu zit ik met mijn Surinaamse smoel in de sneeuw in Zwitserland, waar jullie al je hele leven skiën. En dan durven ze tegen mij te zeggen dat ik iets nieuws moet proberen? Dit ís voor mij iets nieuws. Voor mij zijn het niet de platgetreden paden van mijn ouders.'

Hoe oud was je?
'Ik was vier toen we naar Nederland kwamen. We woonden in een flat in IJmuiden, daar kwam mijn stiefvader vandaan. Tot mijn negentiende had ik zijn achternaam, Boersma. Zeewijk was het afvoerputje van IJmuiden. En IJmuiden was al niet florissant. Onze buren waren vooral Turkse en Marokkaanse immigranten. De mannen werkten bij de Hoogovens, de vrouwen pelden garnalen. En er waren de Hollanders die daar al generaties woonden en in tien jaar hun buurt zagen veranderen. Ze hadden *basically* een teringhekel aan de nieuwkomers. Daar hoorden wij bij, hoewel we Nederlands spraken.'

Begreep je die teringhekel?
'Ik begreep dat het moeilijk was om als eerste de verandering te dragen. Het land dat ze kenden waren ze kwijtgeraakt. In Zeewijk kende iedereen elkaar. Het was die echte Hollandse cultuur, zoals je die in de grote steden niet meer ziet. Ze heetten Wim senior en Wim junior en ze wisten allemaal dat die ene oom ooit met die buurvrouw naar bed was geweest.

'Het begon met de taal. Op straat, op de markt, overal hoorden ze een taal die ze niet verstonden. In de flat was niet veel ruimte, rond etenstijd roken ze Turkse kruiden die ze niet kenden. De hoofddoekjes werden de belichaming van die verandering, daar gingen ze op haten. Ik begreep al vroeg dat de ander een bedreiging vormt, ik heb me alleen verbaasd over de intensiteit van de woede.'

Je kwam op het gymnasium.
'Mijn moeder en ik wisten niet eens dat er zoiets bestond als een gymnasium. Het hoofd van de lagere school had het expliciet tegen haar gezegd. Anders was ik naar het scholengemeenschap gegaan waar mijn vriendinnetjes lbo-mavo deden. Het gymnasium was in Velsen-Zuid, richting Bloemendaal, waar de villa's

stonden. Op die school zaten kinderen uit VPRO-gezinnen, de linkse rakkers die vonden dat we solidair moesten zijn met de zwakkeren in de samenleving. Niet de mensen die daarvan de lasten moesten dragen.
 'Op de diploma-uitreiking van het gymnasium voelde ik hoe trots mijn moeder was, ik werd de eerste in de familie die ging studeren. Ik keek op dat diploma en zag de naam Boersma staan, van de man die mijn jeugd zo had verpest. Dit moet ik op de naam van mijn moeder doen, dacht ik, de vrouw die mij heeft gemaakt en gesteund. Mijn moeder wilde niet dat ik mijn naam veranderde. Ze zei: die naam gaat tegen je werken in dit land.'

Van Boersma naar Amatmoekrim is geen kleine stap.
'Nee, maar je naam is wel belangrijk. Het is een van de zichtbaarste pijlers van je identiteit. Ik heb geen loyaliteit aan de naam Boersma en ook niet aan de naam van mijn echte vader. Die heet Lie Kwie Sjoe, minstens even moeilijk te spellen als Amatmoekrim.
 'Iemand vroeg laatst: gaat je nieuwe boek weer over Suriname? Nee, zei ik, het gaat over mijn vader. Toen zei die ander: aha, over Suriname dus. Nee. Suriname is niet een allesomvattend thema, hoewel het daar in Nederland wel vaak toe wordt gereduceerd. Die afkomst wordt gezien als een beperking. Terwijl het juist een verrijking is: je kent meer werelden dan een ander. In de laatste tien jaar heb ik vijf boeken geschreven en ik merk dat er nog steeds een enorme blinde vlek is voor wat niet past binnen een afgebakend hokje. Dat raakt me, want het staat haaks op wat literatuur zou moeten zijn: het verbreden van je blik.
 'In buitenlandse boeken is de veranderende maatschappij als onderwerp veel vanzelfsprekender. In Nederland blijft het statisch, hetzelfde als veertig jaar geleden. Alsof dit land niet is veranderd. Schrijvers zoals Salman Rushdie, Teju Cole of Zadie Smith worden in Nederland pas gewaardeerd nadat ze in het buitenland applaus hebben gekregen. De Nederlandse varianten

van dat soort boeken horen bij de migrantenliteratuur, met hun eigen hoekje. Alsof ze niet bij de echte literatuur horen.'

Hoe komt dat?
'Het is teleurstellend dat ook in intellectuele kringen gemakzucht zo aanwezig is. Het kan ook zelfoverschatting zijn en ijdelheid. Denken dat het belang van het eigen inzicht groter zal zijn dan het in werkelijkheid is.'

MocroManiac

Werd geboren als Abdelilah El Foulani (Nederland, 1987)

NEDERLANDS
'Wat is dat? Een Nederlander is blank met blond haar, toch? Maar ik hoor hierbij, ik voel me een Nederlander. Ik moet ook boetes betalen.'
MAROKKAANS
'Dat is wie ik ben. Non-stop.'
PARTNER
'Dominicaans, Marokkaans of iets anders. Het verschilt.'
MOHAMMEDCARTOONS
'Het is kinderachtig. Je bent een volwassen man, zeg gewoon: ik mag Mohammed niet. Dan is het klaar, doe niet zo schijnheilig.'

In 2014 werd MocroManiac in *Zomergasten* door regisseur Jim Taihuttu 'een van de beste rappers van Nederland' genoemd, als inleiding voor een fragment van zijn *101Barz*-sessie. 'Nee, ik kende dat programma niet. Ik was er blij mee dat hij een filmpje van me liet zien. Jammer dat ik die uitzending op internet nooit meer terug kon vinden. Door Jim heb ik dat programma leren kennen. Een paar weken geleden zag ik in *Zomergasten* die burgemeester van Rotterdam. Aboutaleb, ja.'

In de Bijlmer ging het op straat niet over waar je vandaan kwam. 'Het ging om hoe hard je was. De meeste Marokkanen groeien op bij elkaar, ik had een ander soort jeugd. In de Bijlmer zijn veel culturen, dus het was oké. Ik wist dat het bij ons thuis anders was, maar ik ben ook best donker van kleur. Die afkomst, wij zijn niet op dat – andere mensen zijn daarmee bezig. Het gaat om wie je bent. Ik groeide op tussen Surinamers, Antillianen, Dominicanen. Soms zeiden ze voor de grap: hé fucking Marokkaan.'

Hoe kwamen jullie terecht in Amsterdam-Zuidoost?
'Door mijn vader, denk ik, hij wilde hier komen. Ze zaten eerst in Leeuwarden. Mijn vader ging weg toen ik acht was.'

Waar ging hij heen?
'Hij is in Marokko ergens. Nadat ik acht was, heb ik hem nog een paar keer gezien. Ik ben niet boos, ik weet niet wat ik voor hem moet voelen. Het enige wat ik kan zeggen: het is jammer.'

Ben je weleens in Marokko geweest?
'De laatste keer toen ik twaalf jaar was. In die tijd was de Bijlmer gewoon vies. Nu ziet het er anders uit, alles is nieuw. We gingen van de ene vieze plek naar het andere getto, in Casablanca.'

Ben je een moslim?
'Ik geloof wel, maar ik zit in de laagste rang van hoe gelovig je kunt zijn. Vroeger ben ik ooit in de moskee geweest.'

Wat voor werk deed je moeder?
'Mijn moeder had een uitkering. Je hebt niks, je ziet bepaalde dingen en je wil ook, maar je moeder kan het niet betalen. Het begon in winkels. Snickers, blikjes drinken. Dan gaat het naar fietsen, scooters, opeens ben je grotere dingen aan het afpakken, het kan ver gaan. Soms liet ik me meeslepen. Ik ben weg van de straat. Nu ben ik MocroManiac, iedereen kent mij. Ik verkoop het meer dan dat ik echt nog van de straat ben.

'Op school hadden ze geen controle over me, ik was vervelend. Daardoor heb ik school verpest. Volgens mij had ik iets gestolen, het is lang geleden, ik denk dat ik daarom van school werd gestuurd. Het was ook mijn gedrag.

'Ik werd ouder en ik heb die rap gevonden, dat was belangrijk. Iedereen houdt van muziek. Maar ik hield echt van muziek. Ook al was het rock-'n-roll, ik kon ernaar luisteren. Ik ging het volgen, die rapmuziek. Mensen vonden mijn stem grappig, dat gaf me hoop. Eerst schaamde ik me voor die stem, het klinkt alsof ik praat met mijn neus dicht. Als ik rap probeer ik er wat meer bas bij te vinden. Voordat ik bekend werd, was de hele buurt al gek op mijn raps, ik wist dat mijn lijn ging raken.'

Hoe gaat het nu met het rappen?
'Uiteindelijk is rap hier moeilijk, door de rassenproblemen in dit land. Kijk, ik ben een Marokkaan, ik ga niet snel voorrang krijgen boven een andere rapper. Als jij een Marokkaan bent en er wordt de hele dag vuil over je gesproken, dan wordt het moeilijk. Ik moet drie keer zo hard werken, misschien kan ik dat wel niet, ik ben het niet gewend.

'Niemand gaat zo voor me los als de blanke fans, dat geeft me weer die hoop. Ik was in Eindhoven, twee kleine blanke jongetjes stonden naar me te kijken. Eentje durfde naar me toe te komen, hij wilde op de foto. Hij zei tegen dat andere jongetje: zie je wel, hij is een goede Marokkaan. Dat heeft het nieuws met zijn hersenen gedaan. Ik geloof niet in die IS-shit. Je hebt goed en kwaad, zo zie ik het. Als je iemands leven neemt, dan ben jij het kwaad.'

Hoe bedacht je de naam MocroManiac?
'Die naam heb ik omdat ik een trotse Marokkaan ben. Sommige mensen geloven het nog steeds niet, ze denken dat ik zwart ben. Een Surinamer of een Antilliaan. Ik weet niet waarom ze dat denken. Door mijn stijl, door hoe ik eruit zie?

'Ik vind dat alles wat ik doe commercieel is. Maar het blijft wel rauw, dat zit in mij, ik kan het niet anders doen. Als ik een hit drop, pak ik elke week shows. Dat levert het meeste op.'

Heb je veel shows?
'De laatste tijd word ik niet zo vaak geboekt. Als ik iets nieuws heb, wordt het weer meer. Moet ik mijn naam veranderen naar

MultiManiac? Ik weet het niet, ik kom erdoorheen op mijn manier.'

Wat doe je als je niet veel shows hebt?
'Dan zijn er andere manieren. Rappers zijn geen collega's die met elkaar op een kantoor zitten en allemaal hetzelfde verdienen. Ik verdien niet zoals Jan Smit, voor wat hij doet is een ander publiek. Maar als ik zou doen wat hij doet, dan viel ik niet op.'

Giovanca Ostiana

Zangeres, presentator (Nederland, 1977)

NEDERLANDS
'Op zoveel momenten. Als ik door mijn stad Amsterdam fiets bijvoorbeeld.'
ANTILLIAANS
'Ook altijd eigenlijk. Toen ik zong op het 5 mei-concert aan de Amstel, voelde ik me Nederlands, maar tegelijk Curaçaos.'
PARTNER
'De vorige was Surinaams, mijn huidige vriend is Hollands. Het is maar net waar mijn hart op valt.'
MOHAMMEDCARTOONS
'De vrijheid van meningsuiting is belangrijk, maar als ik het op een weegschaal moet leggen vind ik een ander niet kwetsen net iets belangrijker.'

Vanbuiten leek het op de andere huizen in Amstelveen. 'Vanbinnen leek het op een erf op Curaçao. Mijn ouders stonden klaar voor iedereen, we hadden altijd wel tijdelijk iemand in huis. Tijdelijk kon een paar dagen betekenen, maar ook vier jaar. Mijn ouders kwamen naar Nederland om te studeren, ze hadden echt nagedacht over waar ze een toekomst wilden opbouwen. We woonden tussen het groen, schuin tegenover het ziekenhuis waar mijn moeder werkte. Hun broers en zussen keken op tegen mijn ouders, dat soort mensen waren het.

'Op de lagere school waren mijn zusje en ik de enige donkere kinderen. Op de middelbare school zaten nog twee Surinaamse kinderen. Ik keek er niet naar op die manier. In mijn beleving was je in eerste instantie kind, daarna een jongen of een meisje en dan komen er allerlei andere dingen, waarvan je afkomst er één is. Het zou niet goed zijn om mensen in de eerste plaats te categoriseren op hun afkomst. Later merkte ik dat het er wel toe deed, dat het zelfs tegen je kon werken.'

Wat was de eerste keer?
'Ik was veertien en kwam bij een vriendinnetje thuis. Het was een *awkward* moment. Haar moeder zei tegen mij: ik vind het zo knap dat jij op het gymnasium zit, het is toch moeilijker voor jullie. Eerst dacht ik dat ze mij en haar dochter bedoelde toen ze het had over: jullie.

'Ik dacht: wie zijn *jullie*? In mijn hoofd liep ik alle dingen af die ik kenmerkend vond voor wie ik was. Bedoelde ze: jullie sneakerdragers of jullie hiphopmuziek-luisteraars? Dat er een jullie en een ons bestond, daar was ik me niet zo van bewust. Ik was in Nederland geboren, ik dacht dat dat genoeg was. De moeder van mijn vriendinnetje legde uit wat ze bedoelde: mensen die thuis vast geen boeken en kranten hebben en niet de actualiteit volgen. Ik heb maar niet gevraagd wat ze nog meer dacht.

'Soms hoort mijn moeder me praten en zegt ze: daar heb je die r weer. Mijn Amstelveense gymnasium-r. Ik merkte dat ik een raar soort compensatiegedrag ontwikkelde. Om te laten zien: wij zijn heus geen ongeletterde types. Het zit in mijn lichaamshouding of in dat ik het op school heel goed wilde doen, laten zien dat ik dingen kon bereiken. Soms betrap ik mezelf er nog op.

'In de krant stond een keer een advertentie voor een typemachine die bij iemand te koop was. Mijn moeder belde, de eigenaar zei snel dat de typemachine al weg was. Ik zei tegen mijn moeder: ik bel straks wel. De typemachine was inderdaad nog te koop. Mijn moeder woont hier vijftig jaar, ze is de meest aangepaste Antilliaan die ik ken – en toch, dat accent krijg je niet weg. Ik ben hier geboren, met roots op de Antillen, maar ik kom uit Amstelveen, ik zat op het gymnasium. Die r is niet overdreven, het is gewoon mijn r. Je bent niet het een of het ander, iedereen is een optelsom.'

Is het toeval dat je soulmuziek ging maken?
'Mijn vader had kasten vol muziek. Jazz, soul, funk en gospel. Via de muziek denk ik dat ik een soort zoektocht begon naar mezelf. Door gebeurtenissen zoals met de moeder van mijn vriendinnetje werd me duidelijk: ik hoor niet bij waar ik dacht dat ik bij hoorde. Ik ging alles bestuderen waar mensen zoals ik zichtbaar waren, op zoek naar voorbeelden. Muziek, maar ook sport, film en mode.

'Later besef je dat je ouders gewoon rolmodellen kunnen zijn, als tiener zie je dat nog niet. In de jaren negentig kostte het meer moeite dan nu om populaire rolmodellen te vinden. Op Nederland 1, 2 of 3 zag ik ze niet. In Nederlandse films ook niet. Het was bijna ondenkbaar dat een zwarte vrouw op de cover van een tijdschrift zou staan. Nu begint het langzaam te veranderen.'

Je staat zelf in tijdschriften.
'Bij veel interviews met mij, ook als het gaat over mode of over mijn nieuwe cd, komt het ergens wel langs: of ik ben blootgesteld aan discriminatie of wat ik vind van Zwarte Piet. Het wordt altijd een klein apart hoofdstukje, terwijl ik dacht: het ging toch over een ander onderwerp? Als ik een blonde zangeres uit Amstelveen was geweest, had ik die vragen misschien niet gehad. Het is niet altijd relevant. Voor mij is een schrijver van Marokkaanse afkomst in eerste instantie: een schrijver.

'Ik vind het een beetje hetzelfde als mensen die vroeger tegen me zeiden: je bent echt mooi – voor een negerin. Dat kreeg ik best vaak te horen. Daarmee bedoel ik niet: kijk mij even met mijn schoonheid, het gaat me om die toevoeging. Dat het kennelijk zo vanzelfsprekend is dat een donkere vrouw niet voldoet aan het schoonheidsideaal.

'Ik voel het verschil tussen iemand willen kwetsen en er niet bij nadenken dat sommige dingen gewoon niet zo tof klinken. Dit waren mensen die me dachten te complimenteren, het was niet slecht bedoeld. Ik vind het hartstikke lief als mensen me een compliment willen geven, maar waarom die nadruk? We zijn allemaal mensen. Mijn achtergrond zie je in van alles terug. In mijn kleur, in mijn naam, de opvoeding die ik heb gehad. Ik ben er trots op, het is een groot deel van mij, maar er is nog zoveel meer dat je maakt tot wie je bent.'

Dilan Yurdakul

Actrice (Nederland, 1991)

NEDERLANDS
'Mijn directheid, ik ben niet zo van de subtiliteit.'

TURKS
'Mijn melk kookt snel over. Ik ben snel beledigd en kan binnen één seconde een sympathie of antipathie voor iemand hebben.'

PARTNER
'Het is makkelijker als het iemand uit je eigen cultuur is, dan hoef je niet alles uit te leggen. Maar ik heb nooit een relatie gehad met een Turk. De meeste Nederlandse Turken zijn heel conservatief, dat past niet bij mij.'

MOHAMMEDCARTOONS
'Ik vind het heftig dat je niks mag zeggen over de islam. Over andere geloven zijn ook allemaal dingen gezegd. Word ik nu doodgeschoten?'

Iedere avond kijken anderhalf miljoen mensen naar *Goede Tijden, Slechte Tijden*, maar op straat wordt Dilan Yurdakul nooit herkend door Turkse Nederlanders. 'Waarom zouden ze kijken naar televisiezenders waarop ze zichzelf niet terugzien? Ik vind het niet meer dan normaal dat Turken niet naar de Nederlandse televisie kijken. Surinamers en Marokkanen herkennen me soms wel, die hebben minder eigen series. Turkije heeft een rijke cultuur aan soapseries, ze worden verspreid over het hele Midden-Oosten. En hier worden ze bekeken via de schotels die Hollanders zo lelijk vinden.'

Wat vinden je ouders van GTST?
'Het is makkelijker, ze kunnen uitleggen wat ik doe. Eerst was het: ze is actrice. Dan vroegen die andere mensen: o ja, waarin?

Nu kunnen mijn ouders zeggen dat ik niet meer tussen de schuifdeuren sta, het stelt eindelijk iets voor. Voor mij is het pijnlijk. Mijn ouders zien GTST als een soort einddoel, voor mij is het alleen maar het begin.

'Mijn moeder is geboren in Nederland, in 1970, haar ouders waren hier toen al. Mijn vader kwam toen hij achttien was, met zijn ouders mee. We woonden in De Baarsjes in Amsterdam, een buurt waar je toen niet moest komen. Overvallen op de snackbar en zo. Ik zat op een Montessorischool met een stuk of drie allochtonen in de klas, dat hadden mijn ouders zorgvuldig uitgezocht. Een gemengde school, ze deden niet alsof we geen allochtonen meer waren. De zwarte basisscholen in de buurt stonden slecht aangeschreven. Mijn vader is nu directeur van Podium Mozaiek en Statenlid in Noord-Holland, mijn moeder werkt als projectleider bij de gemeente Amsterdam.

'Ze zijn allebei alevieten. Wij zijn een soort dubbele minderheid. Übermoslims vinden ons geen echte moslims. Alevieten hebben de koran niet als uitgangspunt, we zijn liberaler. Mijn ouders zijn ook niet getrouwd, mijn vader had er niet zo'n zin in, mijn moeder vond het niet belangrijk. Ja, het is ongebruikelijk als Turken niet trouwen.

'Ik ben nog nooit in een moskee geweest, alleen een keer op een excursie met school. Wij doen geen ramadan. Als ik met Turken of Marokkanen in de klas zat, vroegen ze: waarom doe je niet mee? Voor Nederlanders ben ik een Turk, voor Turken ben ik een Nederlander, of een hoer.'

Is dat hetzelfde?
'Voor sommige Turken wel.'

Hoe kwam je in GTST?
'Ze hadden Turken nodig. Het is helaas niet zo dat ik iets anders kreeg aangeboden. Ik solliciteerde met twintig andere Turkse

vrouwen, van wie ik er misschien twee daarna heb teruggezien in andere producties. De anderen waren geen actrice, zo weinig zijn er. In Nederland zie je dat voetballers nu allerlei afkomsten hebben. In de kunst worden we niet eens het veld op geroepen.
'Het is niet zo dat we moedwillig worden buitengesloten, ze hebben gewoon geen idee, ze weten niet waar ze moeten beginnen. Het begint bij het Nederlandse model: eerst je zelfvertrouwen helemaal kapot maken en dan die persoon weer opbouwen. Dat werkt niet bij ons, wij hebben een andere cultuur. We hebben een andere begeleiding nodig en die is er niet. En ons zelfvertrouwen hoef je niet kapot te maken – we zijn al een minderheid.
'Bij een voorstelling op De Parade had een castingbureau me gespot voor GTST. Ik ging vrij snel door de auditierondes heen. En toen moest ik wachten. De bedoeling was dat het een koppel zou worden, twee Turkse zussen. Ik moest wachten tot ze de andere hadden gevonden. In de serie is de vader onzichtbaar, de moeder is een paar keer kort in beeld geweest. En er speelde even een broer mee.'

Was dat een Nederlands-Turkse acteur?
'Hij was half-Surinaams, licht getint. Ik weet dat het moeilijk is om mensen te vinden, ik had niets anders verwacht. Het gaat mij ook niet om de details die niet kloppen. Dat ze je naam verkeerd uitspreken, dat zijn de *side*-dingen. Ik vind het goed dat GTST deze verhaallijn heeft en ik ben blij met mijn personage. Het geloof speelt geen grote rol, maar het is er wel. Net zoals bij mij. Het is een geloofwaardig personage, ze heeft de opvliegendheid van een Turks meisje.
'Het is een wisselwerking. Waar zijn de Turken die in Nederland hun groep willen ontstijgen? Waar zijn de spraakmakende Turken? Ze kunnen zichzelf niet op de kaart zetten. Maar waar het mij om gaat: het is heel pijnlijk dat op de televisie en in films bij lange na niet het percentage wordt getoond van hoe de inwo-

ners van dit land eruitzien. De potentie wordt niet gebruikt. Wij worden automatisch weggezet als minder, met een krasje erop. Als het in films of series over Turkse Nederlanders gaat, blijft het hangen bij de oppervlakte, bij eerwraak en hoofddoekjes. Verder is er geen verhaal.

'Wat voor verhalen worden hier verteld die een snaar raken? Alle rauwheid die kan worden gebruikt blijft liggen, ze doen er niets mee terwijl het juist een *boost* kan geven. Nederland is een naar binnen gekeerd land. We staan op geen enkele wereldkaart. Wat stelt de Nederlandse film voor in het buitenland? Ze blijven hangen in iedere keer dezelfde verhalen met dezelfde mensen.'

Sait Cinar

Ondernemer (Nederland, 1979)

NEDERLANDS
'Dat voel ik me nooit.'
TURKS
'Altijd, volbloed.'
PARTNER
'Ik ben getrouwd. Ze is van Turkse afkomst, ja.'
MOHAMMEDCARTOONS
'Ik vind dat niet kunnen, waarom moet je mensen opstoken? Of het niet raar is dat ik dan dingen zeg over joden? Ja, maar dat meen ik niet, ik zeg het alleen voor de kijkcijfers.'

In Amsterdam-West staat Sait Cinar voor de deur van een voetbalkantine. Binnen zitten de klanten van zijn bedrijf Altijdgeslaagd.nl. Voor 180 euro krijgen ze de vragen en antwoorden van het theorie-examen voor hun autorijbewijs. Met taxibusjes worden ze zo naar het CBR gebracht om examen te doen.

'Hoe ik aan die antwoorden kom?' vraagt Sait Cinar. 'Ik zeg altijd dat ik iemand neuk bij het CBR. Daarom hebben ze daar de buitenlanders eruit geschopt. Maar ik heb nog steeds alle vragen. Je moet Nederland neuken, dat is wat je met dit land moet doen.'

Vrijwel alle klanten zijn van allochtone afkomst, evenals het personeel van Altijdgeslaagd.nl. 'Ik krijg heel weinig Nederlanders. Ze denken dat ze het examen toch wel halen. Voor 180 euro kun je zes keer examen doen. Vandaag heb ik weer veertig klanten, ik klaag niet.'

Dat is ruim zevenduizend euro.
'Vijf keer per week hè. En ik betaal geen belasting. De klanten betalen alleen cash.'

Wat als ze niet slagen voor het examen?
'Dan zijn ze teleurgesteld. In zichzelf. Ik geef ze van tevoren de vragen en de antwoorden, je bent toch stom als je het niet haalt? Als ze nog een keer willen, geef ik korting. Mogen ze voor honderd euro, of vijftig als ze beginnen te janken.'

De klanten kennen hem onder meer van Facebook, waar de pagina van Altijdgeslaagd.nl meer dan 85.000 volgers heeft. Buiten de kantine komen ze een handje geven of ze bedanken hem. 'Ik ben een held voor ze. Omdat ik zeg wat ik vind. Ik heb schijt. Die Turk die in Nederland geen belasting betaalde, zo wil ik de geschiedenis in gaan, het gaat mij niet eens om het geld.'

Op de Facebookpagina publiceert hij uitbundige filmpjes, ze zouden ook provocerend kunnen worden genoemd. 'Vorig jaar kwam ik terug uit Turkije, op Schiphol kwam de marechaussee het vliegtuig in, ze zeiden dat iedereen eruit moest behalve ik. Ik heb acht dagen vastgezeten. Acht dagen hebben ze me vernederd. Kankerjoden.'

Het OM bevestigt dat Sait Cinar het jaar ervoor is veroordeeld tot zestig dagen gevangenisstraf, waarvan vierenveertig voorwaardelijk, wegens opruiing in het desbetreffende filmpje op Facebook. Ook was een Facebookverbod geëist, dat niet is opgelegd. In verband met de privacy kan de Belastingdienst geen uitspraken doen over eventuele aanslagen.

Wat was de verdenking tegen jou?
'In Turkije had ik een filmpje gemaakt waarin ik aan het schieten was. Ik riep wat dingen over ISIS, over joden, dat die kankerzionisten allemaal zombies zijn die dood moeten. Dat doe ik

voor de kijkcijfers, je weet toch, om aandacht te trekken. Kijk, ik zie dat jij joods bent. Geen probleem, we zijn allemaal mensen.'
Voor ik hem kan bedanken voor zijn vergevingsgezindheid gaat hij verder: 'Zo komen ze naar mijn bedrijf toe. Als ik zeg: aardige jood, dan luistert niemand. Maak ik een filmpje over kankerzionisten die dood moeten, dan krijg ik zoveel likes, dat is wat de mensen willen horen. Je moet mensen aanraken, dat ze je verhaal echt voelen. Ik wil eerst binnenkomen, de microfoon krijgen, daarna kan ik mijn verhaal vertellen. Mijn verhaal is: je wordt geneukt in dit land. Je mag hier werken, je bek houden, belasting betalen en dan mag je dood. Ik zeg: neuk dat land terug zoals zij jou neuken.

'Die politiemensen dachten dus dat ik een terrorist ben. De rechter zei dat ik joden bedreigde. De politie vroeg: waarom heb je die baard? Hoezo mag ik geen baard hebben? Vroeger had ik geen baard, hiervoor heb ik 'm laten groeien en hij wordt alleen maar langer. Ik heb de wijkagent bij me thuis gehad, ze zijn bang dat ik een aanslag ga plegen. Die agent komt zeggen dat ik naar een psychiater moet. Hoezo moet ik dat?'

Waarom steeds over joden?
'Het rolt zo lekker van mijn tong: kankerzionisten. Iedereen zegt dat toch? Ik denk dat ik gebrainwasht ben. Zoals Nederlanders overal horen: kutmoslims. Zo hoor ik alleen maar: kutjoden. Iedereen om me heen zegt dat. Wat Geert Wilders doet is herkenbaar. Hij speelt een spelletje, een beetje aandacht trekken met rare dingen zeggen. Ik speel hetzelfde spelletje, alleen zeg ik precies het omgekeerde.'

Hoe zit het met de belasting?
'Ik kom veel in Turkije, daar betaalt bijna niemand belasting, alleen de grote bedrijven. Ik heb niets getekend met die mensen, ik ben Koning Sait, waarom moet ik belasting betalen? Waarom

mogen zij mij controleren terwijl zij met ons geld dingen doen waar wij geen toestemming voor hebben gegeven?

'Ze zijn wel bij me geweest, ik heb twee aanslagen gekregen. Eén van 1,6 miljoen euro en één van 2,2 miljoen. Dat zijn hun berekeningen. Ik heb geen bezittingen in dit land, ik heb een huurhuis en een huurauto. Het geld gaat naar andere werelden, zoef, ik sluis het weg.'

Waar kom je vandaan?
'Mijn vader kwam hier om in de fabriek te werken, bij Ford. Hij kreeg een huis in Amsterdam-Zuidoost, omdat niemand daar wilde wonen. Ik wilde alles hebben – een Ferrari, een grote boot, je leeft maar één keer, waarom mag ik dat niet hebben? Ik had een extreem stotterprobleem, ik moest naar speciaal onderwijs, al die shit. Mijn jeugd was fucked up. Toen begon het. Ik dacht: ik ga jullie allemaal neuken, ik ga het laten zien.'

Dehlia Timman

Gemeenteraadslid, universitair docent (Nederland, 1979)

NEDERLANDS
'Als ik op mijn bakfiets rijd. Toen mijn moeder hem voor het eerst zag, zei ze: nu ben je echt een Hollands meisje geworden.'
SURINAAMS
'Bij de hockeywedstrijden van mijn zoon, daar heb ik helemaal niets mee.'
PARTNER
'Een Hollandse man. Ik heb geen ervaring met zwarte mannen. In Amsterdam-Zuid waren ze er niet, op school niet, op de universiteit niet. En mijn vader is ook een Hollandse man.'
MOHAMMEDCARTOONS
'Het doel van de vrijheid van meningsuiting is niet schofferen, maar wel om alles te kunnen zeggen wat je vindt. Humor en dus ook cartoons zijn een goede manier om zware onderwerpen licht te maken.'

De vader van Dehlia Timman was blank en had krullen. 'Ik lijk op mijn moeder en ook op mijn vader.' Haar moeder, Ilse Dorf, kwam toen ze achttien was van Suriname naar Nederland, om psychologie te studeren. Haar vader, Jan Timman, was schaakgrootmeester en speelde om de wereldtitel.

'Het was spannend, zijn leven draaide om winnen en verliezen. Bij de meeste mensen is dat niet zo. Ook als hij thuis een spelletje verloor, kon hij huilen. Als kind vond ik het moeilijk, maar ik was ook trots op hem. Hij is een bijzondere man. Mijn moeder kookte en deed dingen als het contact met school, mijn vader voedde me op in de zin van: hoe sta je in het leven, welke doelen wil je bereiken?

'In het begin waren mijn ouders erg verliefd, het oversteeg alles. We woonden in een groot huis in Amsterdam-Zuid, aan het Vondelpark. Mijn moeder kookte Surinaams eten, heel veel en heel lekker, mijn vader verzorgde de wijnen. We hadden een open huis, altijd feesten en mensen. Ze konden het goed samen managen. Het werd anders toen mijn vader de druk begon te voelen van topsport op het hoogste niveau. Ze hadden jonge kinderen, de spanning werd zwaarder, het ging niet meer alleen om hun verliefdheid. De realiteit van de buitenwereld kwam erbij.

'Ik denk dat ze het hebben onderschat. Mijn vader kwam uit een elitair milieu, zijn vader was hoogleraar wiskunde aan de TU in Delft. Hun huwelijk was mooi, maar ook sociaal beladen. Zo'n elitaire man met een zwarte vrouw. Internationaal viel het nog mee, in het schaken doen mensen mee uit India, Rusland, de hele wereld. Thuis werd het moeilijker. Mijn vader voelde teleurstelling over dat het niet liep zoals hij had gewild, mijn moeder kreeg haar eigen teleurstellingen. Onder spanning gaat het laagje beschaving er snel af.

'Mijn vader speelde een toernooi in Brazilië. Daar wilden ze mijn moeder het hotel niet in laten, ze dachten dat ze een hoer was. In Londen kwam ze ook een keer het hotel niet in. Mijn moeder had veel woede over de slavernij en racisme. Mijn vader was het natuurlijk met haar eens, hij is een beschaafde man, maar hij voelde het niet zo diep als mijn moeder. Zij vond dan dat hij niet genoeg voor haar opkwam in die hotels. Hij zei: ik ben hier om te spelen voor de wereldtitel, waar heb je het over? Het werd te veel.'

Zit jouw woede net zo diep als bij je moeder?
'Zij zit er één generatie dichterbij dan ik. Wanneer ik op een slavernijherdenking zoals Keti Koti ben, voel ik hoe groot de woede tegen Nederland is. Ze zijn niet meer bij elkaar, maar ik ben blij dat ik allebei de culturen van mijn ouders ken. Ik denk dat die vermenging uiteindelijk de oplossing is.

'Als kind zocht ik naar de herkenningspunten in mijn ouders, die lagen best ver uit elkaar. Het zorgde ervoor dat ik het vermogen ontwikkelde om alles van twee kanten te bekijken. Ik weet: deze persoon bekijkt het vanuit dit perspectief, daar horen deze standpunten bij. Een andere persoon kan dezelfde situatie op een totaal andere manier bekijken.

'De gemiddelde Hollander heeft dat vermogen niet automatisch meegekregen. Die heeft zijn hele leven doorgebracht tussen mensen met dezelfde waarden en hetzelfde wereldbeeld. Wanneer je na vijfendertig jaar ineens hoort: wat jij je hele leven leuk hebt gevonden, wordt door andere mensen gezien als racistisch – dan is dat een shock.'

Hoe was het om op te groeien in Amsterdam-Zuid?
'Het voelde vertrouwd en tegelijk was ik een vreemde eend in de bijt. Op school was ik altijd het enige donkere kind. Kinderen zeiden tegen me: jij mag niet meedoen met ons spelletje omdat je bruin bent. Dat doet pijn. Maar ik heb het ook prima gehad. Mijn zoon heet Loek, hij is genoemd naar onze buurman in de Van Eeghenstraat.

'Het Nederlandse polderlandschap is opgebouwd uit hokjes, dat kun je goed zien wanneer je eroverheen vliegt. Ik pas niet in een van die hokjes. Mensen vinden het lastig dat ze me niet kunnen plaatsen. Ik kreeg het gevoel dat ik me harder moest bewijzen. Misschien heb ik die twee studies gedaan om te laten zien: zie je wel, ik doe goed mijn best.'

Voor D66 zit je in de Amsterdamse gemeenteraad. Het hokje dat bij jou zou passen is: vanuit Amsterdam-Zuidoost subsidie regelen voor je eigen achterban?
'Ik denk het. Voor D66 richt ik me op onderwijs en integratie. Ik ga vaak naar scholen toe. Het is belangrijk dat gemengde scholen goed onderwijs bieden. Dat mag niet de drempel zijn. Het is niet goed of slecht dat de scholen divers zijn, het is gewoon de reali-

teit van de bevolking in een stad als Amsterdam. Kinderen die op school hebben gezeten met klasgenoten uit anderen culturen zijn eraan gewend dat mensen verschillende standpunten kunnen hebben. Ik wil dat scholen focussen op de overeenkomsten in plaats van de verschillen. Later in de volwassen maatschappij zorgt dat voor minder polarisatie en een gezonde discussie – ook met iemand die anders denkt dan jij. Het zou goed zijn voor de tolerantie waar we ooit zo trots op waren.'

Soenil Bahadoer

Topkok (Suriname, 1967)

NEDERLANDS
'Als ik mijn afspraken strak nakom en structuur in mijn leven heb.'
SURINAAMS
'Op een feestje waar het vol is met mensen die niet op een statische manier rond een tafel zitten.'
BRABANTS
'De gemoedelijkheid, de warmte.'
PARTNER
'Mijn vrouw is Surinaams-Hindoestaans, daar hamerden mijn ouders op. Het is geen toeval. Ze heeft me altijd gevolgd en gesteund, ik weet niet of andere vrouwen dat ook zouden doen.'
MOHAMMEDCARTOONS
'Ik vind dat niet kunnen. Het wekt agressie op. Je moet respect hebben voor iedereen.'

Toen hij in de leer mocht bij Cees Helder maakte Soenil Bahadoer bekend wat zijn ambitie was. 'Ik word als eerste pure donkere Hindoestaan een topkok. Dat zei ik tegen hem. Cees antwoordde: we hebben toch al Pascal Jalhaij en François Geurds? Pascal is half-Indo en half-Nederlands, François heeft een Arubaanse moeder en een Hollandse vader, dat zijn halfbloedjes. Ik ben puur Surinaams, dat is een groot verschil.

'Ik vind dat ik er lang over heb gedaan. In 1995 ben ik begonnen bij De Lindehof, in Nuenen. Na tien jaar kwam de eerste Michelinster. Daarna heb ik tien jaar gewacht op de tweede ster. In Amsterdam is een paar jaar geleden een restaurant geopend waar veel geld achter zat. Na een jaar kregen ze de eerste ster, boem, het jaar erna de tweede. Bij mij duurde alles langer. Over Patron Cuisinier, de club van topkoks, vond ik: daar hoor ik gewoon bij. Ik denk dat de andere leden aan elkaar vroegen: wat moet die zwarte hier nou? Nu ik eindelijk erbij hoor, zijn ze allemaal positief en zeggen ze dat ze trots op me zijn.'

Bestaan er veel donkere koks met twee Michelinsterren?
'In Nederland François Geurds, in Europa verder niet. In Azië halen ze de chefkoks uit Europa, in China kun je alles kopen.'

In 1975 kwam Soenil Bahadoer met zijn ouders van Suriname naar Nederland, eerst naar een oma in Rotterdam. 'Mijn ouders hadden vijf kinderen. De gezinnen van mijn oom en tante woonden ook in dat huis. Wij waren het gewend om met vijf kinderen in een kamer te slapen. Mijn vader zei snel: we gaan weg hier. Ik denk dat ze met de hulp van een maatschappelijk werker een huis kregen van de gemeente. In een nieuwbouwwijk in Nuenen, bij Eindhoven. Mijn vader wilde ver weg van de familie.'

Hoe was het daar?
'Wij waren de enige donkere familie. Alle andere kinderen in mijn klas waren verder met leren, we kwamen in een land waar we niets van af wisten. We deden alles om erbij te horen. Ze hadden hier ieder jaar de carnaval, dat kenden wij niet. Alle kinderen verkleedden zich als smurf, hun gezichten werden blauw geschminkt. Iemand zei tegen ons: wij hebben nog wel wat bruine stof liggen, jullie worden bruine smurfen, dan hoeven jullie ook niet te worden geschminkt. Als kind ga je daar in mee. Toen ik ouder werd, dacht ik: dat was toch wel raar. Ik heb nog nooit een bruine smurf gezien.

'Ik heb veel geleerd van de Nederlandse cultuur. Wij namen twee culturen mee. Als kind leerde ik: bij de ene cultuur hoort dat iedereen mee kan eten, bij de andere dat je om zes uur weg moet. Ik hou van Brabant. Het is anders dan Amsterdam en Rotterdam, daar zijn ze meer recht voor de raap. Hier is het wat liever en meedenkender.'

Hoe werd je kok?
'Mijn ouders hadden niet veel geld, mijn vader was schilder, mijn moeder werkte in de fabriek. Vooral in het weekend kookten ze echt bijzondere gerechten uit de Hindoestaanse keuken. Ze konden allebei goed koken. De kruiden haalden ze in een toko of uit Rotterdam.

'Op de koksopleiding na de middelbare school moest je een stageplek vinden in een restaurant. Op die opleiding zaten weinig donkere studenten. Ik stuurde zestig brieven, ze namen me nergens aan. Op die brief zagen ze mijn naam: Soenil Bahadoer – dat zal wel niks zijn. Toen ben ik bij de restaurants langsgegaan. Ik had het al opgegeven, tot ik werd gebeld uit één dorp verderop. De andere studenten wilden naar deftige restaurants. Dit was een brasserie waar fietsers een pannenkoek kwamen eten. Het maakte me niet uit, die pannenkoeken werden ambachtelijk gemaakt en geserveerd op mooie Delfts blauwe borden, daar was niks mis mee. Van een garnalencocktail maakte ik een kunstwerk.'

In welke stijl kook je?
'Ik ben altijd trouw gebleven aan mijn cultuur, maar het moet vernieuwend zijn. Frans met Hindoestaanse invloeden, dat is wat ik wilde. Met de Surinaamse keuken kun je geen Michelinster koken. Ik maak bijvoorbeeld zeebaars met massalakruiden en een saus van appel en curry en verschillende structuren van pompoen.

'Het is zo jammer dat bij Surinaams eten alleen wordt gedacht aan rijst en kip. Surinamers doen dat zelf ook. Ze leggen rijst en kip en wat groente op een bord en dan gaan ze eten. Vorig jaar was ik na veertig jaar voor het eerst weer in Suriname. Ze hebben de mooiste ingrediënten, alleen doen ze er niets mee. Een papaya kun je schillen en opeten. Je kunt ook de schil gebruiken voor prachtige gerechten met schaaldieren.

'Mijn vader wilde dat ik kwam schilderen bij hem in het bedrijf. Bij die eerste brasserie werd ik betaald voor twintig uur, ik werkte er zestig. Mijn vader zei: je bent gek. In Suriname is het taboe om kok te worden, dat is een laag beroep. Ze willen allemaal advocaat of tandarts worden. Mijn ouders hebben mijn werk niet geaccepteerd tot ik iets bereikte. Daarna waren ze pas trots. Mijn zoon is nu chefkok, bij Jiu.nu in Eindhoven. Ik had hem overal kunnen binnen brengen, maar dat doe ik niet. Hij moet alles zelf doen. Je moet onderaan beginnen en vallen en opstaan.'

Jayh Jawson

Zanger, producer, werd geboren als Jaouad Ait Taleb Nasser
(Nederland, 1982)

> NEDERLANDS/ANTILLIAANS/MAROKKAANS
> 'Ik kan niet zeggen: vandaag voel ik me Nederlands. Zo werkt het niet. Het is net een mensenlichaam, het hoort bij elkaar. Je kunt niet zeggen: ik voel me een been of ik voel me een arm.'
> PARTNER
> 'Ze is Hollands. Ik weet niet wat dat over mij zegt. Het zegt dat ik haar geweldig vind.'
> MOHAMMEDCARTOONS
> 'Ik ben niet religieus, het zegt mij niet zoveel. Maar ik zou nooit iemand bewust willen beledigen.'

Op een dag vroeg Jayh Jawson aan zijn moeder: 'Wat ben ik nou? Een Antilliaan of een Marokkaan of een Antilliaanse Marokkaanse Nederlander? Ze gaf het beste antwoord dat ik kon bedenken: je bent een Amsterdammer. Dat is wat ik echt ben. Ik ben een symbool van wat een stad als Amsterdam kan zijn. Een Antilliaan die tegelijk een Marokkaan is en een Nederlander. Ik heb een moslimvader en zelf geloof ik op een niet-religieuze manier in iets.'

Zijn ouders gingen uit elkaar toen hij een baby was. 'De eerste zeven jaar heb ik op Curaçao gewoond, ik ben nog wel geboren in Nederland. Ik denk niet dat er begin jaren tachtig een andere plek op de wereld bestond waar een Antilliaanse vrouw een Marokkaanse man zou ontmoeten. Mijn moeder heeft me opgevoed, in haar familie stond ik bekend als de Marokkaan, ze noemden me Achmed of Mohammed. Alle Antilliaanse culturele dingetjes ken ik, maar met mijn vader had ik geen contact.

Nadat we naar Nederland kwamen, wilde mijn moeder dat ik op Arabische les ging. Ik ben één keer geweest. Ze sloegen met een liniaal op je vingers. Dat had ik in Curaçao al op school gezien. Daar had ik geen zin in.'

Waar gingen jullie wonen?
'Uiteindelijk in Amsterdam-Noord, vanaf mijn elfde. Iedereen leefde daar een beetje door elkaar. Ik kreeg ook Marokkaanse vrienden.'

Zagen ze jou als een Marokkaan?
'Kinderen nemen de situatie zoals die is. Ik geloof dat ze me behandelden als een Marokkaan. Misschien vonden ze dat zij Marokkaanser waren dan ik, dat weet ik niet. Turkse vrienden van me praten soms Turks met elkaar, dat doen Marokkanen niet. Ze praten Nederlands met elkaar. De helft verstaat elkaar toch niet, ze hebben verschillende talen en dialecten.'

Hoe gaat het met je vader?
'Acht jaar geleden moest ik op het stadsdeelkantoor een uittreksel van het bevolkingsregister halen. Daar zag ik de namen van mijn ouders met hun adressen erbij. Ik zag: hé, mijn vader woont in Amsterdam. Dezelfde dag ben ik erheen gereden en heb ik aangebeld. Hij is getrouwd met een Hollandse vrouw, zij deed open. Ze wist dat ik een keer zou komen. Van die kant heb ik een zusje en twee broertjes. Mijn vader is een harde werker, niet een man van veel woorden. We hebben wel een paar keer gepraat.

'Twee jaar geleden was ik op de bruiloft van mijn zusje in Casablanca. Ze wilde een traditionele bruiloft. Daar vielen zoveel puzzelstukjes op hun plek, die bruiloft heeft echt mijn leven veranderd. Mijn broertjes en zusje zijn lichter dan ik, hun moeder is Hollands. Verder zag ik driehonderd mensen die sprekend op mij leken, ze hadden ongeveer dezelfde kleur. Ik dacht: dit ben ik ook. De familie van mijn vader zijn nomaden die in het zuiden van Marokko een eigen dorp stichtten. Ze zijn moslims, maar hebben ook culturele dingen die niets met de islam te maken hebben. Op een bruiloft een ei breken op iemands hoofd, daar had ik nooit van gehoord in de islam. Ze gingen ook met zwaarden dansen en vechten.'

Waarom is je artiestennaam Jayh Jawson?
'In Amsterdam-Noord heette verder niemand Jaouad. Iedereen wist die naam. Een jongen in de buurt vervormde alle namen. Van mijn naam maakte hij: Jayh. Dat werd mijn artiestennaam. Een andere jongen maakte er Jawson van. Ik moest een naam bedenken voor een e-mailadres en dacht: Jayh Jawson. Later kwam ik bij mijn toenmalige platenbaas Kees de Koning, die voegde Jawson toe aan Jayh en zei: dat wordt jouw naam.

'Mijn echte naam roept altijd vragen op. Ik heb de achternaam van mijn vader. Soms word ik bijzonder behandeld, soms minder goed. Wanneer je in een uur drie keer wordt aangehouden in de auto is dat niet leuk. De agenten zeiden tegen me: sorry, als we een Marokkaanse naam zien bij zo'n dure auto, moeten we hem aanhouden. Bij de aanvraag om een auto te leasen hoorde ik hetzelfde. Die medewerker zei: het kan soms tien dagen duren, dat is het maximum, bij jou duurt het nu al een maand – dat komt door je naam. Ik ging met mijn vriendin naar New York, ze is Hollands. Dan word ik in New York en ook weer op Schiphol als enige in het vliegtuig eruit gepikt en helemaal gecontroleerd.'

Hoe werkt het bij je muziek?
'Van al mijn nummers stond *Mooie dag* het hoogste in de top 40, het is meer dan 8 miljoen keer bekeken op YouTube. Het is een popliedje, toegankelijker dan een concessieloos nummer in een ander genre. Ik merkte dat het een boost gaf aan mijn carrière. Als ik een rapnummer maak, of iets Caribisch, wordt het niet

echt gedraaid op de landelijke radio. Maar ik ren niet achter een formule aan voor mijn financiën of om te kunnen zeggen: ha, ik heb weer een hit gescoord. Het is niet zo dat alleen zwarte muziek niet wordt gedraaid op de radio. Zo wil ik er niet naar kijken. Ik sprak een van die jongens van Nick & Simon, hij vertelde dat zij hetzelfde probleem hadden. Ze worden alleen gedraaid op 100% NL en Qmusic.'

Rotjoch

Oprichter en presentator van *101Barz*, geboren als Angelo Diop (Nederland, 1981)

NEDERLANDS
'Als ze vragen wat mijn afkomst is, zeg ik: Bijlmer. Ik voel me alleen Nederlands als ik in Senegal ben.'

SENEGALEES
'Als ik in Nederland ben.'

PARTNER
'Mijn chick is Surinaams. Ik spreek de taal ook, dat leer je in de Bijlmer.'

MOHAMMEDCARTOONS
'Ik ben niet religieus, maar als jij een cartoon maakt waarin je iemands hele leven belachelijk maakt, is dat disrespect.'

De artiestennaam komt van zijn moeder. 'Ik was een jaar of zestien en begon een beetje met rappen in het Nederlands, ik zocht een goede naam. We hadden ruzie en mijn moeder zei: jij bent echt een rotjoch. Ik dacht: dat is het. Die naam klopt ook wel, ik zeg altijd waar het op staat. Nu ben ik een Rotman geworden.'

Hoe groeide je op?
'Mijn moeder komt uit Haarlem, ze is een ander soort blanke vrouw. In de Bijlmer zie je vaker blanke mensen die zich niet identificeren met Nederland. Mijn vader komt uit Senegal, daarom werd mijn moeder door haar familie verstoten. Ik heb weleens een van die mensen ontmoet, maar ik voel nul komma nul emotie bij ze. Mijn moeder heeft mij en mijn zusje. En mijn vader, ik denk dat hij nog tien kinderen heeft – waarvan ik het weet. In Duitsland een paar, in Zweden ook.

'Dit is het verhaal dat ik van hem hoorde: toen hij zeven was, heeft zijn familie hem in zijn eentje op een boot gezet naar Amerika, voor een beter leven. Dat deden ze in Afrika als ze een beetje geld hadden gespaard. Hij is opgenomen door een Italiaans gezin in New Jersey, later heeft hij gevochten in Vietnam en bij het vreemdelingenlegioen. In mijn tienerjaren woonde hij even in Senegal, hij zat ook een paar jaar vast. Een gezinsleven met huisje, boompje, beestje ken ik niet.'

Hoe was het om geen vader te hebben?
'Hij was er niet altijd, maar we hadden contact. Waar ik vandaan kom, weten veel vrienden niet eens wie hun vader is. Bijna tien jaar geleden kwam ik in Hilversum terecht. Het was een andere wereld. Niemand begreep mij en ik begreep een beetje van hen, omdat ik dat soort mensen weleens op tv had gezien. Ik zag dingen die nieuw waren voor me. Jonge gasten met een eerste baan die de huur betaald kregen door hun ouders. Of ze kregen een gloednieuwe auto. Ook al was het een Volkswagen Polo, ik ken jongens die letterlijk een moord zouden plegen voor die auto.

'Voor ik dertig was, had ik de meeste van mijn beste vrienden begraven. Door misdaad of ze leefden ongezond en werden ziek. Ik ben geen zombie, maar er sterft iets af, je wordt kouder. Toen ik vijftien was, dacht ik dat ik niet ouder zou worden dan twintig. In de Bijlmer leefde ik in een kleine wereld met alleen maar mensen die ook geen geld hadden.

'Iedereen was depressief. Ze accepteerden dat hun leven zo was en niet ging veranderen. Toen in 2012 mijn zoon werd geboren zag ik weer zonlicht. Die duistere plek blijft me achtervolgen, maar ik ben eruit aan het kruipen. Ik woon nu in een rustige buurt in Diemen. Hoe ik ben opgegroeid, dat wil ik niet voor mijn kinderen.'

Hoe kwam je bij BNN?
'School was niet mijn ding. Ik had bedacht dat ik mijn geld wilde verdienen met wat ik leuk vond. Hiphop. Alleen kon je daar tien

jaar geleden geen geld mee verdienen in Nederland. Ik dacht: dan ga ik maar doen wat iedereen om me heen doet. Misdaad, ja. Mijn moeder had een krantenknipsel: ze zochten jonge mensen voor een dititaal kanaal bij BNN. Ik moest een filmpje maken. Met een vriend die een camera had ging ik naar een nachtkroeg in de Bijlmer met heel foute mensen. Daar gebeurde die avond allemaal rauwe gettoshit. Ik deed die dvd op de bus en dacht dat ik nooit meer iets zou horen.

'Ze hadden achthonderd aanmeldingen, ik zat bij de laatste honderd, met nog drie donkere kandidaten. Ik wist: dat zijn mijn concurrenten. Als BNN zes mensen aanneemt moet er daar één met een kleurtje bij zitten, dacht ik. Het klikte niet tussen mij en de andere vijf die werden aangenomen. Na vier maanden had ik nog niets gedaan. Ik wilde niet meedoen met hun ding. Het contract was voor acht maanden, ik moest iets doen. Hiphop broeide in Nederland, overal waren open mic-avonden, alleen was er geen platform.

'Met nul euro budget en oude decorstukken mocht ik iets proberen, in een studio waar ze vroeger jingles opnamen. We lieten rappers komen om te praten en te rappen, dat werd *101Barz*. Na een paar weken gooiden we een sessie online met Heinek'n, een rapper die in Rotterdam een naam had opgebouwd op straat. Vanuit het niets werd het 60.000 keer bekeken, voor die tijd waren dat hoge cijfers. Nu is het anders. De meest recente was met Sevn Alias, binnen twee weken meer dan een miljoen views. Bij de NPO halen alleen de sites van de NOS en *Studio Sport* zulke aantallen. Verder niemand.'

Wil je niet naar de televisie?
'Niemand kijkt meer tv. Mensen willen zelf weten wanneer ze iets consumeren. Ik ben niet gek: als ik op tv ga, word ik afgerekend op de kijkcijfers van de mensen die zo'n kastje in huis hebben. Het is een achterhaald systeem. In Nederland staan iets meer dan

duizend van die kastjes. Ik weet zeker: niet één daarvan staat bij iemand met mijn profiel.

'In Nederland staan ook miljoenen kastjes van Ziggo en KPN. Op die kastjes kun je precies zien naar welke tv-programma's wordt gekeken, net zoals bij internet. Ziggo en KPN kennen die cijfers, waarom worden ze niet vrijgegeven? Ik speculeer nu, maar ik denk dat het hele tv-landschap zou veranderen als we de echte cijfers wisten. De mensen in Hilversum zitten al twintig jaar op dezelfde stoel, ze willen gewoon hun pensioen halen en verder geen gezeur met veranderingen. Op YouTube zijn gasten zoals Enzo Knol bezig om miljonair te worden. Zij worden gevraagd om op de ouderwetse tv te komen. Hun antwoord is: ben je gek of zo?'

Jeroen Pauw

Presentator (Nederland, 1960)

NEDERLANDS
'Misschien op het moment dat we worden aangevallen door een ander land?'
PARTNER
'Wat haar afkomst over mij zegt? Dat ik een goed oog heb voor leuke vrouwen?'
MOHAMMEDCARTOONS
'Milde spot zonder de intentie te kwetsen is fatsoenlijk. Wat mij betreft kun je niet genoeg grappen maken over de heiligdommen van al die religies.'

Jaren geleden werkte Jeroen Pauw bij het RTL *Nieuws* samen met verslaggever Ahmed Aboutaleb. 'Ik kan me niet herinneren dat het in die tijd een issue was. Dat we trots riepen: wij hebben Ahmed voor ons werken. Het was nauwelijks een onderwerp.'

Wanneer ontdekte je dat het onderwerp bestond?

'In mijn jeugd waren er in Nederland geen zwarte scholen. En ook niet veel zwarte leerlingen. Bij mij in de klas zat één Indonesische jongen. Op mijn negentiende werkte ik op een redactie met homo's die mij een lekker hapje vonden en me er graag bij wilden hebben. Toen besefte ik voor het eerst dat er een indeling in groepen bestond. Later kreeg ik een joodse vriendin. Zij zei steeds tegen me: weet je wel dat die joods is en die ook? Ik dacht: waarom is het zo belangrijk om dat te weten? En hoe kan ze van al die mensen zien of ze joods zijn?'

Op de redactie van *Pauw* werken nu drie moslims. 'Ik noem ze nu, maar zou ze niet als groep moeten afzonderen, het zijn gewoon redacteuren – ze liggen niet met z'n drieën op een kleedje in een apart hoekje. Ze werden niet aangenomen omdat ze mos-

lim zijn, maar ze hebben wel een streepje voor omdat we onze redactie zo divers mogelijk willen hebben.
 'Een van die redacteuren draagt een hoofddoek. Zij heeft andere waarden dan ik, net zoals iemand van de EO dat zou hebben. De rest van de redactie is, net als ik, vrijzinnig-seculier. Je kunt zeggen dat het opmerkelijk is om bewust met moslims te werken omdat ik gruwel van religies in het algemeen. Maar ik vind andere gedachtes een belangrijke aanvulling op onze redactie.
 'Ik geloof niet dat in Hilversum deuren gesloten blijven, het is nu juist een voordeel om een andere afkomst te hebben. Bij de NPO is het gevoel: dit is belangrijk, hier moeten we op letten. Er zijn hele afdelingen voor opgericht. Aan mij wordt zo vaak gevraagd of ik voor een programma iemand ken die een bepaalde afkomst heeft. Ik wil het probleem niet bagatelliseren, maar ik hou ook niet van slachtofferschap. Het verhaal dat je iemand in Hilversum zou moeten kennen is van alle tijden. Dertig jaar geleden werd gezegd dat je de dochter van Willem Ruis moest zijn om binnen te komen.'

Hoe is het om op jouw stoel te zitten?
'Ik word uitgemaakt voor racist en andere mensen roepen weer dat ik een allochtonenknuffelaar ben. Wat ik jammer vind aan deze tijd: het is niet speels meer. Iedereen is woedend en er bestaat nauwelijks ruimte voor relativering. Quinsy Gario, die ik een leuk iemand vind en die ook vaak gelijk heeft – als ik zie wat hij over zich heen krijgt door wat hij heeft gezegd over bijvoorbeeld Zwarte Piet, dat is pure, onversneden racistische haat. Ik hou juist van speelsheid, ook over serieuze onderwerpen.'

Er zijn mensen die zeggen: voor hem is het speels, voor ons is dit bloedserieus.
'Dat kan, maar ze zullen er toch in mee moeten gaan. Als je niet speels kunt omgaan met kritiek op bijvoorbeeld je geloof, dan

zul je het niet makkelijk hebben in deze samenleving. Hier in Nederland gaan we speels om met het geloof. In de jaren zeventig lachten wij al om de Monty Python-film *Life of Brian*. Sinds die tijd zijn we niet vooruitgegaan, maar achteruitgehold.'

Bestaat er bij *Pauw* een beleid dat het iedere dag over dit onderwerp moet gaan?

'Bij het begin van dit seizoen, vorig jaar na de zomer, hebben we gezegd: we moeten iedere dag een item hebben over de vluchtelingen en alles wat daarmee samenhangt, dat is het verhaal van deze tijd. Dat hebben we ook gedaan, op misschien drie uitzendingen na.'

Sinds zes jaar ben je met een Turks-Koerdische vrouw. Heeft dat je veranderd?

'Ik ben huiverig om over haar achtergrond te praten. Het is een argument dat racisten altijd gebruiken: ik mag het zeggen, want ik ken iemand die zwart is.'

Maar, dat gezegd hebbende: in 2009 liep advocaat Mohammed Enait boos weg uit *Pauw & Witteman* nadat jij had gezegd dat je niet geloofde in de zegeningen van de multiculturele samenleving. Zou je dat nu anders doen?

'Als gastheer vond ik dat niet gepast. Als tv-maker wel. Ik ben er niet trots op, maar ik vond het wel leuk. Nee, ik zou dat nu niet anders doen. De familie van mijn vriendin is alevitisch, zij heten moslims zoals ik een christen heet. Mijn vriendin vraagt weleens: ga je mee naar de Turken? Dan komen we bij een grote verzameling gezellige mensen, ze wonen bij elkaar in de buurt in Rotterdam.

'Ik zie dat haar zussen allemaal getrouwd zijn met Turkse mannen. Hun kinderen, die dus van de derde generatie zijn, hebben Turkse vriendjes en vriendinnetjes. En toch voel ik op geen enkele manier een afstand tussen hen en mij. Mijn vriendin is in Nederland geboren, ze spreekt goed Turks, maar verder is ze los van haar afkomst. Het speelt niet echt een rol in onze relatie. Ze is op dit moment wel in Turkije trouwens. Ik denk dat we er alleen iets van merken op Schiphol. Ze wordt vaker dan ik aangehouden en gecontroleerd. Ja, ook als ze naast mij loopt.'

Johan Fretz

Schrijver, cabaretier (Nederland, 1985)

NEDERLANDS
'Tot voor kort altijd. En als ik op reis ben.'
SURINAAMS
'Vooral de laatste jaren.'
PARTNER
'Mijn vriendin is half-Hongaars. Ik denk dat we het gemengd zijn in elkaar herkennen.'
ZWARTE PIET
'Als kind heb ik er nooit aanstoot aan genomen. Maar ik heb het gevoel dat we het kunnen veranderen en dat dat oké is.'
MOHAMMEDCARTOONS
'De vrijheid van meningsuiting moet nooit worden gevolgd door het woordje "maar".'

Op het Zwarte Cross-festival, voor hardrockmuziek, werd Johan Fretz aangesproken door een bezoeker. 'Een jongen vroeg of hij een loempia bij me kon kopen. Ik zei: gast, ik ben half-Surinaams. Toen vroeg hij: o, heb je dan een roti?'

Ze weten niet wat je bent?
'Ik kan overal bij horen. Ze gokken vaak dat ik Indo ben. Zuid-Amerikaans kan ook, maar dan niet Surinaams. Mijn moeder is driekwart creools en een kwart Chinees. Als baby had ik Aziatische ogen.'

Je hebt geen kroeshaar.
'Ik heb het gevoel dat ik nergens thuis ben en dus ben ik overal thuis, ik zwerf ertussendoor. Je ziet het ook in wat ik doe. Ben ik een cabaretier of een columnist of een schrijver? Ik doe het allemaal door elkaar, ik denk dat het komt doordat ik gewend ben nergens helemaal bij te horen.
'Mijn vader komt uit Den Haag, hij is van Duitse afkomst. Fretz. De familie van mijn vaders kant ziet elkaar niet eens, die

bellen alleen met een verjaardag, het zijn Hollanders. Van mijn moeders kant, dat is echt mijn familie, die zag ik vaker. En toch, als ik bij ze was – ik was niet op bezoek, maar het voelde wel zo. Als kind zei ik altijd: mijn vader komt uit Den Haag, mijn moeder uit de paramariboom, daar komen mensen uit zoals mama en Ruud Gullit.'

Wat is je beste grap over Almere?
'Niet een grap maar een anekdote. Met een vriendje zat ik altijd op een bankje. Iedere dag zeiden we tegen elkaar: als we achttien zijn, gaan we hier weg en komen nooit meer terug naar Almere. Op dat bankje praatten we over niets anders. Mijn vriend woont nu naast dat bankje.

'Eerst woonden we in Dordrecht. Dat mijn moeder uit Suriname kwam, speelde geen rol in mijn leven. Mijn vader deed ook wat meer in de opvoeding. Ik had een vrij roerige jeugd. Mijn ouders hadden allebei een uitkering, ze zijn een paar keer uit elkaar geweest, het was niet altijd even stabiel. Ik moest al vrij vroeg mezelf staande houden, ik denk dat ik te druk bezig was met andere dingen om steeds erover na te denken dat ik Surinaams was. Daar dacht ik alleen aan als mijn moeder tegen een vriendje van me zei: we gaan zo eten. Ze bedoelde het als een uitnodiging. Die vriendjes dachten dat het betekende: het is zes uur, je moet weg.

'In Dordrecht kan ik me één keer herinneren, ik denk dat ik een jaar of zeven was. Met een vriendje stond ik voor de supermarkt, er kwamen twee grote jongens aan van twaalf. Eén van die jongens sloeg me in mijn gezicht en zei dat ik moest ophouden met in mijn taal te praten. Ik kon alleen Nederlands praten, ik begreep niet wat hij bedoelde. Die jongen zei: je weet wel wat ik bedoel. Thuis moest ik heel hard huilen, ik zei tegen mijn vader: nu kan ik nooit meer een blond vriendinnetje krijgen en ik vind blonde meisjes zo mooi.

'Verder heb ik geen ervaringen. Ik scheer me voordat ik naar een vliegveld ga, maar ik word er nooit uit gepikt, misschien heb ik een te onschuldige uitstraling. Een paar jaar geleden begonnen vrienden aan me te vragen: je bent cabaretier, waarom ben je hier zo weinig mee bezig, heb je er dan geen last van? Nee, ik heb geen last. Ik heet Johan en ik kom uit Almere. Maar de laatste jaren vallen de schellen van mijn ogen als ik hoor hoeveel anderen er last van hebben. Dat dwingt me tot verdieping, ik kan me er niet langer buiten plaatsen. Het voelt alsof ik nu kleur moet bekennen. De ironie is alleen dat ik twee kleuren heb.'

Wat is verder veranderd?
'Ik kwam naar Suriname om een speech te geven. Als backpacker was ik vaak in Zuid-Amerika geweest. In Brazilië, Argentinië, Colombia, overal. Alleen nooit in Suriname. Dat beschouwde ik als anders dan de rest van Zuid-Amerika. Toen ik er was, voelde ik ineens: dit is waar mijn moeder vandaan komt, zij liep hier rond, mijn opa zat op de veranda voor zo'n huis. Ik legde een verband met karaktereigenschappen die ik daarvoor zag als vanzelfsprekend. De uitbundigheid van de lach, het contact tussen mensen. Dingen die ik herkende uit de familie van mijn moeder.

'Ik ben nu bezig een boek te schrijven dat zich afspeelt in Suriname, ik voelde dat ik er iets mee moest doen. Het boek gaat over de schoonheid van verzoening. De afgelopen jaren is in Nederland zo'n felle discussie ontstaan over ras dat het bijna een provocatie is geworden om te pleiten voor zachtmoedigheid. Ik geloof dat mensen met gemengd bloed de natuurlijke verzoeners van onze tijd zijn. Omdat we tegenstrijdige werelden in onszelf verenigen, snappen we niet dat diezelfde tegenstrijdigheden in de maatschappij zo vaak onverenigbaar zijn. Over dat gevoel moet mijn boek gaan.

'Dit is de discussie geworden. Eén groep staat aan deze kant van het schoolplein en roept: ik mag dit gewoon zeggen. De andere groep staat boos aan de overkant van het schoolplein.

En ze komen geen millimeter bij elkaar. Ik heb het idee dat ze wel samen kunnen komen, als ze elkaar leren kennen en echt in gesprek gaan. Een voorbeeld. Via vrienden leerde ik een jongen kennen, Camiel, met wie ik altijd gezellig biertjes dronk. Later hoorde ik dat Camiel de zoon is van Maxime Verhagen van het CDA – met wie ik het nooit eens ben. Als ik Maxime Verhagen nu zie, denk ik: o, dat is de vader van Camiel. Mijn oordeel over hem zou minder in de weg staan van een open gesprek.'

Postscriptum: In 2018 publiceerde Johan Fretz de roman *Onder de paramariboom*.

Diana Matroos

Presentator (Nederland, 1971)

NEDERLANDS
'Mijn directheid. Bij interviews durf ik alles te vragen.'
SURINAAMS
'Mijn passie, temperament en warmte.'
PARTNER
'Een witte man, maar ik heb ook zwarte vriendjes gehad. In de liefde overstijgt het karakter de afkomst.'
MOHAMMEDCARTOONS
'De vrijheid van meningsuiting is een groot goed, maar ik heb er moeite mee als mensen echt worden beledigd.'

Het ging vooral om de e-mail. 'Je hoopt altijd: het is niet waar. Ik zal me vaak genoeg buitengesloten hebben gevoeld terwijl dat niet zo was. Dit gaf me de zekerheid: het is echt waar. Ik had er zoveel over gehoord, dan wilde ik die mail ook zwart-op-wit zien.'

Hoe was dat?
'Eerst is er ongeloof. Daarna werd ik heen en weer geslingerd tussen twee emoties. Ik was blij dat mijn collega's hun mond open hadden gedaan – dat doen mensen meestal niet. En tegelijk voelde ik pijn. Ik heb er nachten van wakker gelegen. De slachtofferrol is het laatste wat je gaat helpen, maar je voelt je wel even zo.'

Eind vorig jaar vertelde Diana Matroos in de *Nieuwsbreak* op de site van *de Volkskrant* twee anekdotes die een paar weken eerder ook al in het mediavakblad *Broadcast Magazine* stonden, alleen werd daar niet zo op gereageerd. De eerste ging over een leidinggevende bij RTL die pepernoten over haar bureau strooide en zei:

'Voor de enige Zwarte Piet op de redactie.' Het tweede verhaal ging over een interne e-mail waarin stond dat Diana Matroos het RTL 4-programma *Editie NL* niet te vaak als duo mocht presenteren met haar collega Wilson Boldewijn, want die was ook zwart en dat zou te heftig zijn voor de kijkers.

Waarom werd het pas opgepikt toen het op de site van *de Volkskrant* stond?
'De media zijn wit, dus is *Broadcast Magazine* dat ook. Het tweede interview was online, dat heeft het versterkt. Dat is de kracht van sociale media, die zijn niet alleen wit.'

Waarom was de e-mail erger dan de pepernoten?
'Over diversiteit op redacties worden altijd twee dingen gezegd. Ze zijn er niet, collega's met een andere culturele achtergrond, we kunnen ze niet vinden. En: we selecteren op kwaliteit. Dat tweede punt is eigenlijk beledigend. Het suggereert dat die andere redacteuren per definitie minder goed zouden zijn. Wat is kwaliteit? Dat je jezelf herkent in een sollicitant? Mensen zijn geneigd om een versie van zichzelf aan te nemen.

'Wilson en ik hadden zoveel jaren zo hard gewerkt voor die kwaliteit. Door de e-mail werd duidelijk: het gaat dus niet om kwaliteit, we werden beoordeeld op iets anders, puur op onze kleur. Het raakte ons allebei. Dit gebeurde in 2013, we dachten: jeetje, speelt dit toch nog een rol?

'Voor die e-mail hadden we al een paar keer als duo gepresenteerd. De aanleiding was dat we toevallig werden ingeroosterd om een week lang iedere dag samen *Editie NL* te doen. Ik ging uit van dat werkschema en ineens werd het veranderd. Alle presentatoren behalve wij kregen daarover een mail: er moest op worden gelet dat Wilson en ik niet te vaak samen werden ingepland. De styling, de visagie, iedereen wist het. De andere presentatoren werden woedend. Ik vond het moeilijk om gewoon mijn werk te blijven doen en niet alles door die bril te bekijken. Je moet niet overal een complot gaan zien. Ik ben geen boze zwarte vrouw, ik ben van de verbinding: in mij zit zwart en wit.'

Wilde je de vrouwelijke anchor worden van het RTL *Nieuws*?
'In het verleden heb ik dat geambieerd. Ik kan niet zeggen of ik het niet ben geworden door mijn kleur. Het enige wat ik kan zeggen: in Nederland is nog nooit iemand met een kleur de vaste anchor geweest van het achtuurjournaal. Op RTL 4 is het om halfacht. Noraly Beyer was dat ook niet bij het NOS *Journaal*.'

Hoe werd op je werk gereageerd toen je je haar anders ging dragen?
'Als meisje las ik tijdschriften waar ik nooit iemand in zag staan met mijn kleur en mijn haar. Met de familie van mijn vader kreeg ik pas later intensief contact. Mijn moeder is wit en heeft steil haar. Ze wist niet goed hoe ze moest omgaan met mijn haar, als ze het een keer ging ontklitten huilde ik iedere keer.

'Mijn haar is altijd een probleem geweest. Vanaf mijn twaalfde heb ik chemische behandelingen gehad om het steil te maken, ik wist niet eens hoe mijn eigen haar eruitzag. In 2009 ben ik voor het eerst in Suriname geweest en heb ik mijn familie daar leren kennen. Ik had me nooit gerealiseerd dat mijn oma de dochter van een slavin was. Dat doet iets met je. Wie ben ik, waar hoor ik nou bij? De hoofdredacteur van RTL *Nieuws* heeft nooit iets over mijn haar gezegd, het is geen probleem. Als ik met dit haar een screentest had gedaan, weet ik niet of ik het was geworden. Ik had nog steil haar.'

Diana Matroos laat op haar telefoon een foto zien van haar zoon, een witte jongen met blond haar. 'Je ziet het niet, maar hij is ook voor een kwart Surinaams. De helft van de Nederlandse jongeren in de grote steden heeft een gemengde achtergrond. Het is economisch gezien dom om daar niet in mee te gaan. Als mensen zich niet herkennen in jouw product, gaan ze ergens anders heen. Ze zeggen altijd dat donker dominant is als het wordt vermengd. Bij mijn zoon niet. Daar denk ik verder niet over na, alleen toen in het Vondelpark iemand dacht dat ik zijn au pair was.'

Achmed Akkabi

Acteur (Nederland, 1983)

NEDERLAND
'Ik ben hier geboren, dus ik ben Nederlands. Wat moet ik er verder over zeggen?'
MAROKKAANS
'Als ik bij mijn vader ben, hij komt uit Marokko.'
PARTNER
'Ik heb nog nooit een Marokkaans vriendinnetje gehad. Ze zijn voor mij een verboden vrucht, denk ik.'
MOHAMMEDCARTOONS
'*I couldn't care less*. Als mensen die willen maken, moeten ze dat doen. En als andere mensen daar iets van willen vinden, moeten ze dat ook doen.'

In de film *Soof 2*, die ten tijde van het interview werd opgenomen, speelt Achmed Akkabi de rol van Bauke, een kok uit Friesland.

Hoe is dat?
'Gewoon, het is een personage. Het is wat het is: een kok op wie Soof verliefd wordt in de film. Zijn afkomst speelt geen rol in het verhaal.'

Voelt het anders dan Rachid spelen?
'Voor mij bestaat er geen verschil tussen een kok spelen die Bauke heet of Brahim. Als hij van Marokkaanse afkomst is, moet ik het personage anders spelen, dat is het enige.'

Een Friese kok spelen voelt niet speciaal?
'Met dit soort vragen hou ik me niet bezig, dat doen andere mensen meer. Ik ben bezig met mijn leven en mijn werk. Wat wordt mijn volgende stap, wat zijn voor mij de uitdagingen? Zo kijk ik naar de wereld: ik hoor bij deze maatschappij, net zoals alle

andere Nederlanders. Ik hoop dat de wereld net zo naar mij kijkt. 'Dat ik Bauke speel: het blijft vreemd dat dit niet allang aan het gebeuren is. Kennelijk zijn we in de geschiedenis nog niet zo ver dat het vanzelfsprekend is. Ik weet dat hier mensen wonen die zich geen Nederlanders voelen – ik sta niet zo in het leven. Op mij wordt sowieso al anders gereageerd. In Den Haag wonen niet veel acteurs.'

In het Rifgebergte had zijn vader tegen zijn moeder gezegd: blijf hier op me wachten, dan kom ik je halen en bezorg ik je een prachtig leven. 'Mijn vader en zijn broers en neven hadden gehoord dat er in Nederland en België werk was. Hij wilde eerst een positie veroveren en daarna terugkomen, trouwen en mijn moeder ophalen. Onderweg heeft mijn vader nog een neef verloren. Toen ze de grens tussen Spanje en Frankrijk over liepen, ze reisden bijna zonder geld, werd hij neergeschoten. De Spaanse agenten dachten dat hij lid was van de ETA.

'Mijn vader wordt wat ouder, nu pas hoor ik alle verhalen. In Scheveningen ging hij werken in de bakkerij van de familie Groen. Zij hebben hem geholpen om mijn moeder te halen. Bij mijn vader wordt nog steeds iedere stuiver die hij heeft door tienen gedeeld. Hij kwam niet alleen voor een beter leven voor zijn eigen gezin, ook de familie die in Marokko bleef rekende op hem.'

Wat vond hij ervan dat je wilde acteren?
'Zij hebben voor ons alles opgegeven en zoveel obstakels overwonnen: naar een land komen waar ze de taal niet spreken, hun familie niet meer zien. Dan moet je het beter doen dan je ouders. Wij zijn hier geboren, we hebben een opleiding gehad.

'Het probleem is alleen: voor arbeiders bestaat de wereld van de kunsten niet. Zij denken: ga maar gewoon hard werken, net zoals wij. Mijn vader was sceptisch en zag er geen toekomst in, maar in zijn cultuur geldt ook: je bent achttien en volwassen, dus moet je zelf je beslissingen nemen.'

Hoe ben je begonnen?
'Ik werkte in een herenmodezaak in Den Haag, in het hogere segment. Carlo Mode in Kijkduin. Een Italiaanse man die was getrouwd met een Nederlandse vrouw. In de winkel noemden ze me Maurizio, zodat de klanten niet wisten dat ik Achmed heette. Die man hielp mij en leerde me dingen. Hij was mijn meneer Groen.

'Ik werkte ook in de bediening bij Rederserf, een deftig restaurant in Scheveningen. Minister Pronk kwam daar eten. Andere jongens van mijn leeftijd gingen pizza's bezorgen. In dat restaurant werkten de enige Marokkanen in de keuken, bij de afwas. Zij dachten: wie is die gast dat hij in de bediening komt lopen?

'Mijn vader koos er bewust voor om niet in de Schilderswijk te wonen. Al zijn broers woonden daar, bij elkaar, tussen de andere Marokkanen. Het was supergezellig, maar mijn vader wilde dat wij opgroeiden tussen de mensen van hier. In die tijd werden we al geweigerd bij discotheken, ik zorgde dan dat ik met mijn Nederlandse vrienden ging. En ik dacht: waarom kan ik niet in het hogere segment werken? Als ik voor het eerst binnenkwam in zo'n zaak, keken ze me aan: wat doet hij hier? Ik probeerde uit te stralen: *trust me, I got this*.

'In die modezaak zag ik in de krant een advertentie voor een toneelvoorstelling. Het was een gemengd gezelschap. Ik dacht: dus je kunt gewoon acteren als je een kleur hebt? Dat wist ik niet. Ik ben naar die voorstelling gegaan, ik vond het tof, de acteurs waren goed, maar ik dacht de hele tijd: dat had ik moeten zijn, daar op het podium, ik kan het honderd keer beter.'

Je eerste grote rol was die van Rachid, in de Albert Heijn-reclame. Vond je het erg dat hij een vakkenvuller was?
'Ik ben die *guy* geweest, die vakkenvuller, ik snapte de rolverdeling. Ik dacht vooral: ik mag in een reclame spelen. Van Albert Heijn! Of het een vakkenvuller was of niet, het was een kans. Toen we de eerste twee reclames opnamen, kwam de regisseur naar me toe: goed gedaan, je wordt gebeld voor aflevering drie en vier. Natuurlijk probeerde ik cool te blijven. Ik zei: oké, leuk. Maar vanbinnen juichte ik. Ik denk dat de kracht van die reclames juist erin lag dat de rolverdeling zo herkenbaar was.'

Franc Weerwind

Burgemeester van Almere (Nederland, 1964)

NEDERLANDS
'24 uur per dag, 7 dagen per week.'
SURINAAMS
'In de keuken op familiefeesten.'
PARTNER
'Ze heeft rood haar en komt uit IJmuiden. Zelf had ik al voorouders uit Friesland. We hebben prachtige dubbelbloedkinderen.'
MOHAMMEDCARTOONS
'Ik ben altijd voor de vrijheid van meningsuiting. Iedere religie moet krachtig genoeg zijn om een cartoon te overleven.'

Voor zijn veertigste was Franc Weerwind burgemeester. Wat voor iemand moet je zijn om dat te willen? 'Ze worden het nu al jonger, ik ben een oudje. Als ik bètavakken beheerste, had ik architect kunnen worden. Met een goede pen was ik misschien journalist geworden. Op die manieren kun je ook bijdragen aan de samenleving. Nu werd het deze functie.'

Vijftig jaar nadat zijn vader in IJmuiden aankwam met de boot uit Suriname, werd Franc Weerwind er burgemeester, van de gemeente Velsen. 'Mijn vader vertelde het me pas een paar jaar nadat ik was benoemd tot burgemeester. Hij is een bescheiden man die niet overal liep te vertellen wat hij had gepresteerd. Mijn vader kwam hier in 1959 om te studeren, mijn moeder twee jaar later. Allebei uit Paramaribo. Tijdens de studie hebben ze elkaar ontmoet.'

Hoe groeide je op?
'Wij vielen op, het tweede donkere gezin in Nieuw-Vennep. Als we kattenkwaad uithaalden, wisten onze ouders het meteen. Mijn

moeder ging in het onderwijs, toen kreeg ze helemaal een groot netwerk. Mijn vader werkte als verpleegkundige en manager in de gezondheidszorg. Jaren later werd ik nog herkend door mensen die hij had opgeleid: ben jij de zoon van Max? Iedereen was onder de indruk van hem.'

Waren jullie anders?
'Totaal niet. Kleur en afkomst speelden geen enkele rol.'

Waarom zeg je dat met zoveel nadruk?
'Het was zoals het was. We gingen schaatsen en voetballen en op vakantie. Een zorgeloos jarenzeventiggezin. Een rijke Nederlandse jeugd, met alle kansen die andere kinderen ook kregen. Ik kan me de eerste keer herinneren dat ik besefte: er bestaat verschil. Daarvoor wist ik dat niet. Het was bij een vriendje thuis, die Zuid-Afrikaanse familie had. Die familie was op bezoek, ze vroegen: wordt hier gemengd gespeeld? Dat vroegen ze op een verbaasde, onvriendelijke toon. Later legde mijn moeder uit dat er landen bestonden waar het anders ging dan in Nederland.'

Wilden jouw ouders assimileren?
'Suriname had absoluut een plek in ons huis. We hadden een houten stoel die was gemaakt door boslandcreolen en Surinaamse schilderijen aan de muur. Mijn grootouders uit Suriname kwamen logeren. Het werd niet weggemoffeld.'

Als student in Leiden werd je lid van Minerva. Waarom?
'Het is een mooie vereniging en ik hou van tradities. Een witte omgeving, ja. Een paar studenten met een Indische achtergrond en één andere Surinaamse creool.'

Waren ze bij Minerva verbaasd dat je lid wilde worden?
'Mijn kleur was op geen enkele manier een issue, het is nooit ter sprake gekomen. Ik ben grootgebracht met het idee van grenzen verleggen en nieuwe werelden verkennen. Je moet niet leven met het gevoel dat je een minderheid bent. Als je je zo gedraagt, dan word je het ook. Ik ben een Nederlander met ouders die elders geboren zijn.'

Tot vorig jaar was je voorzitter van NiNsee, het instituut voor het Nederlandse slavernijverleden.
'Die geschiedenis moet beter worden besproken. Nederland heeft honderdduizenden slaven op beestachtige wijze vervoerd en verhandeld. In andere landen, zoals Engeland, heeft het een mooie en nette plek gekregen in de geschiedenis. Dat moet hier ook gebeuren.'

Je bent burgemeester van Almere, waar de PVV de grootste partij is. Hoe denken zij over de rol van de slavernij in het Nederlandse geschiedenisonderwijs?
'Dat weet ik niet. Ik ben geen PVV-burgemeester. Ze zijn de grootste fractie, maar voor mij zijn ze een van de twaalf partijen, ik behandel ze net zoals de rest.'

Hoe groot is het percentage Almeerders van Marokkaanse afkomst?
'Ik geloof 2 of 3 procent.'

Hoe kan het dat de PVV zo groot is in een gemeente waar zo weinig Marokkaanse Nederlanders wonen?
'Je legt een link die ik niet kan volgen, ik heb geen reactie op deze vraag. Daarvoor moet je bij de PVV zijn of bij de Marokkaanse gemeenschap. In Almere wonen 185 bevolkingsgroepen, het heeft alle kenmerken van een grote stad. Ik ben trots op hoe

al die mensen hier met elkaar samenleven, op alle initiatieven en vrijwilligers. Sinds mijn aanstelling eet ik bij Almeerders thuis, om ze te leren kennen. Ik kom alleen, zonder ambtenaren bij me, en als het nodig is help ik ook mee met de afwas. Hier gebeuren mooie dingen, dat mag weleens worden gezegd.'

Kun je als politicus altijd zeggen wat je wilt?
'Ik zeg alles wat principieel op mijn hart ligt. Ik wil geen mensen beledigen, maar ik praat ook niet met meel in de mond.'

Sevn Alias

Werd geboren als Sevaío Mook (Nederland, 1996)

NEDERLANDS
'Bij interviews.'
SURINAAMS
'Als ik honger heb?'
ANTILLIAANS
'Hetzelfde als bij Surinaams: altijd wel. Dat is gewoon wat ik ben.'
PARTNER
'Ze is half-Nederlands, half-Antilliaans. Ik ben met Afrikaanse meisjes geweest, Marokkaanse, alles.'
MOHAMMEDCARTOONS
'Je mag de profeet niet afbeelden, daarmee zijn we uitgepraat. Ik begrijp dat er grapjes worden gemaakt, maar er zijn grenzen.'

Voor hij er werd geboekt, had Sevn Alias nog nooit gehoord van Pinkpop. 'En tot op de dag van vandaag weet ik niet wat het precies is.' Zijn optreden vindt een paar maanden na het interview plaats, net als Lowlands, het festival dat hij alleen kende doordat zijn vrienden van SFB en Broederliefde daar eerder optraden.

Pinkpop was een mailtje dat binnenkwam bij zijn management. 'Ik zei: oké.' Wat voor Sevn Alias een groter moment was: zijn optreden in discotheek JiggerZ te Almere. 'Als jongen uit Almere wil je daar staan. Toen ik JiggerZ uitverkocht, zeiden de jongens uit mijn buurt: het wordt wat met dat rappen.'

De artiestennaam Sevn Alias bedacht hij de zomer ervoor. 'Ik hing met een groep jongens. We deden dingen, er werd geld gemaakt en we begonnen elkaar bijnamen te geven. Een van die jongens noemde zichzelf Otman en ik werd Odje, zijn kleine broertje. Die bijnaam werd Odje Taylor. Ik kreeg bekendheid als rapper, alleen had je in Nederland al de rappers Adje en Idje, dan kon ik niet Odje worden.

'Een andere bijnaam van me was Sev, de eerste letters van mijn echte naam: Sevaío. En zeven is mijn lievelingsgetal. Alias, dat komt van al die bijnamen. Ik ging op YouTube kijken, daar krijg je te veel hits als je zoekt op: Seven. Die tweede e heb ik weggehaald: Sevn Alias.'

Binnen een halfjaar werd hij geboekt op Pinkpop en Lowlands. 'Ik ben er niet vies van om deuren in te trappen. Iemand moet de eerste zijn en dit jaar ben ik dat.'

Je bent jong.
'Mensen dachten altijd dat ik ouder was, ik ben groot. Ik had andere interesses dan school. De jongens met wie ik hing, zagen dat ik al over dingen praatte terwijl ik pas vijftien was.'

Waar praatte je dan over?
'Als je naar mijn muziek luistert, hoor je wat ik bedoel. Ik heb domme dingen gedaan, gelukkig heb ik me op tijd herpakt.'

Mensen die hem horen praten, of rappen, denken vaak dat Sevn Alias van Marokkaanse afkomst is. 'Zelfs als ze zien hoe ik eruitzie, vragen ze: ben je Marokkaans? Je hebt ook donkere Marokkanen.'

Waarom vragen ze dat?
'Ik groeide op in Amsterdam-West. Bij mijn oma in de Bijlmer ben ik ook een tijdje gebleven. In West woonden bijna alleen Marokkanen. Later verhuisden we naar Almere, mijn moeder vond het te druk in Amsterdam. In Almere wonen we in Stedenwijk, iedereen weet dat daar veel Marokkanen zijn. Het was niet dat ik ze ging bestuderen, maar ze werden mijn vrienden en dan ga je zo praten. Ik ken ook Marokkanen die vloeiend Surinaams of Antilliaans praten.'

Ben je moslim geworden?
'Het begon op de middelbare school. Mijn vrienden zeiden nooit: je moet moslim worden. Ze zeiden alleen: kijk ernaar. De eerste keer dat ik in een moskee kwam, werd ik ontvangen alsof ik thuis was. Ik ben het aan het ontdekken. Mijn moeder is katholiek, ik heb communie gedaan. Over de islam zei ze eerst: wat moet ik hiermee? Ik heb het haar uitgelegd.'

Wat ben je zelf?
'Mijn vader is Surinaams, hij werkt bij Verkade, in de fabriek. En mijn moeder heeft een Surinaamse vader en een Antilliaanse moeder. Ze is opgevoed door haar moeder, zij voelt zich Antilliaans. Mijn ouders zijn uit elkaar, maar het was niet zo dat mijn vader wegging en nooit meer terugkwam.

'De familie van mijn moeder is druk, ze praten hard. Ik ben juist rustig. Ik ging alle Antillianen zien als de familie van mijn moeder. De taal heb ik wel geleerd, toen we daar een keer vier weken waren. Alleen ga ik het niet spreken. Ze lachen je uit als je Antilliaans praat met een Nederlands accent.'

Voel je je meer Surinaams of Antilliaans?
'Ik weet het niet, man. Die twee mogen elkaar echt niet en ik ben het allebei. Ik weet niet waarom ze elkaar niet mogen, ik denk omdat ze over één kam worden geschoren. Allebei vinden ze: wij zijn ons eigen volk en zo willen we ook worden gezien.'

Twee weken geleden plaatste Sevn Alias op zijn Facebookpagina een bericht over de videoclip bij *Laat niet los*, van zijn collega Jairzinho. Fans reageerden verontwaardigd omdat in die clip geen zwarte maar witte vrouwen meespelen. Sevn schreef: 'Als er wordt gevraagd om je aan te melden voor een clip durft niemand uit de cut te komen, maar eindstand wel janken als er blanke vrouwen worden gebruikt.'

In de hiphopwereld werd het een rel en later plaatste hij een bericht met excuses. 'Die Facebookpagina wordt gelezen door honderdduizenden mensen, ze werden boos. Als je me kent weet je hoe ik praat. Op YouTube zag ik de eerste tien reacties bij die clip: mensen voelden hem niet meer omdat er geen donkere vrouwen in meededen.

'Ik vond dat disrespect naar de blanke vrouwen die in de clip spelen. Een donkere vrouw zou meedoen, maar ze zei één dag van tevoren af, we hebben er nog een paar benaderd die ook niet wilden. Toen werd de clip gemaakt met de vrouwen die wél kwamen. Toen zeiden ze dat wij donkere vrouwen niet in het licht willen zetten. Maar de mensen die dat zeggen zijn zelf alleen maar bezig met een ander donker iemand de grond in te boren, snap je?'

Khalid Boulahrouz

Oud-voetballer (Nederland, 1981)

NEDERLANDS
'In het buitenland.'
MAROKKAANS
'In Marokko.'
ETEN
'Die aardappelpuree met groente erdoorheen, hoe heet dat ook alweer? Stamppot, ja. Dat heb ik bij het Nederlands elftal leren eten. Lekker, met een gehaktbal. Bij het Nederlands elftal hebben ze ook halal eten, voor de spelers met een moslimachtergrond.'
PARTNER
'Haar moeder is Hindoestaans, haar vader een mix van Nederland, Duits en Indonesisch. Ik denk dat ze zelf niet eens weet wat ze is.'
MOHAMMEDCARTOONS
'Al tekenen ze de hele wereld bij elkaar, ze doen maar. Maar als je zoiets tekent, weet je dat je provoceert en dat mensen gaan reageren.'

Toen Khalid Boulahrouz in Duitsland voetbalde, bij Hamburger sv, kreeg hij een keer ruzie. 'Dat is normaal, bij een felle training. In een groep van vijfentwintig man zitten er altijd een paar die niet met elkaar door één deur kunnen. Die speler riep tegen me: *Scheisse Holländer.* Ik dacht: dat is interessant, ik word uitgescholden voor Nederlander. Als ik in Nederland werd uitgescholden, was het voor kut-Marokkaan.'

We ontmoeten elkaar in het deel van Amsterdam-Zuid dat Buitenveldert heet. 'Ik denk dat ik de enige Marokkaan ben die hier woont. Soms zie ik mensen naar me kijken. In mijn appartementencomplex groet ik iedereen. Wanneer ze strak voor zich uit blijven kijken, denk ik: oké.'

Hij is net terug uit Dubai. 'Ik zoek naar investeringen in vastgoed, de banken vertrouw ik niet. Ik wil slim omgaan met mijn geld.'

Hoe groeide je op?
'Twintig jaar geleden woonde mijn oma in het Rifgebergte in een huis van klei, heel primitief, met emmers water om je te wassen en naar de wc te gaan. Een ezel om je te vervoeren. Mijn vader kwam naar Maassluis, om te werken in een fabriek. Ik had geen speelgoed, ik wist niet eens wat er bestond behalve voetballen.

'Meestal had ik geen bal, dan loerde ik of ze buiten aan het voetballen waren. Op mijn dertiende kwam ik bij Ajax, daar moest ik na een jaar weg. Het verhaal gaat dat het vanwege mijn gedrag was, maar dat is onzin. Ik was te wisselvallig. Bij Ajax wilden ze dat je voor een wedstrijd übergeconcentreerd en übergefocust was. Ik kon dat nog niet.'

Waarom wordt over iedere Nederlands-Marokkaanse voetballer meteen gedacht: dat is een moeilijke jongen?
'Wij zijn mondig. Een groot ego en trots die we soms niet opzij kunnen zetten. Het zou minder schadelijk zijn voor onszelf als we dat wel konden. We zijn mediterraan en emotioneel. Dat moet je niet vermoorden, maar je moet het wel in de hand leren houden, ik heb dat ook gedaan. Hollandse jongens zijn rustiger en volgzamer.

'In het Nederlandse betaalde voetbal zijn veel Hollandse trainers. Ze zijn zelf voetballer geweest, hebben in hun carrière samengespeeld met jongens van andere culturen. Toch zie je vaak dat ze moeilijkheden hebben in de omgang met voetballers van een andere achtergrond. Begrijp me niet verkeerd, spelers moeten zich aanpassen, het groepsproces is het belangrijkste, maar soms moet je Hassan net even anders benaderen dan je bij Klaas zou doen. De ene jongen kun je voor een groep terechtwijzen, de andere neem je apart.'

Werd je zelf anders behandeld?
'Ik speelde in de jeugd bij AZ, ik was zestien. Mijn vader was net overleden, mijn moeder had het daar erg moeilijk mee. Ik liep twee of drie krantenwijken, ging vakkenvullen bij Albert Heijn om mee te kunnen helpen. Mijn voetbalschoenen waren kapot. Ik belde Hans van der Zee, het hoofd jeugdopleiding bij AZ: kon ik een paar kicksen krijgen van Kappa, de sponsor? Ik wist dat ze die hadden. Hij wist dat ik geen vader en geen geld had en toch zei hij nee. Ik zei dat ik dan niet kon voetballen. Toen antwoordde hij: dan stop je toch?

'Nu denk je: waar gaat dit over, maar op dat moment raakte het me zo hard. Via mijn moeder heb ik daarna geld ingezameld voor schoenen. Ik kan alleen ernaar gissen waarom hij dat deed, ik hou er niet van om te roepen: alleen omdat ik Marokkaans ben. Verder heb ik nooit meegemaakt dat iemand me anders behandelde, alleen de normale dingen: op het veld worden uitgescholden voor Marokkaan. Bij AZ was ook een andere jeugdtrainer, Hans de Koning. Hij is nu hoofdtrainer van Go Ahead. Hans begreep precies hoe hij in die periode met mij moest omgaan. En dat was niet alleen zachtaardig.'

Jullie waren thuis met negen kinderen. Hoeveel daarvan hebben nu een partner van Marokkaanse afkomst?
'Mijn een na jongste zusje is vrijgezel, de andere zeven zijn getrouwd met een Marokkaanse partner. Ik toevallig niet.'

Wilde je familie niet dat je dat wel zou doen?
'Natuurlijk. Maar ik was jong en ik zat alleen in het buitenland. Ik denk dat het makkelijker is als je dezelfde cultuur hebt.'

Je hebt twee kinderen met een Duits-Turkse vrouw. Hadden jullie dezelfde cultuur?
'Het is een misverstand dat iedereen van Turkse of Marokkaanse

afkomst een gelovige moslim is. Religie is geen identiteit. Ik wil mijn kinderen opvoeden met bepaalde normen en waarden, ik ben moslim, hun moeder denkt daar anders over. Dat maakt het ingewikkeld.'

Spreken je kinderen Nederlands?
'Ze praten Duits en Engels. Mijn zoontje spreekt wel Nederlands, hij is een stier, hij gaat gewoon. Mijn dochter is voorzichtiger. In principe ga ik iedere week naar Duitsland. Deze week toevallig niet omdat ik in Dubai was. Ik ben een wereldburger, ik ben gewend aan reizen.'

Gerda Havertong

Actrice (Suriname, 1946)

NEDERLANDS
'Altijd. De plek waar ik slaap, dat is mijn thuis.'
SURINAAMS
'Ook altijd. Bij Nederlands moet ik nadenken over waarom ik dat zo voel. Bij Surinaams niet: dat is wat ik ben.'
PARTNER
'Mijn echtgenoot is een Nederlander. Omdat mijn hart openging voor hem. Ik heb nooit gezocht naar een partner die Nederlands moest zijn, of Surinaams of Chinees. Ik heb naar de liefde gezocht. Overigens, mijn overleden echtgenoot was een Surinamer.'
MOHAMMEDCARTOONS
'Ik ben voor de creativiteit van iedereen. Maar respect staat bij mij bovenaan. Ik zou niet iets tegen een ander willen doen wat ik zelf niet wil ondergaan.'

Bij de acteercarrière van Gerda Havertong deden zich twee complicaties voor. 'Overal kun je mijn naam noemen en men weet wie ik ben. Dat heeft me geholpen bij mijn strijd, bij de piketpaaltjes die ik wilde verplaatsen. Ik ben trots op mijn bijdrage aan *Sesamstraat*, het heeft me naamsbekendheid gegeven en allerlei deuren voor me geopend, maar ik word altijd gekoppeld aan het programma en aan die acteerstijl.'

De tweede complicatie: het aantal beschikbare rollen voor zwarte actrices. 'Er wordt gezegd dat er meer rollen zijn voor oudere mensen. Nou, ik moet ze nog zien. Ik werk vooral als dagvoorzitter en presentator. Voor kinderen en voor ouderen.'

Welke van de twee was de grootste complicatie?
'Ik denk de tweede. In Nederland wordt gedacht in termen

van witte mensen. Dus het is een witte vrouw die die rol speelt. Ook als de rol niet is gebonden aan een kleur. Bij al die gezelschappen is men nog steeds niet in staat om een hoofdrol aan te bieden aan een zwarte acteur. Het zijn meestal van die niemendalletjes die kleur moeten geven aan een productie. De rollen waarvan ik zeg: waarom bied je mij dit aan, vind je niet dat je me beledigt?'

Na vijftig jaar weet ze de datum nog. 'Op 21 mei 1966 kwam ik aan in Nederland. In Vlissingen, na een bootreis van drie weken. Ik kende alleen de beelden van de ansichtkaarten: straten die steil omhoogliepen. Nederland bestond uit één lange straat, die eindigde bij de Rijn en Lobith, dat was het beeld dat ik had. In Suriname kwamen alle boeken uit Nederland, met tekeningen van andere kinderen dan die ik kende.'

Had u al contact gehad met witte mensen?
'In mijn opleiding had ik contact met witte docenten die uit Nederland waren gekomen. Zij waren medeverantwoordelijk voor mijn vorming, dat ging op een andere manier dan in mijn cultuur. Wij waren bijvoorbeeld gewend aan stemverheffing, de docenten verhieven hun stem niet.'

Waarom wilde u hier komen?
'In mijn hoofd was Nederland een bol van kennis en mogelijkheden. In het Suriname waar ik opgroeide, bestonden er drie beroepen: onderwijzeres, verpleegster en kantoorbediende. Acteren of zingen, dat deed je niet voor je beroep. Ik wist niet dat er zoiets als een conservatorium bestond, dat zag ik pas in Nederland. Ik wilde in het onderwijs en in Suriname kon je de hoofdakte niet halen. Die moest en zou ik hebben.'

Wat gebeurde er toen u naar Nederland kwam?
'Vanuit de middenklassse in Suriname kwam ik terecht in de chique van Den Haag, bij een domineesfamilie in huis. Als een van de weinige zwarte mensen die daar rondliepen. Nu heet dat een cultuurshock.'

Wat is er veranderd?
'Die vijftig jaar, het lijkt alsof het gisteren was dat ik hier kwam, maar de verandering is enorm. In Nederland is een wanorde ontstaan die we met z'n allen hebben aangericht. Zo'n overdosis aan arrogantie en disrespect dat je je afvraagt of het nog goed komt. Wanneer je iets tot de grond kapot maakt, wordt het moeilijker om het weer op te bouwen.

'Het is altijd duidelijk geweest dat ik als zwarte vrouw meer mijn best moet doen. Dat werd niet duidelijk gemaakt in woorden, maar in daden. Je moet mee in de voorwaarden van dit land en die zijn wit. Wit is de norm, dat is zuiver – dat is hoe het hier werkt. Onderhuids racisme bestaat, verhuld en structureel.

'We zijn zo druk met classificeren, elke keer weer een nieuw etiketje. Eerst waren we migranten, toen minderheden, daarna allochtonen en nu diversiteiten, geloof ik. Het enige waarnaar wordt gezocht is een arena voor het gevecht. Het elkaar de loef afsteken, daar zit een soort bravoure in die ik eng vind. Toch is mijn vertrouwen in Nederland en in ons niet verloren, ik blijf een onverbeterlijke optimist.'

Was u de eerste die op de Nederlandse televisie een aanmerking maakte op Zwarte Piet?
'Als ik in de Sinterklaastijd over straat liep, riepen ze naar me: wil je even schoonmaken, Zwarte Piet? Op de markt vroegen ze: wat kan ik voor je doen, Piet? Mijn haar droeg ik in vlechten en ik zorgde dat ik geen kniebroek aan had, om de associatie met Piet te voorkomen.

'Ik denk dat het in 1987 was. Het was pijnlijk, mijn dochter wilde niet naar school als Sinterklaas werd gevierd. Ze werd gepest en Zwarte Piet genoemd. Op de dag van die rotzooi met de Zwarte Pieten gingen we samen andere dingen doen, maar het begon al een week eerder met het schoentje klaar zetten. Ik kon haar niet een week thuis houden, ik moest ook naar mijn werk.

'In een gesprek met de leerkracht werd me duidelijk: dit wordt niets. Ik dacht: ik heb een podium en dat ga ik gebruiken. Bij *Sesamstraat* vertelde ik aan de toenmalige eindredacteur dat ik daarover wilde vertellen in het programma. Na die uitzending kreeg ik wel wat naar mijn hoofd geslingerd, maar het was niet zoals nu. Op straat begonnen mensen tegen me te schreeuwen en er kwamen brieven. Later begreep ik dat ze me lang niet alle brieven doorgaven, ik denk uit een soort plaatsvervangende schaamte.'

Jörgen Raymann

Artiest (Nederland, 1966)

NEDERLANDS
'Bij goede prestaties van Nederlandse sporters, zoals laatst Max Verstappen en Kiki Bertens. Dan ben ik fanatiek op het enge af.'
SURINAAMS
'In Suriname, met mijn vrienden.'
PARTNER
'Ze is Surinaams, maar ik ontmoette haar in Rotterdam.'
MOHAMMEDCARTOONS
'Met onze artistieke vrijheid komt een verantwoordelijkheid. Als je mensen bewust beledigt, moet je er rekening mee houden dat ze boos worden. Maar in een vrij land moet je ook tegen een stootje kunnen.'

Het programma heette *The Cotton Club*. 'Ik was een comedian uit Suriname en in 1998 deed ik een tourtje door Nederland. In die tijd stond multiculti weer even op de agenda. Bij de NPS hadden ze eerst andere jongens benaderd voor de presentatie van dat programma, maar die vonden: ik wil worden gevraagd omdat ik goed ben, niet omdat ik zwart ben. Ik zei: het maakt me niet uit, al vraag je me omdat ik geel ben, laat me naar binnen – dan zie je daarna wel dat ik goed ben.

'Het oorspronkelijke idee voor *The Cotton Club* was: negertje kijken. De naam is veranderd in *The Comedy Factory*. Door dat programma ging ik meer presenteren op tv en in het theater. In 2001 zei ik in Suriname tegen mijn vrouw: we verhuizen naar Nederland.'

Wat doe je nu?
'In 2013 ben ik gestopt in het theater, ik voelde dat er een verza-

digingsmoment kwam. Ik was op tv en in het theater, het werd te veel voor het publiek. Mijn laatste tv-programma, *Baas Raymann*, is begin dit jaar gecanceld. Bij de NPO wilden ze diversiteit, en die gaf ik ze, maar ze vonden het programma niet goed genoeg. Eerst zetten ze me tegenover *The Voice of Holland*, daarna kreeg ik het verwijt dat ik niet presteerde.

'Ik was teleurgesteld, kreeg ook een moment van paniek: ik heb geen programma meer. Dat duurde niet lang. Het was goed, het leerde me relativeren. Ik doe veel *motivational speaking*, ik vertel mensen dat ze niet in hun comfortzone moeten blijven hangen. Dan moet ik zelf ook niet bang zijn om een stap te maken.

'Al die jaren had ik tegen de één miljoen kijkers op tv, de theaters zaten vol. Ik ging in een Porsche rijden, bij winkels lieten mensen me voor. Als ze je steeds voor laten gaan, denk je na een tijdje in iedere winkel: ik hoor voor te gaan. Ik moest weer aan de bak, nieuwe dingen bedenken. Natuurlijk wil ik de massa bereiken, maar een zaal van honderdvijftig man moet ik net zo benaderen als Carré. Ik ben bezig met nieuwe dingen voor tv, alleen wil ik andere programma's maken.'

Wat moet anders?
'Zestien jaar ben ik de multiculturele clown van de NPO geweest. Dat heeft brood op de plank gebracht, ik ben er beroemd mee geworden en daar klaag ik niet over, maar ik wil meer. Dit is het Hilversumse denken: ik mag in een talkshow komen om te praten over racisme of over de humor van Richard Pryor en Eddie Murphy. Waarom word ik niet gebeld over vaderschap of over Almere, waar ik woon? Als ze in Hilversum echt diversiteit willen, dan moet Fatima *Ik hou van Holland* kunnen presenteren. Hun eigen diversiteit kunnen ze al niet goed handelen, je hoort bijna nooit een Limburgs of Gronings accent op de televisie.

'Op verschillende manieren maak je als mens een ontwikkeling door. Vroeger had ik geen probleem met Sinterklaas en Zwarte Piet, dat vierde ik met mijn kinderen. Later verdiepte ik me in de geschiedenis van blackface. En ik maakte dingen mee. In het stadion van AZ was ik dagvoorzitter bij een symposium voor aannemers. Ik was het enige donkere gezicht in de hele zaal, daar maakte ik aan het begin een grap over. Ik zei: nou, er zit veel diversiteit in dit gezelschap. Het was in november. Toen Sint en de Pieten de zaal in kwamen, zei een van die aannemers: Jörgen, nu ben je niet meer alleen. Op dat moment dacht ik: aha, dus het zijn tóch zwarte mensen, kregen ze die kleur niet doordat ze uit de schoorsteen kwamen?'

Kijk je nu anders naar Tante Es dan vroeger?
'Nee. Ik hou van Tante Es, ik ben bezig een stripboek van haar te maken en ik doe haar soms op de radio, dan hoef ik die jurk niet aan. Ik denk dat ze belangrijk is geweest voor de emancipatie van Surinamers in Nederland. De accenten en typetjes zijn leuk, alleen wil ik dat niet meer doen op tv.

'Het probleem is: dat was waar ze me voor wilden. Als ik een reclamespotje opnam, vroegen ze: kun je dat Surinaamse accent wat vetter aanzetten? Dat accent is leuk en grappig, maar ik ken zoveel Surinamers die gewoon ABN praten. Ik wil niet meer in die doelgroep. En ik wil bepalen in welke context ik Tante Es doe, het moet niet de kant op gaan van vooroordeel bevestigend.'

Wat vind je van kijkcijfers?
'Hilversum is als het Vaticaan, ze leven in hun eigen wereld. Ik kan niet klagen over kijkcijfers, op zondagavond keken één miljoen mensen naar mijn programma. Het is jaren rond de 700.000 geweest. Ik word afgerekend op 2000 van die kastjes, die allemaal staan bij mensen die niet op mij lijken. *So be it.* Ik maak geen programma's speciaal voor Surinaamse kijkers, ik maak ze

voor alle Nederlanders. Die kastjes zijn niet mijn probleem, het is het probleem van Hilversum. Zij willen een divers publiek bereiken, maar ze weten niet naar welke programma's niet-witte Nederlanders kijken.'

Simon Tahamata

Oud-voetballer, trainer (Nederland, 1956)

> **NEDERLANDS**
> 'Als bij het Nederlands elftal het volkslied werd gespeeld, dacht ik: ik ben trots om hier als Molukker tussen te mogen staan.'
> **MOLUKS**
> 'Dat is wat ik ben.'
> **PARTNER**
> 'Haar ouders komen van dezelfde negorij als de mijne. Ihamahu op het eiland Saparua.'
> **MOHAMMEDCARTOONS**
> 'Ik zeg altijd: respect naar iedereen is het beste wat je kunt doen.'

Het was na de Molukse treinkapingen van 1975 en 1977. En het ging om dit detail: de ramen van de treinwagons werden geblindeerd. 'Met Ajax moesten we ergens overnachten en de trainer wilde dat de ramen van de hotelkamers werden geblindeerd. Meteen werd er door de spelers geroepen: we hebben er nog wel een die dat goed kan. Iedereen lag in een deuk, ik ook. Dat is voetbalhumor. Het hoort erbij, net zoals geschopt worden. Als je daar niet tegen kunt, hoor je niet thuis op dat niveau.

'Tegen een van mijn broers hadden ze die grap niet moeten maken, dan hadden ze slaag gekregen. Hij is een kop groter dan ik. Die ramen in het hotel heb ik niet geblindeerd, dat nooit, maar ik ben niet boos geworden. Discriminatie, bestond dat toen al? Ik kan me niet herinneren dat ik er ooit iemand over heb gehoord. Als je profvoetballer wordt, kom je in een andere wereld, het is niet zoals de gewone maatschappij.

'Ik was de eerste donkere speler van Ajax en de tweede in het Nederlands elftal, maar zo keek ik er niet naar. Het ging mij om de prestatie. Je moet uitblinken. Als je talent hebt, ben je verplicht om dat te gebruiken. Later besefte ik dat ik een mooi rolmodel kon zijn voor het Molukse volk. Toen ik als jeugdspeler een contract tekende, dacht ik alleen: nu wil ik in dat stadion spelen, tussen die vier lichtmasten. Met andere dingen was ik niet bezig.

'We hadden een elftal vol Amsterdammers. Wim Suurbier, Ruud Krol, dat soort gasten gooiden alles eruit, ze waren niet op hun mondje gevallen. Ik was een boertje van buiten, uit Tiel. Net zoals Lerby en Arnesen van buiten kwamen, uit Denemarken. In de kleedkamer heb ik weleens gevochten omdat ze me een boertje noemden. Niet omdat ik donker was.

'Door die kapingen moest ik wel kleur bekennen. Veel mensen wisten niet dat ik een Molukker was. Ze dachten: Simon is niet zoals die kapers. Maar dat ben ik wel. Zij waren Zuid-Molukkers en ik ook. Ik weet nog dat ik een Surinaamse voetballer werd genoemd. Dat heb ik even rechtgezet. Met alle respect voor mensen die waren gekomen uit Suriname, Turkije, Marokko, noem maar op. Zij kwamen hier vrijwillig en om te werken. Dat is iets anders dan ons verhaal.

'Dat heb ik uitgelegd aan mijn collega's toen ze die grap maakten. Ze kenden het verhaal niet, dat is het probleem. In Nederland is op school nooit onderwezen wat met de Molukkers is gebeurd. Onze ouders zijn schandalig behandeld, die actievoerders hebben dat verhaal op de kaart gezet. Je mag een grap maken over treinkapingen, maar dan vraag ik altijd: ken je de geschiedenis, weet je wat er is gebeurd met de Molukkers?'

Wat is er gebeurd?
'Onze ouders werden op dienstbevel naar Nederland verscheept. Mijn vader was een KNIL-soldaat. In Indonesië kregen ze de keuze: overstappen naar het RI-leger, van Republic Indonesia, waar ze altijd tegen hadden gevochten, of naar Nederland. Dat was

geen keuze. Onderweg naar Nederland werd mijn vader op open zee ontslagen.
'In Nederland werden mijn ouders gedropt in Vught, in het oude concentratiekamp. Ze kregen wel wat salaris, maar ze mochten het kamp niet uit. Het was te gek om los te lopen. Toen ik naar de kleuterschool ging, verhuisden we naar Tiel. Aan de rand van het dorp waren vier straten met alleen maar Molukse gezinnen.
'Mijn vader ging als kartonsnijder in een fabriek werken. We hadden een groot gezin, twaalf kinderen, hij moest aan het werk. Op de kleuterschool leerde ik Nederlands, ik sprak alleen Maleis. Meer dan de helft van de kinderen in de klas was Moluks. Net zoals op de voetbalclub. In ons elftal speelde één Hollandse jongen, die kenden we van school.'

Bent u op de Molukken geweest?
'Drie keer. Als we aankwamen in Jakarta voelde ik nog niets, dat is voor mij gewoon een luchthaven. In Nederland zijn Indische mensen niet hetzelfde als wij. Ze komen ook uit Indonesië, laat ik het zo maar zeggen. Niks ten nadele van Indo's, maar Molukse soldaten hadden een goede naam. Wij hadden de hogere functies in het leger.
'Het gevoel begon als we boven de eilanden vlogen waarvan ik de namen kende uit de liederen die wij zongen. Kijk, hier op mijn arm, ik krijg nu weer kippenvel. Mijn kinderen moeten goed studeren. Als ooit de dag komt dat we teruggaan, moeten zij dat land weer opbouwen.'

U bent jeugdtrainer bij Ajax. Kennen de jeugdspelers u?
'In het begin niet. Hun ouders weten het soms. Of de grootouders. Als de spelers me Tatamata noemen of Tamata reageer ik niet. Pas als ze mijn naam goed uitspreken, draai ik me om. Googel het maar, zeg ik tegen ze, kijk op YouTube, dan zie je wat

voor voetballer ik was. Ik heb een andere relatie met ze dan hun coaches, ik ben de techniektrainer. Met mij kunnen ze op een andere manier omgaan, ik maak de opstelling niet.'

Kent u het tv-programma AVRO'*s* ***Wie-kent-kwis*** **nog, uit de jaren zeventig en tachtig, met Fred Oster?**
'Ja, met de marmottenrace. Al die marmotten hadden een naam, de bruine heette Simon Tahamata. Dat kun je op twee manieren oppakken. Je kunt boos worden. Of je kunt ernaar kijken zoals ik deed: er werd een marmot naar mij genoemd, dan ben je toch iemand. Ik zag het als een eer.'

Def Rhymz

Rapper, werd geboren als Dennis Bouman (Suriname, 1970)

NEDERLANDS
'Een lekkere biefstuk eten met kaassaus.'
SURINAAMS
'Als mijn vader kookt.'
PARTNER
'Ze moet spontaan en levendig zijn. Haar kleur maakt me niet uit.'
MOHAMMEDCARTOONS
'Nederlanders nemen de vrijheid van meningsuiting te letterlijk. Je moet rekening houden met andermans gevoelens.'

In 1983 bedacht Dennis Bouman het personage Def Rhymz, bekend van *Doekoe* en *Schudden*, de eerste Nederlandstalige hiphopliedjes die in de top 40 op nummer 1 kwamen. 'Het is een typetje waar ik geld mee verdien. Nog steeds heb ik ieder weekend een paar optredens. Het is zoals een typetje van André van Duin. Gekke bekken trekken. Als kind keek ik altijd naar hem op tv.'

Wat is het verschil tussen Dennis en Def Rhymz?
'Ik ben zelf rustig. Mijn familie weet dat ik een goede vader ben voor mijn kinderen, dat is het belangrijkst. Ik heb er vier, de oudste is tweeëntwintig, de jongste een jaar. Maar ik blijf vrijgezel, ik woon alleen.'

En hoe gedraagt Def Rhymz zich?
'Het is een knop omzetten en schijt hebben aan iedereen. We zijn allemaal viezeriken en houden van lekker gek doen. Dat is wat Def Rhymz is. Vooral Hollandse mannen komen op straat naar me toe. Dat ze door mij met een vrouw hun billen hebben geschud. Ze zijn dankbaar.'

'Hollandse mannen durven niet te flirten, ze wachten tot ze dronken zijn. Een Surinaamse man doet het op klaarlichte dag. Ik treed overal op, bedrijfsfeesten, voor studenten, bruiloften, feestcafé's – wat ik heb gezien: Hollanders kunnen erger zijn met vreemdgaan, ze doen het echt allemaal met elkaar.

'Wij hebben de naam, en natuurlijk doen Surinaamse mannen dat weleens, maar Hollanders zijn erger. Surinamers zijn alleen directer, wij praten erover, dat is onze fout. Antillianen zijn trouwens ook erger dan Surinamers.'

Hoe begon je met rappen?
'In 1982 hoorde ik Amerikaanse rapmuziek op de Engelse radio. Vanaf die tijd werd ik bekend in de scene. Rapper, artiest, presentator.'

Ging het je om de teksten of de muziek?
'Ik heb ook wel serieuze teksten gemaakt, over discriminatie, over dat je een vader voor je kinderen moet zijn. Die staan op mijn albums, alleen zijn het niet de hits die iedereen wil horen. Ik kende mijn geschiedenis al, ik wist wat er was gebeurd. Als kind keek ik naar Zwarte Piet en dacht ik: wat als ik mezelf wit ga schminken? Dan gaan die witte mensen denken: waarom doet hij ons na, wat is dit?

'Ik weet hoe Hollanders kunnen denken, voor mij is het niet moeilijk om me in te leven in hun cultuur, ik ben zelf een Nederlander geworden. In 1974 kwamen we van Suriname naar Rotterdam. Het was hier rotzooi, poep op de stoep. Wij hebben de Nederlanders leren douchen. Ik ken hun cultuur, alleen kennen zij die van ons vaak niet. Ik heb geen hekel aan ze en zij omgekeerd soms wel aan mij. Dat is toch raar? Als je naar de geschiedenis kijkt, zouden wij boos moeten zijn.

'Voor de teksten is Trafassi mijn held, Edgar Burgos. Die woordgrappen. Een grappige tekst schrijven is moeilijker dan een serieuze.'

Was je een pionier met rappen over billen?
'*Schudden*, zo heette mijn lied over billen. Toen dat een hit werd, vonden blanke mensen grote billen niks. Nu vinden ze het geweldig. Ik zie alleen maar blanke vrouwen lopen met een grote bil, what the fuck? Wat eten ze, bruine bonen met hormonen? Ze lopen nog steeds langs: kijk naar mijn billen. Maar ik ben immuun, het is te veel geweest. Ik ben ouder en wijzer geworden. Kan ze praten, wordt ze niet snel boos, dat vind ik belangrijker dan een bil.'

Ben je een moslim geworden?
'Ik werd verliefd op een Turkse vrouw, ze was ook Nederlands. Dan doe je dingen. Ik zal niet zeggen: domme dingen. Ik denk dat ik haar wilde houden. Ik ben vijf jaar moslim geweest, twee keer naar Mekka gegaan. De islam is gewoon in een god geloven, alleen heeft die een andere naam. Nadat we uit elkaar waren, ben ik nog twee jaar moslim gebleven, daarna voelde ik het niet meer. We denken allemaal dat we het weten. Niemand weet het. Dat is waar ik nu in geloof: het ik-weet-het-niet-geloof.

'In Turkije heb ik een discotheek geopend, in Marmaris. Dat werd te hectisch. Ik begon te zweven, ik was mezelf niet meer. Ze zeggen dat je niet gaat zweven. Dat doe je wel. Ik had te veel geld, ik kon doen wat ik wilde, ik heb echt geleefd. Veel gereisd. Nederlanders blijven hier hangen, ze leren geen andere culturen kennen.

'In Turkije had ik moeite om me aan te passen, dat komt doordat ik een Nederlander ben, ik heb het overgenomen. Hoe ze daar met vrouwen omgaan, hoe ze zaken doen, met omweggetjes, wij zijn directer en daar kwamen ruzies van. Het was anders dan hier. In Turkije is de baas een god, de werknemer is stront.'

Hoe komt het dat je al zo lang optreedt?
'Om de paar jaar zie je een nieuwe generatie. Mij blijven ze boeken, ik weet ook niet waarom. Nee, ik weet het wel: ik heb een

goede manager. Ik hoef geen hitjes meer te maken, ik treed op met de hits die iedereen van me kent. Dit is het belangrijkste: wees nederig. Veel artiesten gaan eisen stellen. Flessen Bacardi, blauwe M&M's. Ik vraag alleen om appelsap en water. Die mensen van de organisatie lachen zich de pleuris, maar volgend jaar boeken ze me weer.'

Cynthia McLeod

Schrijver (Suriname, 1936)

> NEDERLANDS
> 'Dat is mijn moedertaal.'
> SURINAAMS
> 'Altijd.'
> PARTNER
> 'Hij was een kind van Suriname, met ouders die werden geboren op Curaçao.'
> MOHAMMEDCARTOONS
> 'Je moet mensen niet beledigen in hun religie, waarom zou je dat willen? Ik hou ook niet van grapjes over Jezus of Buddha.'

Toen Cynthia McLeod voor het eerst naar Nederland kwam, wist ze alles al. 'In Suriname leerden we op school alles over Nederland en niets over Suriname. Het was eind jaren veertig. De schoolboeken kwamen uit Nederland. 'Op de mulo in Den Haag was ik het enige zwarte kind. Verder waren er alleen donkere kinderen uit Nederlands-Indië. Iedereen wilde mijn vriendinnetje zijn, ik werd overal uitgenodigd. Ik heb me nooit gediscrimineerd gevoeld.

'Het verschil was: wij wisten hoe het voelde om met verschillende mensen samen te leven. Drie van mijn vier grootouders waren het kind van een joodse vader en een gemengde moeder, de vierde was van een Hindoestaanse vader en een gemengde moeder. Honderdvijftig jaar geleden had je in Suriname drie groepen: de negers en de blanken. En de kleurlingen, die waren gemengd. Nu is 80 procent gemengd.'

U gebruikt het woord neger.
'O ja, dan worden ze hier in Nederland boos op me. In Suriname is het een gewoon woord, hoor.'

Uw vader, Johan Ferrier, was de laatste gouverneur en de eerste president van Suriname. Was het moeilijk om de dochter van de president te zijn?
'Op het moment dat hij president werd, was ik al getrouwd en had ik kinderen. Hij was streng, je moest je aan bepaalde regels houden van hoe het hoorde. Maar als kinderen dachten wij niet dat we zijn succes nooit konden overtreffen. Hij was een toegankelijke man. Zijn stelregel was: alles wat je doet moet ten dienste staan van de gemeenschap, andere mensen moeten er beter van worden dat jij hier bent.'

Hij werd afgezet na de staatsgreep van Bouterse. Kijkt u daardoor anders naar de huidige president van Suriname?
'Niet omdat mijn vader door hem is afgezet, meer mensen van mijn leeftijd zijn geen volgelingen van Bouterse. Het is akelig dat iemand die wordt verdacht van moord nu weer tot president is gekozen.'

Waarom wilde u schrijven?
'Als kind las ik veel. Van al die duizenden boeken waren er maar een of twee die over Suriname gingen. Ik ben zelf op zoek gegaan naar informatie. Als lerares op een middelbare school in Paramaribo merkte ik dat de leerlingen zich geen voorstelling konden maken van de slavernijtijd. Ze bekeken het zwart-wit: alle blanken hebben ruzie met slaven, iedere slaaf probeert een blanke te vermoorden.

'Ik vertelde ze wat ik had geleerd over die tijd en ik merkte dat ze hevig geïnteresseerd waren. De leerlingen vroegen waarom ik het niet opschreef. Ik zei: later, als ik met pensioen ben, dan word ik schrijfster. Na de onafhankelijkheid van Suriname werd mijn man ambassadeur en kon ik als zijn vrouw het leven van een gepensioneerde leiden. Ik kon beginnen met schrijven. We woonden in België, van daaruit ging ik naar het Rijksarchief in

Den Haag om onderzoek te doen. Ik was er zo vaak dat ze dachten dat ik daar werkte.

'Mijn bedoeling was om op een makkelijke manier aan Surinamers te vertellen hoe het echt was in die slavernijtijd. Het eerste boek, *Hoe duur was de suiker?*, werd in 1987 uitgegeven in Suriname, acht jaar later in Nederland. In Suriname bestond geen leestraditie.

'Een collega op school zei tegen me dat 500 verkochte exemplaren een bestseller betekende. Ik vroeg in hoeveel tijd die dan moesten worden verkocht. Ze zei dat het een bestseller was als er in totaal ooit 500 van zouden worden verkocht. De eerste oplage was 3000 boeken. In zes weken waren ze uitverkocht. Iedereen las het, heel Suriname sprak erover. Het is nog steeds het best verkochte boek.'

Waarom was er niet eerder zo'n boek?
'We wisten er zo weinig over. Onderzoek naar de geschiedenis, dat bestond bijna niet. Dit was het eerste boek over hoe mensen in die tijd met elkaar samenleefden.'

Wat vonden Nederlanders van het boek?
'Nederlanders lezen graag over hoe het was in die tijd, het is ook hun geschiedenis. Het gaat over dingen die niet zo mooi zijn. Je hebt de Gouden Eeuw en Rembrandt en Vermeer, alleen is er ook een andere kant. Daar is jarenlang over gezwegen, dat is begrijpelijk, maar je moet het wel weten en erkennen. Daarna kun je verder.

'Nederlandse lezers zeggen vaak dat ze zich schamen en zich schuldig voelen. Dat hoeft niet. Niemand die nu leeft is schuldig aan iets wat driehonderd jaar geleden gebeurde. Ik vind dat Nederland het goed doet met alle allochtonen die erbij zijn gekomen. Dat is niet makkelijk.'

Is het moeilijk dat uw eerste boek nog steeds het succesvolste is?
'In Amerika is *De vrije negerin Elisabeth* bekender. Amerikanen houden van business en geld. Dat boek gaat over een zwarte vrouw die in 1770 miljonair was in Suriname. In Amerika willen ze een toneelstuk en een film, vooral de gekleurde bevolking is geïnteresseerd in dat verhaal.

'Ook al zijn ze succesvol, bij veel zwarte Amerikanen zie ik nog steeds het gevoel van de underdog, zelfs als ze dat misschien niet zijn. Bitterheid ook. Ik denk dat ze zichzelf niet herkennen in de Amerikaanse cultuur, die gaat over andere mensen. In Suriname is dat niet zo, daar is een geweldige creoolse cultuur ontstaan.'

Touria Meliani

Was theaterdirecteur, is nu wethouder in Amsterdam
(Marokko, 1969)

> **NEDERLANDS**
> 'In mijn dromen, mijn gedachten, in hoe ik praat.'
> **MAROKKAANS**
> 'Als ik domineer in de keuken. Ik sta in de keuken zoals mijn moeder dat doet.'
> **PARTNER**
> 'Een architect uit Nijmegen met wie ik kan praten voorbij afkomst en identiteit.'
> **MOHAMMEDCARTOONS**
> 'Ik ben niet zo tegen dingen. Maar wel tegen hardheid.'

Zes jaar nadat ze samen het podium in Amsterdam-Noord hadden opgericht, zei Chris Keulemans in 2014 tegen Touria Meliani: jij bent vanaf nu de directeur van de Tolhuistuin. 'Veel mensen dachten dat ik het hulpje was. Chris en ik waren het theater met z'n tweeën begonnen. Hij was de directeur en ik de eerste werknemer.'

Hoe is het om de directeur te zijn?
'Eerst dacht ik: kan ik dat wel? Daarna besefte ik dat het opviel. Misschien ben ik wel de enige theaterdirecteur in Nederland van Marokkaanse afkomst. Een vrouw en dan ook nog Marokkaans en niet academisch geschoold. Mijn profiel is anders dan dat van bijna alle andere theaterdirecteuren: een witte man van vijftig plus met ervaring als directeur. Ik ben opgevoed door een alleenstaande moeder, een ongeletterde vrouw die werd uitgehuwelijkt.'

Waaraan merk je het verschil?
'Hoe de andere directeuren gewend zijn om dingen te doen, dat is de standaard voor wat wordt gezien als professioneel of zakelijk. Mijn manier is anders en die kunnen zij niet altijd volgen. Iedereen maakt weleens fouten. Wanneer ik een fout maak, wordt die automatisch gekoppeld aan dat ik een vrouw ben en Marokkaans en niet geschoold zoals de meeste directeuren. Als ik ooit een keer heb gehuild of mijn emoties heb getoond: het komt doordat ik een vrouw ben.

'Ik kom anders binnen, ik ben begonnen op de mavo, daarna mbo en hbo – ik ben het gewend om mezelf te moeten bewijzen. Bij mij is er continu een spiegel: kan ik het wel? Ik heb me lang onzichtbaar gemaakt. Mijn moeder had alleen tegen me gezegd dat ik hard moest werken, verder niets. Andere directeuren maken zichzelf zichtbaar. Hier ben ik. Waarschijnlijk verdienen de meesten meer dan ik. Mannen zeggen sneller: dit wil ik verdienen. Punt. Ik denk vanuit het collectief, wat is een eerlijk bedrag in vergelijking met de andere mensen die hier werken?'

Zijn er ook voordelen?
'Nieuwe makers komen sneller naar ons podium omdat ik de directeur ben. Het is belangrijk dat zij hun verhaal kunnen vertellen over het Nederland van nu, daar vraagt het nieuwe publiek om. Op een vacature met mijn naam eronder wordt anders gereageerd. Als die naam er niet zou staan, denken veel van die nieuwe makers: dat is niet voor mij bedoeld, dat zijn die andere mensen.

'Ze voelen minder snel een drempel om met een voorstel bij ons te komen. Wanneer zij me hun plan voorleggen, begrijp ik wat hun gedachte is, ik weet waar ze vandaan komen. Een andere directeur zou het bekijken vanuit wat hij gewend is in zijn eigen netwerk. Het geven van kansen aan nieuw, jong en divers talent wordt vaak gezien als liefdadigheid, als een soort ontwikkelingshulp. Terwijl ik het zie als wat het is: jong talent dat op een andere manier theater maakt.'

Ze begint een verhaal te vertellen over Sylvia, haar buurmeisje in Winterswijk. Bij Sylvia thuis zag Touria Meliani een beeld van Jezus aan het kruis. 'Ik vroeg: die is toch niet opgehangen aan het kruis? Sylvia zei van wel. Aan mijn moeder vroeg ik hoe dat kon. Ging Sylvia dan naar de hel? Nee, dat niet. En haar ouders? Die wel, zei mijn moeder. Ik vroeg: maar wie zorgt er dan voor Sylvia? Vanaf dat moment geloof ik niet meer in het systeem met een god en een kerk of een moskee. Ik ben niet gelovig, maar ik ben ook niet tegen het geloof.'

Is dat ingewikkeld?
'Mijn broer is overleden, we zijn nog met vijf zussen. Ik ben de enige die niet getrouwd is en geen kinderen wilde. Eerst was ik veertien jaar met een joodse Arubaans-Spaanse man, nu met een uit Nijmegen. Ik heb tegen mijn moeder gezegd: dit is de man van wie ik hou, als je dat niet accepteert, kan ik daar niets aan doen. Natuurlijk was het eerst: je bent niet met een moslimman, o mijn god. En jullie zijn niet getrouwd, o mijn god. Later had ik een moment met mijn moeder toen ze in haar huis het bed opmaakte. Ze vroeg: kom je hier een keer slapen – met hem? Het is nu zo ver dat als mijn moeder bij mij op bezoek komt en er staat ergens een fles wijn, dan laat ik die gewoon staan.'

Hoe kwam je moeder naar Nederland?
'Mijn vader was al in 1964 naar Europa gegaan. In Debdou, het Marokkaanse dorp waar we woonden, kwam hij steeds minder. In 1975 vond mijn moeder het genoeg, ze nam ons mee naar Nederland. Mijn vader was een bohemien met een witte sjaal die cappuccino wilde drinken. Hij wilde niet in Nederland leven. Drie jaar nadat wij kwamen, ging hij terug naar Marokko, daar

heeft hij een nieuw gezin gesticht. Mijn moeder bleef achter met zes kinderen.'

Hoe vond ze dat?
'Mijn moeder komt uit een gezin met veertien kinderen. Zij is van de generatie: je doet het gewoon, je zorgt maar dat het lukt. Een van mijn eerste herinneringen in Nederland gaat over jezelf zichtbaar maken. Mijn vader had mijn moeder niets verteld over Sinterklaas. We werden uitgenodigd bij buren en ineens kwam een man met een witte baard binnen. Niet lang daarna was het Offerfeest. Mijn moeder sprak geen Nederlands, maar ze nodigde wel die mensen uit. Voor het eerst aten ze lamsvlees, een islamitische slager was er niet, dus moesten ze een schaap slachten. Zo liet ze zien: dit zijn wij.'

Lavinia Meijer

Muzikant (Zuid-Korea, 1983)

> NEDERLANDS
> 'Een nieuwjaarsduik en daarna een kop erwtensoep. Dat heb ik twee keer gedaan.'
> KOREAANS
> 'Als ik met Koreanen omga of daar ben.'
> PARTNER
> 'Een Amerikaan. Het internationale zit in mij.'
> MOHAMMEDCARTOONS
> 'Ik vind dat je de spot moet kunnen drijven met elkaars geloof, maar ik weet niet hoe gevoelig het ligt. Zelf ben ik niet gelovig opgevoed.'

In Nederland is Lavinia Meijer een opvallende verschijning. Een Aziatische vrouw die zich onderscheidt met een ongebruikelijk muziekinstrument. Pas als volwassene bezocht ze weer haar geboorteland. 'Ik keek de hele tijd naar die Zuid-Koreaanse vrouwen. Hoe kleden ze zich, hoe doen ze hun haar en make-up? Ik wilde erbij horen.

'En ik dacht: val ik nog op? Ben ik hier net zo bijzonder als in Nederland? Voor het eerst was ik ergens waar alle vrouwen op mij leken. Ik was een van hen, maar toch anders. Het is ingewikkeld, hoe zij naar adoptiekinderen kijken. Ze zijn trots op wat wij hebben bereikt in een ander land. En er is schaamte: wij hebben onze kinderen weggestuurd.'

In de verhalen die Lavinia Meijer vertelt, bestaat een patroon. Steeds stelt ze dezelfde vraag, iedere keer op een andere manier. Zou het komen door? Ben ik zo geworden door? Is dit dan het Koreaanse in mij?

Als kind durfde ze mensen niet aan te kijken. 'Nederlanders zeiden tegen me: je moet gewoon bot zijn, recht voor z'n raap. Kwam die verlegenheid doordat ik Aziatisch was? Inmiddels ken ik zat Aziaten die geen blad voor de mond nemen.' Mensen vonden dat ze bij de jonge Lavinia een gedaanteverwisseling zagen zodra ze achter de harp zat. Ineens maakte ze een volwassen en zekere indruk. En ze kon zich afsluiten. 'Eerst had ik dat met knutselen en tekenen, daarna met de harp. Je helemaal richten op één ding. Is dat iets Aziatisch?'
In Zuid-Korea hebben ze een liggend snaarinstrument dat lijkt op de harp, de gayageum. 'De eerste keer dat ik dat instrument hoorde in Korea, dacht ik: heb ik het als kind gehoord, bij volksmuziek op de radio misschien, en ben ik daarom harp gaan spelen?'

De adoptie vond plaats toen Lavinia Meijer twee was. 'Ik kan me niets herinneren van Korea. Mijn ouders wilden één biologisch kind hebben, om de ervaring van een zwangerschap te kennen. De andere kinderen wilden ze adopteren. Ik kwam samen met mijn broer uit Zuid-Korea, later kregen we er een broertje bij uit Ethiopië.

'Natuurlijk zagen we er anders uit dan de meeste Nederlandse gezinnen, daar maakten we zelf grapjes over. Met mijn Koreaanse broer had ik een extra lijntje. Tegen hem kon ik directer zijn, hij begreep me toch wel, we kwamen uit dezelfde baarmoeder. Mijn ouders kenden hun biologische kind vanaf de eerste dag. Je voelde dat er bij de andere kinderen een grijs gebied bestond, niemand wist wat er precies was gebeurd na de geboorte.'

Spreek je Koreaans?
'Ik gaf een concert in Korea. Een halfjaar van tevoren ben ik begonnen met lessen. Ik dacht dat ik een voorsprong zou hebben, de docente zei: je hebt aanleg. Ze gaf me complimentjes, ik weet

niet of ze beleefd wilde zijn. Tijdens het concert wilde ik in het Koreaans vertellen over mijn harp. Dat heb ik ook gedaan. Na afloop was het publiek blij en vereerd. Ik vroeg of ze iets hadden verstaan van wat ik zei. Nee, dat niet.'

Hoe was het om daar te zijn?
'Tot een paar jaar geleden was ik niet zo bezig met mijn afkomst. Na bijna ieder concert komen mensen uit het publiek naar me toe om vragen te stellen. Altijd vroegen ze of ik mijn roots niet wilde opzoeken. Dan had ik een verhaaltje klaar.
    'Nu ben ik er meer mee bezig. Dat is begonnen door mijn biologische vader. Bij mijn eerste concert in Korea heb ik hem ontmoet, een jaar eerder had hij contact gezocht. Na afloop van het concert stond hij voor me: ik ben je vader.'

Zijn verhaal in het kort. In de Koreaanse cultuur bleven kinderen in die tijd na een scheiding bij de vader. Om financiële redenen en omdat een alleenstaande moeder gezichtsverlies leed en geen nieuwe man kon krijgen. Haar vader had zelf nauwelijks familie en kon niet voor de kinderen zorgen. Na de scheiding raakte hij in een depressie en wilde zelfmoord plegen. Om zijn kinderen een betere toekomst te geven, stond hij ze af voor adoptie.
    'Ik vond het lastig. Waarom zocht hij contact, was het een midlifecrisis? En ik vond het egoïstisch, mijn vader bepaalde het moment waarop hij op mijn pad zou komen. Mijn beste vriendin was erbij als vertaler. Hij vertelde over mijn moeder, dat ze net zo klein was als ik en dat ze ambities had. Ze had willen doorstuderen.
    'Een halfjaar later gaf ik weer een concert in Korea. We hadden een tweede ontmoeting. Die was rauwer en realistischer dan de eerste. Mijn vader vertelde over zijn gezondheidsproblemen, hij wist niet hoelang hij te leven had. Dat stelde mij voor de vraag: hoe gaan we nu verder? Daar had ik niet eerder over nagedacht.

Bij de eerste keer dacht ik niet verder dan die ene ontmoeting. Nu moest ik bepalen: ben ik verplicht om me zorgen te maken over deze man, wat zijn wij van elkaar?

'Ik weet nog niet hoe we verder gaan. Maar ik heb hem vergeven, vanuit de liefde die mijn adoptieouders voor me hebben opgebracht. Dat er mensen bestaan die zoiets doen voor kinderen die ze niet zelf hebben verwekt. Door die reis kreeg de relatie met mijn adoptieouders een diepere laag. Ik voelde me loskomen van ze, alsof ze eerst boven mij stonden en we nu op dezelfde hoogte waren gekomen.'

Akwasi

Rapper, heet voluit Akwasi Owusu Ansah
(Nederland, 1988)

NEDERLANDS
'Bij grote sportevenementen, Koningsdag vind ik ook mooi.'
GHANEES
'In de kerk en bij mijn familie.'
PARTNER
'Mijn vriendin Ahisha is heel gemixt. Surinaams, Chinees, Indiaans, Arubaans en nog een paar afkomsten.'
MOHAMMEDCARTOONS
'Heftig. Als zoveel mensen het niet willen, moet je daar niet mee spelen.'

Vroeger was het niet cool om Afrikaans te zijn. 'Ik heb Afrikaanse vrienden die zeiden dat ze Surinaams waren, maar de taal niet spraken. Ze schaamden zich.'

Waarom?
'Ik denk dat ze niet gepest wilden worden. Omdat hun huid te donker zou zijn. Ik heb me altijd sterk gehouden. Ik zei: ja, ik ben Ghanees, wat moet je? Het meest gebruikte scheldwoord was bokoe. Als ze op het schoolplein bij het voetballen tegen mij riepen: bokoe, pass de bal – dan ging ik gewoon vechten.

'Op de basisschool had ik een juf, een Surinaamse mevrouw, ze heette Betta Ponse, die noemde mij in de klas bokoe. Ze zei ook dat ik een ongewassen varkentje was. Later heb ik gezocht of ik haar kon vinden, ik wilde een steen door de ruit gooien. Nu wordt het toffer om Afrikaans te zijn. Een collega-rapper van mij is half-Nederlands en half-Ghanees, hij noemt zichzelf Bokoesam, zo maakt hij die naam cool.

'Stiekem voel ik mezelf een beetje een Surinamer. Mensen

denken ook vaak dat ik er een ben. Een paar van mijn beste vrienden zijn Surinaams, ik ben met ze opgegroeid. Bijna alle Ghanezen in Nederland zijn Ashanti, de bekendste en rijkste stam. In Ghana is weer verschil tussen ons en de arme Ghanezen uit het noorden, die door de Ashanti als slaven zijn verkocht aan de Nederlanders. Nee, een Surinamer heeft daar nog nooit tegen mij iets over gezegd. Dat moeten ze durven. Het zou gek zijn als mijn beste vriend me kwalijk ging nemen wat er in het verleden is gebeurd. Grappig zou het wel zijn, een mooie scène.'

Hoe kwamen je ouders naar Nederland?
'Mijn oudere zus is in Londen geboren, daar waren ze eerst heen gegaan, maar mijn moeder kon geen verblijfsvergunning krijgen. In Nederland wel. Eerst woonden we in de Bijlmer, daar groeide ik op in de kerk. Heel gezellig. Eten, dansen, zingen, het was niet een dienst van een uurtje, we bleven daar de hele zondag.

'Na de Bijlmerramp verhuisden we naar Amsterdam-Osdorp. En na de basisschool ging ik terug naar de Bijlmer. De Cito-score was goed, maar de leraren op school zeiden: bij Cito kennen ze jou niet en wij wel. Mijn houding, daar was iets mee aan de hand. Op school konden ze me niet helemaal plaatsen. In een rapport schreven ze dat ik een druktemaker was, snel afgeleid en dat ik invloed uitoefende op andere leerlingen. Alsof ik een soort dictator was.

'Best heftig, als een school zoiets schrijft. Alleen een middelbare school in de Bijlmer wilde me hebben. Ik moest met de tram en de bus en dan nog een stuk lopen. Mijn tante, die daar in de buurt woonde, zei dat ik bij haar kon komen, ze had een slaapkamer over.'

Sinds wanneer heb je dreadlocks?
'Mijn vader schoor mijn haar altijd. Helemaal plat met een klein kuifje, dat is hoe het hoort in Ghana. Ik vond het niet mooi, uit

protest liet ik het groeien. Eerst krullen, zoals Patrick Kluivert. Daarna langer, zoals Edgar Davids. En nog langer, zoals Clarence Seedorf het in die tijd droeg. Het is belangrijk om te kunnen opkijken naar iemand die op jou lijkt.

'Mijn vader heeft het een paar keer afgeschoren, steeds moest ik opnieuw beginnen. Nu is het een beetje een kroon. Het past bij me, het is mijn identiteit geworden. Ik heb het tien jaar niet geknipt. In de metro hoor ik weleens Ghanezen over mijn haar praten, ze kunnen niet aan me zien dat ik Twi spreek. Dan zeggen ze tegen elkaar: wat is dit voor haar, die jongen hoort een degelijk kapsel te hebben. Als ik uitstap zeg ik in het Twi: bedankt voor jullie lieve woorden. Dat geeft een gevoel van euforie.'

Hoe begon je met rappen?
'Het begon met spoken word, ik was nog een tiener. Ik zat op een site die zoiets heette als: negerzoenmoetblijven.nu. Daar las ik dat negers blij moesten zijn dat ze werden geassocieerd met negerzoenen. Ik schreef iets op dat forum en werd meteen geblockt.

'Daar ging ik een tekst over schrijven, mijn eerste tekst. Over negerzoenen, blanke vla en jodenkoeken. Ik had het woordenboek erbij gepakt. De definitie van blank was: helder en wit. Zwart stond voor onrein. De groep die ik later oprichtte heet Zwart Licht. Ik wilde duidelijk maken dat je de kleur zwart ook in een ander licht kunt zien.'

Eerder in het gesprek, toen we het hadden over de geschiedenis van de Ashanti in Ghana, zei hij: 'Het is nog steeds lelijk wat er gebeurt in Amerika en in andere landen. Nog steeds worden zwarte mensen onderdrukt, overal staan we onderaan de ladder. Als je dat niet ziet, heb je oogkleppen op.'

In november, nadat radio-dj Giel Beelen op 3FM apengeluiden liet horen die hij verbond aan Sylvana Simons, schreef Akwasi op Twitter: *En de middelvinger van de week gaat naar Giel, unfollow en fuck je sorry. Gefeliciteerd man!* En later: *Er is geen sprake van een rel. Er is alleen maar sprake van één harde, dikke, middelvinger.*

Waarom deed je dat?
'Ik vond dat Sylvana gepest werd. Stop daarmee. En ik vond dat ik als volwassene moest optreden, hoewel Giel ouder is dan ik. Hij heeft al zo vaak dit soort dingen gedaan, iedere keer biedt hij weer zijn excuses aan en dan wordt het hem vergeven. Bij mij is er geen wrok of ruzie. Ik had hem alleen hoger zitten.'

Tania Kross

Operazangeres (Curaçao, 1976)

NEDERLANDS
'Ik kom altijd op tijd en ben niet gediend van Antillianen die het vooroordeel bevestigen en te laat zijn.'
ANTILLIAANS
'Bij het eten.'
PARTNER
'Een Hollandse man. Ik ben blij dat onze kinderen gemengd zijn, dat is de manier om wereldvrede te bereiken.'
PAASFEEST OF LENTEFEEST
'Lentefeest is prima, religie is voor thuis. Als niet-christenen dan ook gaan meedoen is het een goede zaak.'

Op Curaçao was Tania Kross niet zwart, dat werd ze pas in Nederland. 'Die indeling maak je daar niet op huidskleur, maar op educatie en vermogen. Een Antilliaanse dokter die in een villa woont kan er pikzwart uitzien, toch is hij wit. Voor zwarte en witte scholen bestaan ook andere definities dan in Nederland. Ik zag mezelf niet als wit of zwart, daar had ik nooit over nagedacht.

'Op mijn zeventiende kwam ik naar Nederland. Ik hoorde medestudenten praten over een zwart meisje dat nu op het conservatorium zat. Dus ik dacht: wat leuk, ik wil haar wel leren kennen. Ik besefte niet dat ze het over mij hadden. Op Curaçao zat ik op het vwo met allemaal kinderen die nu goede banen hebben. Wij kwamen naar Nederland om te studeren, niet voor een uitkering.

'Mijn ouders kwamen uit arme families, maar ze hadden zich omhoog gewerkt. Twee auto's voor de deur, een grote televisie met Amerikaanse kabel-tv, ik kreeg alle kansen. Daarom was het voor mij zo verbazingwekkend dat ik in Nederland ineens zwart was. Hier was ik hetzelfde als iedereen in de Bijlmer.

'Ik ging in een studentenhuis wonen. Voor mij was de cultuurshock van Amsterdam niet de vrouwen die achter de ramen stonden op de Wallen. Wat me meer verbaasde waren de studenten die aan me vroegen: hebben jullie ook auto's op Curaçao? Kom op, je studeert aan de universiteit, weet je dat echt niet? Ik had alles geleerd over Nederland, ik kon ze de grens aanwijzen tussen Drenthe en Overijssel en zij wisten niets over waar ik vandaan kwam.'

Wat deden je ouders?
'Ik ben een Shell-kind. Mijn vader werkte zich als programmeur op tot het hoofd van die afdeling, mijn moeder zat op personeelszaken. Hij zag dat zij op volleybal zat, mijn vader ging er ook op. Mijn moeder dacht: wat een aanstellerige man, laat ik eens kijken wat hij verdient. Die gegevens kon ze inzien.

'Ik verenig alle onderdrukte volkeren in mij. De moeder van mijn vader stamde af van slaven op Curaçao, zijn vader kwam uit Suriname, een mix van indianen en boslandcreolen. En Duits, dat is de naam Kross. Mijn moeder kwam uit Venezuela, ze was de dochter van een Sefardische joodse vrouw die werd verstoten omdat haar man een zwarte indiaan was.

'Als Shell-kind had je alles. Zwemdiploma: via Shell. Onze dokter was de dokter van Shell. Paarden, zeilen, ballet, schilderen, een koor, allemaal van Shell. Het cliché van een keurig meisje op Curaçao was dat je gestraight haar moest hebben en op tijd naar bed moest.

'Ik had wilde krullen, nu nog steeds. En ik gaf als kind mijn mening, ook niet volgens de Antilliaanse traditie, maar mijn vader vond dat prachtig. Iedere week gingen ze met me mee naar de karaokebar, daar kon je 200 gulden winnen met zingen.'

Naar wat voor muziek luisterden jullie?
'Ik kom uit een merenguefamilie. Als kind was ik geobsedeerd door *Tom & Jerry* en *Bugs Bunny*. De grote orkesten achter het geluid van die tekenfilms, daar luisterde ik naar met mijn ogen dicht. Ik wilde een tekenfilmfiguur worden, in zekere zin ben ik dat ook geworden, in samenwerking met een orkest.

'In de bibliotheek op Curaçao was een videoband met een voorstelling van de opera *Carmen* in Glyndebourne in Engeland. Ik weet niet hoe vaak ik die band heb geleend. De stereotiepe Carmen: rode lippen, diep decolleté, een roos in het haar, gespeeld door Maria Ewing.

'Het was niet zo dat ik dacht: die vrouw heeft mijn kleur, dus dat kan ik ook. Dat is mijn naïviteit. Ik zag klassieke muziek niet als iets Europees of als iets westers. Vanuit Curaçao gezien is Europa trouwens naar het oosten toe. Voor mij was die muziek van iedereen, het zit in ons gezamenlijke DNA. Ik wist niet dat het werd gezien als iets elitairs, dat merkte ik pas in Nederland.

'Wat ik nog steeds niet begrijp: in Nederland ben ik een curiositeit. Iedereen met stembanden kan leren om operamuziek te zingen, een instrument discrimineert niet. Mensen die mij hier zien en weten dat ik zing, denken dan: het zal wel in de sfeer van Whitney Houston zijn. Dat kan ik ook zingen, natuurlijk, maar het is niet waar mijn hart ligt.

'Als ik optreed in Duitsland komen de andere zangers van over de hele wereld. Aziaten, Zuid-Amerikanen, zwarte Amerikanen, mensen van de eilanden, zoals ik, uit Trinidad bijvoorbeeld. In Nederland zeggen ze: ho ho, wat is dit, waarom zing jij deze muziek? Ik hoor in het hokje te zitten waar zij mij hadden geplaatst.

'Ik heb bewuste stappen gezet om mijn muziek onder de aandacht te kunnen brengen, ik deed mee aan het tv-programma *Wie is de mol?* Daarna werd ik ook herkend door de pizzabezorger. Klassieke muziek moet toegankelijk worden gemaakt voor mensen van mijn generatie of jonger. Als alleen de gepensioneerde mevrouw met haar man komt, is het over een paar jaar afgelopen, dan komt er niemand meer.

'In Rotterdam gaf ik een voorstelling met de Russen voor de pauze. Tsjaikovski, Rachmaninov, de *heavy shit*. Na de pauze zong ik Antilliaanse liederen. Van tevoren had ik reclame gemaakt door te zeggen: iedereen moet komen, als je het niet mooi vindt, krijg je je geld terug. Het gebruikelijke operapubliek kwam, oudere mensen. Maar ook hele Rotterdamse schoolklassen. Zakken drop in de zaal, hoofddoekjes op, alles.

'Na afloop had ik een meet-and-greet. De schoolkinderen zeiden: die Russische muziek vond ik zo mooi, ik moest ervan huilen. En de oudere mensen vertelden dat ze zo hadden genoten van de Antilliaanse liedjes, ze konden de muziek ruiken. Het omgekeerde van wat ik had verwacht. Dat is hoe ik met mijn werk iets kan betekenen, daar doe ik het voor.'

Malik Azmani

VVD-politicus, eerst in de Tweede Kamer, nu in het Europees Parlement (Nederland, 1976)

> **NEDERLANDS**
> 'Altijd.'
> **MAROKKAANS**
> 'Bij Marokkaanse vrienden of familie.'
> **PARTNER**
> 'De dochter van een Nederlands-hervormde dominee. We leerden elkaar kennen als studenten in Groningen.'
> **PAASFEEST OF LENTEFEEST**
> 'Natuurlijk het paasfeest, waarom niet? Wij zijn een joods, christelijk en liberaal land.'

Natuurlijk maakt Malik Azmani het weleens mee. Zoals die keer dat hij met zijn vrouw op vakantie was in Nederland. 'In het hotel werd ik onwel. Mijn vrouw ging naar de plaatselijke huisarts om medicijnen te halen. Nadat de dokter mijn naam hoorde, zei hij: dat zit in die cultuur, ze stellen zich aan, het zal vast meevallen. De volgende dag gingen we naar zijn praktijk. Toen hij me zag, zei hij: ik had niet verwacht dat je zo'n mooie blonde jongen zou zijn.'

Hoe komt u zo blond?
'De hele familie van mijn vader is licht. Ik heb nichtjes die helemaal Marokkaans zijn en dezelfde kleur hebben als ik. Waar het mij om gaat: als je zoiets meemaakt, kun je drie dingen doen. In een hoekje staan huilen omdat je zo'n zielig slachtoffer bent. Je kunt een stapje harder lopen. Of je gaat boos met je rug naar de samenleving staan.

'Ik ben voor de tweede optie. Is het onrechtvaardig dat je harder moet lopen? Ja. Het zou niet zo moeten zijn, alleen is het helaas wel zo. Van de derde variant word ik boos. Waar ik nog bozer over word: autochtone Hollanders die bereid zijn hun land aan te passen omdat ze denken dat nieuwkomers het zo willen.

'In Heerenveen zat ik op een katholieke lagere school. Daar vierden we Palmpasen. Voor de optocht kregen alle kinderen zo'n stok met een kruis. Ik kreeg een stok die niet een kruis was, ze hadden er een T-vorm van gemaakt. Mijn vader was een moslim, ze dachten dat hij het vervelend zou vinden als ik met een kruis liep. Dat was niet zo. Ze bedoelden het goed, maar ik werd erdoor teruggeslagen. Ik dacht: nu moet ik harder bewijzen dat ik gewoon een van hen ben.'

Hoe kwam uw vader naar Nederland?
'Hij was een avonturier. Eerst werkte hij in de Batavus-fabriek, later als automonteur. Zonder diploma's, zijn salaris werd altijd laag ingeschaald. In de zomer gingen we met de auto op vakantie naar Marokko. Mijn grootvader was burgemeester in een nederzetting in het Rifgebergte. Ik had de indruk dat ze het daar beter hadden dan wij in Friesland. We moesten ieder dubbeltje omdraaien. Mijn moeder is op haar dertiende gestopt met school. Haar Nederlands is niet sterk, ze spreekt vooral Fries. En mijn vader heeft een Marokkaans accent.'

Hoe komt het dat u zo geaffecteerd spreekt?
'Ik heb logopedie gehad, als kind sprak ik eerst alleen Fries. In die taal praat je ook achter in je keel. Door mijn taalachterstand kreeg ik als schooladvies: lts. Ik heb er zelf voor gezorgd dat ik naar de brugklas mocht voor havo-vwo.'

Beschouwen Friezen u als een Fries?
'Nee. Dat wordt lastig als je Malik Azmani heet.'

Ziet u zichzelf als een Fries?
'Nee. Ik ben een Nederlander.'

Wordt u door Marokkanen gezien als een van hen?
'Nee. In de rij voor het consulaat vragen ze: wat doe jij hier? Veel Turken en Marokkanen van de tweede generatie hebben meer met het land van hun ouders dan met Nederland. Ik niet. Maar ik verloochen mijn afkomst niet. Ik kan vrij expressief zijn. Als ik boos ben, word ik ook echt boos. Ik ben een gevoelsmens en dat komt niet van de Friese kant.'

Bent u de enige moslim in de VVD-fractie?
'Ik weet niet of en wat de anderen geloven. Na de verkiezingen krijgen we er een paar bij met een niet-westerse migratieachtergrond. Ik zou het vreselijk vinden als ik werd gezien als De Marokkaan van de VVD. Dan werd ik beoordeeld op mijn afkomst in plaats van op mijn kwaliteit. Gelukkig is dat niet zo bij de VVD.'

Kent u moslims die problemen hebben met kerst of Pasen?
'Ik ken er wel een paar die vinden dat een van de christelijke feestdagen kan worden ingeruild voor een vrije dag met het Suikerfeest. Dat moeten we niet doen.'

Waarom niet?
'Ik vind dat nieuwkomers zich moeten aanpassen aan de bestaande tradities. Het ontvangende land hoeft geen concessies te doen. Ik ga ook naar mijn ouders met het Suikerfeest, maar dat doe ik na het werk.'

Hoeveel generaties duurt het voordat kinderen van nieuwkomers veranderen in Nederlanders?
'Dat weet ik niet. Dan zouden we het over die vraag moeten heb-

ben en niet over feestdagen. Ik vind het nogal wat om tradities te veranderen.'

In 2015 deed u een voorstel om de Europese grenzen te sluiten voor asielzoekers.
'Ik werd verguisd, ze reden met de strontkar over me heen. In 2015 heeft Nederland 58.000 vluchtelingen opgenomen, voor het jaar erna zouden we uitkomen op 100.000. Dankzij mijn plan zijn het er 33.000 geworden. Gelukkig. Anders was het hele land ontwricht.'

Hoe is het mogelijk dat 67.000 vluchtelingen een land van 17 miljoen inwoners ontwrichten?
'Incidenten, een gevoel van onveiligheid. We zouden extra AZC's moeten bouwen. Nu werden er sporthallen gebruikt, mensen konden niet meer sporten.'

Waarom zouden de kinderen van vluchtelingen niet net zo goed kunnen integreren als u dat heeft gedaan?
'Een deel zal dat kunnen. En een ander deel zal zich achtergesteld voelen. Nederland heeft niets aan grote stromen nieuwkomers.'

Typhoon

Rapper, werd geboren als Glenn de Randamie
(Nederland, 1984)

NEDERLANDS
'Elke dag, maar ik voel me wel een subcategorie.'

SURINAAMS
'Ook altijd. Hoe ik loop, hoe ik eet: alles hangt samen met mijn cultuur.'

PARTNER
'Ik ben nu single, ik val niet op één type vrouw. Met Giovanca, de zangeres, ben ik jaren geweest. Zij is Antilliaans. Maar ik heb ook een Armeense en een Nederlandse vriendin gehad.'

PAASFEEST OF LENTEFEEST
'Maak ik me niet druk om. Laat het lekker Pasen zijn.'

Het favoriete Waddeneiland van Typhoon is Terschelling. 'Daar zie ik niet veel zwarte mensen. Kamperen zit niet zo in onze cultuur.'
Het concert dat hij gaf vond plaats op het buureiland, Vlieland. En het festival heette Into The Great Wide Open. 'Een publiek van zesduizend man. Ik zag het toen ze allemaal hun armen in de lucht deden. Twaalfduizend witte armen. Na het concert zeiden we tegen elkaar: dit festival hadden ze ook Into The Great White Open kunnen noemen.'
Zijn debuutalbum, *Tussen licht en lucht*, verscheen in 2007. De doorbraak kwam zeven jaar later met het album *Lobi da basi*. In hetzelfde jaar werd Typhoon de huisband in *De Wereld Draait Door*. 'Ik weet hoe belangrijk het is om zwarte rolmodellen te hebben. Kinderen die op mij lijken, kunnen nu zeggen: die *kill* staat wel in de Ziggo Dome. Ze kunnen naar me kijken en denken: hij maakt een megadeal, waarom zou ik dat later niet kunnen?'

De doorbraak was dat het grote witte publiek naar je ging luisteren.
'We leven in Nederland, dat zijn de demografische verhoudingen. Hier heb je niet zoiets als het grote zwarte publiek. Het grote publiek bestaat uit witte Nederlanders.'

Je wilt dat zwarte kinderen jou als een rolmodel zien door dat witte succes.
'Dat is een worsteling. Het zou ondankbaar zijn als ik zei dat ik liever meer zwarte mensen bij mijn concerten wilde zien. Het is beperkend om op die manier te denken. Ik maak muziek vanuit menselijkheid. De schaalvergroting zit niet alleen in de kleur van mijn publiek. Het hiphoppubliek bestaat voor een groot deel uit blanke pubers. De vraag waar het om gaat is: ga je de muziek aanpassen met het oog op het publiek? En dat doe ik niet.'

Je collega's Fresku en MocroManiac maakten een lied over deze worsteling, *Witlof*. Hun boodschap: zwarte artiesten kunnen in Nederland alleen doorbreken naar een groot publiek als ze de lof krijgen van witte mensen.
'In eerste instantie vond ik het een treffende tekst. Tegen het witte Hilversum, tegen *white privilege*, ik kon me vinden in die boodschap. Als je je eigen naam voorbij hoort komen in het liedje, ga je luisteren: wat bedoelen ze?

'In de videoclip zie je foto's van Nederlandse zwarte artiesten, ook een van mij, en in het midden hangt een foto van Zwarte Piet. Ze lijken te suggereren: dit zijn de Uncle Toms die worden geaccepteerd door wit Nederland en daarom verdienen ze geld. En dat klopt niet. Fresku had zijn eigen foto daartussen moeten zetten. Dat vond hij zelf ook. Maar ik wil benadrukken dat hij een vriend van me is, ik support alles wat hij doet.'

Je maakte het vwo af en studeerde religiewetenschappen aan de Universiteit van Amsterdam. Vinden je collega-rappers jou een brave jongen?
'Ik heb eerst mavo en havo gedaan en daarna pas vwo. De straten van Zwolle zijn niet die van de Bijlmer of Rotterdam. Bij een subcultuur zoals hiphop horen altijd vragen als: is hij nog wel *real* genoeg? Al die vragen heb ik naast me neergelegd. Niemand doet wat ik doe en ik kijk niet naar anderen. Ik zie mezelf als een kunstenaar en een verhalenverteller. Na rap zijn er bij mij nu ook zang, het theater en het leiden van een bedrijf bij gekomen.'

Voor hij naar Zwolle verhuisde, bracht Typhoon zijn jeugd door in een dorp op de Veluwe. 'Het witste stukje Nederland dat er bestaat. 't Harde is een boerendorp, wij waren het enige zwarte gezin. De Hollandse buren noemden we oom en tante. We woonden over het spoor en voor de Knobbel. Dat was de Woldberg. Echt een beetje afgesloten, bij de bossen. Net zoals mijn ouders opgroeiden in Suriname, in de natuur.

'Mijn vader zat in dienst, in het dorp was een legerbasis. In 1975 zat hij in Suriname in het Nederlandse leger. Na de onafhankelijkheid kon hij een keuze maken tussen Suriname en Nederland. Hij koos voor de betere mogelijkheden in Nederland. Mijn vader was autoritair, veel aan het werk, met de opvoeding bemoeide hij zich niet zo. Ik weet nog dat ik bij vriendjes thuis hoorde dat zij hun ouders bij de voornaam noemden. Als wij dat zouden doen, hadden we een probleem. Later, toen ik ouder was, heb ik tegen mijn vader gezegd: zo kun je tegen die soldaten van je praten, maar niet tegen mij.'

In 2016 werd Typhoon op basis van etnische profilering in zijn auto aangehouden door de politie. Nadat hij het verhaal naar buiten bracht, werd het besproken tot in de Tweede Kamer. 'De politietop heeft excuses aangeboden, het was niet iets dat ik heb bedacht. Die etnische profilering bestaat, het is geen paranoia.'

Heb je geaarzeld of je dit verhaal wilde delen? Je was net de Typhoon van het grote publiek geworden.
'Geen moment over geaarzeld. Het was onrecht en daar wilde ik me over uitspreken. Ik voel niet dat de politie mij beschermt. Iedere keer dat ik ze zie, voel ik dreiging. En dat moet niet. Ik wil ook de politie kunnen bellen als ik me onveilig voel. Maar hoe moet ik bellen naar mensen bij wie ik me niet veilig voel?

'In 2013 heb ik opgetreden voor Willem Alexander en Máxima. Bij de koninklijke familie heb ik gerapt over Zwarte Piet en de massamoorden in de Nederlandse geschiedenis. Was dat handig? Die vraag stelde ik mezelf later pas. Van tevoren had ik daar niet over nagedacht.'

Fajah Lourens

Actrice, artiest, ondernemer (Nederland, 1981)

> **NEDERLANDS**
> 'Op Curaçao, waar ik veel werk als dj. Ze zien me daar trouwens wel als een Antilliaan.'
> **ANTILLIAANS**
> 'In Nederland.'
> **PARTNER**
> 'Mijn nieuwe vriendje is Kaapverdiaans, maar ze zijn van alles geweest, van Turks tot joods. Ik val op een persoon.'
> **PAASFEEST OF LENTEFEEST**
> 'Paasfeest doet me denken aan chocolade-eieren zoeken als kind.'

Eerst een onthulling over de bil van Fajah Lourens, het lichaamsdeel dat ze gebruikt als handelsmerk ter promotie van haar imperium, genaamd My Killerbody Motivation. Het multimediale platform omvat onder meer honderdduizenden verkochte dieetboeken.

En dan nu de onthulling: die bil heeft ze niet van haar Antilliaanse vader, maar van haar Hollandse moeder. 'Mijn vader had een platte bil, mijn moeder is zo gebouwd als ik: smal vanboven, wat breder vanonder. Ik denk dat mijn vader daarom op mijn moeder is gevallen. Ze had mooie ronde billen en een smalle taille. Hij schepte altijd op dat mijn moeder zo goed kon dansen – voor een blanke vrouw.'

Je vader was een liefhebber?
'Hij zag er niet zo uit als de andere vaders op het schoolplein. Mijn vader droeg Levi's 501-spijkerbroeken en Nike Air Max, hij reed in een sportauto. Toen ik begon met uitgaan, kwam ik hem tegen in de club. Mijn vriendinnen geloofden niet dat hij mijn vader was, hij leek jonger. Hij probeerde dan mijn vrien-

dinnen te versieren. Dat vond ik irritant. Doe even normaal.
'Omdat hij er niet was, idealiseerde ik hem. Ik schepte op dat hij rijk was en in een villa woonde en een raceauto had. Mijn moeder was er wel, haar gaf ik overal de schuld van. Later zag ik pas dat hij was weggegaan en mijn moeder had achtergelaten met alle zorgen. Mijn vader gaf me een keer een paard. Het kostte 300 gulden per maand om dat dier te onderhouden, maar hij was al weg. Mijn moeder moest een extra schoonmaakbaan nemen om het te betalen.'

Waar woonde je?
'In Amsterdam-Oost, daarna in Noord. Ons gezin was anders. En daarbinnen was ik weer anders dan de rest. Mijn moeder had vier kinderen van drie verschillende mannen en ik was de enige met een Antilliaanse vader. De andere kinderen waren blank. Ik ben de oudste.
'Eerst woonden we in het huis van de vader van de jongste twee kinderen. Hij voelde niet aan als mijn vader. Mijn kamer was op een andere verdieping, in het gedeelte van zijn moeder, die niet voelde als mijn oma. Mijn moeder voelt zich aangetrokken tot het hindoeïsme. De andere kinderen heten Arjuna, Shanti en Remy. Iedere week kwam er bij ons thuis een groep mensen hare krisjnaliedjes zingen.
'Ik zie nog voor me hoe mijn moeder vertelde dat we weggingen bij die man, ik was twaalf. Voor mij voelde het als een opluchting, alleen was er meteen een nieuwe man met wie we gingen samenwonen. Ik geloof dat ik die gewoonte van haar heb overgenomen. Wat ik haar kwalijk nam, doe ik nu zelf ook.
'Die nieuwe man werd door mij getiranniseerd, dat is denk ik het slechtste wat ik in mijn leven heb gedaan. Na vijf jaar had mijn moeder weer een nieuwe man, waar we ook meteen bij gingen wonen. Toen was het voor mij klaar. Binnen een week ging ik het huis uit. Ik was zestien.'

Hoorde je op school ergens bij?
'Ik zat op gemengde scholen. De zwarte kinderen vonden mij niet donker genoeg en bij de witte kinderen hoorde ik ook niet. Mijn haar probeerde ik strak naar achteren te doen, ik droeg er van die kraaltjes in. De zwarte meisjes scholden me uit voor nep-negerin, ze probeerden mijn haar af te knippen.
'Thuis waren we natuurlijk vegetarisch, ik had nog nooit vlees gegeten. Bij een Marokkaans gezin uit de straat zag ik voor het eerst een hele kip. Als je nooit vlees eet, ziet zoiets er niet lekker uit, de eerste hap vond ik vies. Maar hoe we daar samen aten van een grote schaal, dat is een van de goede herinneringen aan mijn jeugd.'

Waarom kwam je vader naar Nederland?
'Bij hem thuis op Curaçao hadden ze tien kinderen, hij werd weggegeven aan een pleeggezin. Aan rijke mensen, ze hadden een televisie. Later zag zijn moeder hoe goed hij het daar had en ze haalde hem terug. Al zijn lievelingskleren, die hij had gekregen van die rijke mensen, werden verdeeld onder zijn broers.
'Mijn vader was zo boos op zijn moeder dat hij haar achternaam, Maduro, heeft ingeruild voor die van zijn vader, Lourens. Op zijn achttiende is hij naar Nederland gegaan, met de boot waar hij op werkte.'

Wat voor werk deed hij hier?
'Dat weet ik niet zeker, ik denk dat het dingen waren die niet mogen. Hij is overleden toen ik twintig was. Een paar jaar daarvoor ontdekte ik dat hij ook werkte in Casa Rosso, daar deed hij *real live fucking shows*. Of dat niet heftig was voor mij? Ik vond het niet zo indrukwekkend, met alle andere dingen in mijn familie kon dit er nog wel bij.
'Op mijn zestiende heeft mijn vader me meegenomen op vakantie naar Curaçao. Je hebt daar Plasa Bieu, met allemaal res-

taurantjes bij elkaar. Hij liet me betalen voor het eten. Ik denk dat het zijn manier was om me te leren dat ik nooit afhankelijk moet zijn van een man.

'Jaren later wilde ik weg bij de vriend met wie ik samenwoonde, alleen kon ik nergens heen, ook niet naar mijn moeder. Mijn vader zei dat ik bij hem kon wonen, maar ik moest wel 200 gulden per maand betalen voor de huur. Ik had geen geld. Om aan die 200 gulden te komen heb ik wat spullen verkocht. De dag erna pakte hij een plastic tas van Albert Heijn die helemaal vol zat met briefjes van 50 gulden. Voor mijn neus telde hij dat geld. Hij ging een nieuwe Volkswagen Golf kopen.

'Mijn vader was er bijna nooit, maar op de momenten dat hij er was heeft hij me opgevoed. De andere kinderen uit ons gezin leven op dezelfde manier als mijn moeder. Ze werken niet of parttime, ze hebben geen eigen huis zoals ik. Ik voed mijn kinderen nu net zo streng op. Verwende kinderen kunnen niks. Ik weet zeker: als ik morgen dood neerval, dan kan mijn dochter van zestien in haar eentje zorgen voor mijn jongere zoon. Dat heb ik haar geleerd.'

Dennie Christian

Zanger, werd geboren als Bernhard Althoff
(Duitsland, 1956)

NEDERLANDS
'Ik droom zelfs in het Nederlands, het is doorgedrongen tot mijn onderbewustzijn.'
DUITS
'Op EK's en WK's voetbal. In 1974 had Nederland wel moeten winnen, ze waren beter.'
PARTNER
'Ze is Duits, maar haar over-overgrootvader komt uit Groningen. Haar meisjesnaam is Smit.'
DUBBEL PASPOORT
'Voor mensen die hier levenslang blijven is één paspoort voldoende. Vluchtelingen mogen hun paspoort houden, voor als ze terug willen.'

Dennie Christian is geen Nederlander en heeft hier nooit gewoond. 'Toch zien Nederlanders mij als een Nederlander. Belgen beschouwen me als een Vlaming. In Nederland praat en zing ik in het Nederlands, in België in het Vlaams. Mijn accent pas ik makkelijk aan, ik kan Limburgs of Gronings spreken. Ik voel me een Europeaan.

'Mijn hoogtepunt met de Nederlandse taal beleefde ik tijdens het laatste staatsbezoek van Koningin Beatrix aan Duitsland, haar afscheidstournee. We hadden een diner met de Bondskanselier in Kasteel Bellevue in Berlijn, Willem Alexander en Máxima waren er ook bij. Toen zei de koningin tegen me: ik bewonder uw beheersing van de Nederlandse taal.'

Hoe bent u zo Nederlands geworden?
'Mijn ouders hadden een supermarkt, een Spar, in Bensberg. In die stad waren veel Belgische militairen gestationeerd. Ik heb het

nu over het begin van de jaren zestig. Met die Belgische kinderen voetbalde ik, zij waren mijn vrienden. Mijn eerste kus was met een Vlaams meisje. Zo leerde ik Vlaams. Naar Nederland gingen we op vakantie. De toeristengebieden aan zee. Domburg, Egmond, Wassenaar. Iedere zomer speelde ik met Nederlandse kinderen.
'In 1974 werd ik in Limburg uitgenodigd voor het Schlagerfestival, ik was zeventien. Na het concert kwamen vrouwelijke fans het podium op gestormd met bossen bloemen. De helft van wat ze zeiden verstond ik niet. Ik wilde de taal leren van de mensen die mij zo leuk vonden. Mijn eerste grote hit, *Rosamunde*, had ik in Nederland en België. Daarna volgden Duitsland en Oostenrijk.'

Hoe werd in die tijd in Nederland gereageerd op een Duitse zanger?
'De oudere generatie, de mensen die de oorlog hadden meegemaakt, omarmde mij. Het ging om hun kinderen, de mensen die rond de oorlog waren geboren. Zij waren tegen me. Een kleine maar machtige minderheid die veel lawaai maakte. Dj's scheurden mijn platen doormidden, ze riepen: wij moeten geen muziek van die rotmof. Hilversum 3 wilde me niet draaien, in de top 50 van de TROS en de top 40 van Veronica werd ik geboycot. Ik voelde de antipathie, maar ze konden niet om me heen. Na het Schlagerfestival knalde ik de top 40 binnen, alleen vertikten ze het om me toe te laten.'

Begreep u waarom ze dat deden?
'Ik ben nooit boos geweest, ik begreep dat ze niet anders konden. Als jij je familie hebt verloren in een concentratiekamp komen daar grote emoties bij kijken. Ik ben geboren in 1956, ik had niet verwacht dat ze het mij kwalijk zouden nemen. In die tijd werden Duitsers neergezet als beesten. Ik denk dat het nooit moet

worden vergeten, op scholen moeten ze blijven onderwijzen wat er is gebeurd. Maar wel op een objectieve manier, zonder emotie.'

Het levenslied is een belangrijk onderdeel van de Nederlandse identiteit. Horen schlagers daarbij?
'Schlagers en het levenslied zijn hetzelfde. Het gaat om de snaar die je raakt, dan maakt het niet uit waar het vandaan komt. *Geef mij nu je angst* van André Hazes is een vertaling van een lied van Udo Jürgens.

'Schlager is niet meer dan de vertaling van wat ze in het Engels een hit noemen. Het betekent: een succesvol Duits liedje. Later is het een genre geworden. Een breed genre, je hebt ook rockschlagers. Udo Jürgens, die nu wordt gezien als een singer-songwriter, was in het begin niets anders dan een schlagerzanger.'

Waarom koos u vanuit Duitsland voor de Nederlandse markt?
'Als ik opnames had voor de Duitse televisie ging dat heel strak. De eerste zin moest ik zingen in camera 1, de tweede in camera 2 en de derde in camera 3. Van dat schema mocht ik niet afwijken. Alle spontaniteit of creatieve inbreng werd afgebroken, zo ging dat in Duitsland.

'Nederland was vrijer. Daar zei de regisseur: doe maar en ik volg je. Die mentaliteit vind je terug in de leefwijze van het volk. Het is geen toeval dat Nederland zo multicultureel is geworden. In Nederland moesten ze omgaan met alle grote broers om zich heen. Vroeger gedroeg Duitsland zich als een grote broer, dat is nu veranderd. Ik hou van Nederlanders, in dit land heb ik meer vrienden dan in Duitsland.'

In Duitsland wonen meer dan 80 miljoen mensen, was dat financieel niet aantrekkelijker geweest?
'Sinds 1974 zit ik in dit vak, al drieënveertig jaar. Ik ben geen patser. Natuurlijk heb ik een grote auto, ik rijd 100.000 kilo-

meter per jaar. Ik let altijd goed op en heb geen gekke dingen gedaan. Voor mij is geld niet het belangrijkst, ik wil doorgaan met optreden tot ik dood neerval.'

Was u niet gewoon in Nederland succesvoller dan in Duitsland?
'Feitelijk is dat zo, maar het is niet de reden dat ik die keuze heb gemaakt. In de jaren zeventig, toen ik in Duitsland en Oostenrijk nog populair was, heb ik gekozen voor de Benelux. Hier heb ik meer plezier, ik kon me meer ontwikkelen. Het was dubbel werk, ik kon niet ook nog naar Duitsland en Oostenrijk blijven rijden.'

Rob Malasch

Galeriehouder, theatermaker en journalist
(Indonesië, 1947)

NEDERLANDS
'In het buitenland. Het is toch een grappig land.'
INDONESISCH
'Als ik omga met Indische mensen.'
ETEN
'Ik ben op dieet.'
PARTNER
'Hij is Noors. Dat zie ik als een bevestiging van mijn keuzevrijheid.'
DUBBEL PASPOORT
'Het lijkt me handig, voor allerlei subsidies en pensioenen.'

Rob Malasch leest ze heus wel, al die boeken. 'Ik wil niet eens zeggen dat ze allemaal slecht geschreven zijn. Maar het is zo aangepast aan wat die schrijvers denken dat Nederlandse literatuur hoort te zijn. Iedere keer is het: ik ben geen echte Nederlander, ik heb het zo moeilijk en hoe nu verder? Dat gelamenteer over een vader, daar kun je een half leven mee doorgaan, maar wat moet je ermee? 'Na dat vreselijke boek van Marion Bloem, *Geen gewoon Indisch meisje*, moesten we allemaal op zoek naar waar onze ouders precies vandaan kwamen. Weet je hoeveel tijd dat kost? Die tijd heb ik niet. Of ze nou Hongaars is of Chinees, het blijft gewoon je moeder.'

Komt u die schrijvers weleens tegen?
'Met Marion Bloem ben ik niet meer *on speaking terms*. Ik begrijp de zinnen uit haar boeken niet, waar heeft ze het over? Adriaan van Dis is gepantserd tegen alle kritiek. Dat boek van Alfred

Birney heb ik nog niet gelezen, ik begrijp dat hij al vijftig jaar boeken schrijft die niemand leest.
'Mensen die hier zo obsessief mee bezig zijn, kunnen geen afstand nemen. Ze zitten zo vast aan de nostalgie, aan die merkwaardige illusie over waar ze vandaan komen, dat je niet meer tegen ze kunt zeggen: wat is nu het probleem? Laat het los en ga verder met je leven.'

Komt u in Indonesië?
'Niet meer sinds ik vijf was en op de boot naar Nederland werd gezet. Ik reis veel, dus het zal iets betekenen dat ik er nooit heen ga. De Pasar Malam, de Tong Tong Fair, daar kom ik ook niet. Ik heb geen zin om te doen alsof ik net terug ben uit Indonesië. Op Atjeh martelen ze homo's, ze arresteren alle bezoekers van een gaybar. En daar moet ik op vakantie gaan?
'Indonesië is altijd een bron van sensualiteit en seksualiteit geweest, een vrij land. Nu wordt door Saoedi-Arabië gepromoot en gefinancierd wat ze moeten verbieden. Ik wil niet in een tent op het Malieveld pangsit staan happen en doen alsof er niets aan de hand is. Al die mensen in Nederland die zo bezig zijn met hun Indische achtergrond – ik heb nog niemand gehoord over wat er in dat land gebeurt.'

Hoe kwam u naar Nederland?
'Indo's zoals ik zijn de liefdesbaby's van Europese mannen die Indonesische meisjes zo mooi vinden. De Indonesiërs waren onze bedienden. Tot mijn vijfde ben ik rondgedragen, ik weigerde te lopen. Ik besefte niet dat ik een bevoorrechte positie had. Mijn moeder had nog nooit gekookt. Wij waren op Europa gericht, we moesten Nederlands spreken en Engels en Duits leren, met mijn vriendjes op straat mocht ik geen Maleis praten.
'Toen ze onder het juk van Nederland waren bevrijd, werden wij door opgeschoten jongens gezien als collaborateurs. We

moesten vluchten. Mijn vader was bouwkundig tekenaar, uiteindelijk heeft hij werk gevonden bij het GEB in Amsterdam. Eerst zaten we in een pension in de De Lairessestraat, Huize Holland. In kleine kamertjes zaten al die Indische gezinnen stiekem nasi goreng te bakken, dat mocht niet.
    'Wat de generatie van mijn ouders heeft gepresteerd is waanzinnig. Ze gingen meteen aan het werk, hielpen mee met de wederopbouw van Nederland. De pensions waren niet gratis, die vreselijke kleren van het rampenfonds ook niet. Tot de laatste cent is alles terugbetaald. Ik weet niet of die asielzoekers van nu dat hoeven te doen. Mensen zoals mijn ouders kregen te horen dat ze zo goed Nederlands spraken. Dan antwoordden ze: nou, dat kunnen we van u niet zeggen.'

Voelde u zich anders?
'Ik realiseerde me niet eens dat ik Indisch was, het werd tegen me gezegd. Het was net zoals met homoseksualiteit, dat ze tegen me zeiden: jij bent met die jongen, dus je bent homo. O, is dat zo? Ik zit niet vast aan die labels. Als ze mij zouden discrimineren, het is nog de vraag of dat kan, weet ik hoe ik daarmee om moet gaan. Ik heb mijn intelligentie en ik heb mijn plek en ik weet hoe ik die moet verdedigen. Als er gediscrimineerd moet worden, doe ik het zelf wel.'

Wat bedoelt u daarmee?
'Ik heb een heel goede smaak, al zeg ik het zelf. Door mijn smaak, door de keuzes die ik maak, discrimineer ik al. Indo's discrimineren als de neten. Ze hebben natuurlijk een koloniale achtergrond, waren gelieerd aan Europese bedrijven. En ze hadden een scherp inzicht in andere groepen en welke daarvan voordeel opleverden. Molukkers lagen ver af van de Europese maatstaf, die werden gezien als een lagere kaste. Mij werd verteld dat ik daar beter niet mee kon omgaan. Tot ik ze tegenkwam in de stad, bij het

uitgaan. Het waren fantastische jongens en meiden, ze zagen er prachtig uit.

'Ik was de lieveling van mijn moeder, een soort prinsje. Of ik nou rood geverfde haren had, of blauwe nagels, of dat ik naar de kunstacademie ging, ze vond alles geweldig. Toen ik vertelde dat ik met een jongen naar bed was geweest, en dat ik het nog leuk vond ook – het was prima. Die liefde en warmte was zo verstikkend dat ik het milieu ben ontvlucht. Ik wilde niet de hele dag loempia's zitten vouwen voor de familie, ik moest mijn eigen leven ontdekken. Al veertig jaar ben ik met dezelfde vriend, hij komt uit Noorwegen en heeft niets met Indonesië.'

Zihni Özdil

Tijdens het interview Tweede Kamerlid voor GroenLinks
(Turkije, 1981)

> **NEDERLANDS**
> 'Iedere dag als ik de deur uitga naar de Tweede Kamer.'
> **TURKS**
> 'Nooit. Mijn familie woont daar, ik niet.'
> **ETEN**
> 'Puerco pibil, ik heb het ooit gegeten in Tijuana. Varkensvlees, ja. Waarom vraag je meteen of ik dat wel mag eten?'
> **PARTNER**
> 'Op dat gebied ben ik zeer actief. Oerhollands, blond en blauwe ogen heeft mijn voorkeur.'
> **DUBBEL PASPOORT**
> 'De gedachte dat loyaliteit of vaderlandsliefde zou afhangen van een stukje papier is krankzinnig.'

Eerst was Zihni Özdil student aan de Erasmus Universiteit, daarna werd hij er docent. In die rol sprak hij studenten toe met dezelfde afkomst als hij. 'Met een groepje blijven ze aan elkaar klitten. Ieder jaar hebben ze drie activiteiten: een Iftarfeest, een Istanbulreis en ze nodigen een spreker uit die de Armeense genocide ontkent.

'Zo'n student komt naar me toe, hij wil topadvocaat worden. Ik zeg: goed idee, waarom ga je niet bij het corps? Nee, dat wil hij niet, die Nederlanders moeten hem toch niet. Hij is hier geboren, alleen ziet hij zichzelf niet als een Nederlander. Onbewust is hij het dus eens met Wilders. Wanneer iemand anders precies hetzelfde tegen hem zegt, namelijk dat hij geen Nederlander is maar een Turk, wordt die jongen woedend en zegt hij dat hij wel naar Turkije gaat. Een land waar hij nooit heeft gewoond.'

Hoe ging dat vroeger bij jou?
'In Rotterdam woonden de meeste Turkse gastarbeiders met hun gezinnen in de Afrikaanderwijk. Wij zaten ook in een sociale huurwoning, maar mijn vader had zich bewust aangemeld voor een huis in Lombardijen, in die tijd een arbeiderswijk met laag opgeleide Hollanders. Hij vond: als je je in dit land wilt ontwikkelen, moet je niet tussen de andere Turken gaan zitten.

'Op straat kwamen we weleens kinderen tegen die vertelden over series die ze zagen op de Turkse televisie. Van mijn vader mochten we absoluut geen schotel hebben. Dan ben je hier fysiek, maar niet geestelijk. We moesten Nederlandse televisie kijken en ons richten op een toekomst in dit land.

'We woonden in een oud krakkemikkig huisje. Iedere dag zei mijn vader: jullie hebben het zo goed hier. Hij kwam uit een dorp in Centraal-Anatolië en haalde op school goede cijfers, steeds werkte hij zich een stapje omhoog. Eerst werkte hij in een fabriek in Brabant, tot hij werd ontslagen. Toen begon hij aan een hbo-studie, voor de universiteit was zijn Nederlands niet goed genoeg.

'Hij vond: in dit land klagen veel mensen, maar als je wilt kun je hier alles worden. Na de basisschool zei mijn leraar, ik zat er zelf bij, dat ik recht had op vwo, alleen was ik een allochtoon, dus ik moest rustig aan beginnen, op de havo. Mijn vader accepteerde dat niet. Zo'n helpende hand heb je nodig als kind.

'Hij had aan iedereen gevraagd: wat is de beste middelbare school van Rotterdam? Het Erasmiaans Gymnasium. In de arbeidersbuurt waar ik woonde, speelde ik op straat met Hollandse vriendjes. Ik was eraan gewend: zodra we ruzie kregen, scholden ze me uit voor kankerturk. Iets anders kende ik niet, ik ging ervan uit dat ze allemaal zo waren. Op het Erasmiaans werd ik voor het eerst uitsluitend beoordeeld op wat ik presteerde, het was prachtig.'

Beëdigd worden als Tweede Kamerlid, was dat een emotioneel moment?
'Ik was trots om Kamerlid te worden voor mijn land. Nederland. Vanbinnen werd ik echt warm. Mag ik dat zeggen? Ik voelde heel sterk: wat mooi dat iemand zoals ik dit kan bereiken. Op die dag werd ik gefeliciteerd door collega's, ook door Martin Bosma en andere PVV'ers. Ik vind hun ideeën niet goed, soms zelfs walgelijk, maar ik zie politiek als een vak. Alleen maar roepen dat je het er niet mee eens bent, dat heeft geen zin.'

Heb je speciaal contact met Kamerleden van Turkse afkomst?
'Gelukkig is er geen Turks kliekje. In Turkije bestaan zoveel verschillende culturen. Ik kan niet een biertje drinken met de collega's van DENK, want zij drinken niet.'

Laat jij graag zien dat je alcohol drinkt?
'Helemaal niet. Bij tv-programma's vragen ze altijd wat je wilt drinken. De uitzending van *Pauw* is 's avonds laat, daar heb ik een paar keer om een biertje gevraagd. Dan krijg ik woedende reacties. Van PVV'ers die zeggen dat ik een moslim ben die Nederland wil islamiseren en iedereen voor de gek probeert te houden door net te doen alsof ik bier drink. Turken maken me uit voor vieze nep-Turk en kontenlikker van de Nederlanders vanwege datzelfde biertje. En ze schelden me uit voor Armeen. Is dat een scheldwoord?'

Waarom verhuisde je van Rotterdam naar Amsterdam?
'In Rotterdam ben ik opgegroeid, ik hou van die stad, maar ik was klaar met de ruwheid en botheid. Het is PVV-stad nummer 1, Leefbaar Rotterdam is ook groot. Aan de andere kant heb je de Turken die openlijk als Grijze Wolven staan te demonstreren. Ik krijg het benauwd van dat soort nationalisme.'

Bij GroenLinks ben je woordvoerder voor hoger onderwijs, sociale zekerheid en werkgelegenheid, en arbeidsmarkt. Heeft die portefeuille iets met afkomst te maken?
'Indirect wel. Ik wil ervoor zorgen dat kinderen die zijn opgegroeid zoals ik kunnen worden wat ze willen. Of ze nou Zihni heten of Henk.'

Word je het meest aangesproken op je afkomst?
'Als columnist voor NRC *Handelsblad* was identiteit een van mijn onderwerpen, net zoals klimaatverandering, politiek en onderwijs. Voor columns over die andere onderwerpen kreeg ik niet veel uitnodigingen. Als er iets was met Turkije werd ik platgebeld. Voor witte opiniemakers geldt dat niet, die mogen meer expertises hebben. Wanneer ik over een ander onderwerp dan Turkije mocht komen praten, was ik daar extra trots op. Dat is pijnlijk.'

Postscriptum: Een jaar na het interview verdween Zihni Özdil na een vertouwensbreuk met GroenLinks uit de Tweede Kamer. Hij werd weer columnist voor NRC *Handelsblad*.

Winonah de Jong

Ondernemer (Suriname, 1981)

NEDERLANDS
'Ik mis kaas in het buitenland. Jarenlang stuurde mijn moeder iedere maand met TNT een pakketje Surinaamse kruiden naar me toe, zodat ik hetzelfde kon blijven koken.'

SURINAAMS
'Zodra ik mijn moeder aan de telefoon heb, gaat het los.'

PARTNER
'Ik val op bruine mannen, het is geen toeval dat ik met Nigel ben.'

DUBBEL PASPOORT
'Waarom niet?'

In het penthouse van het Conservatorium Hotel zit Winonah de Jong aan een grote tafel. Het is de meest luxueuze kamer van het Amsterdamse vijfsterrenhotel. 'Ik ben niet geboren met al dit,' zegt de modeontwerper en eigenaar van het high-end ready-to-wear merk WINONAH.

Denk je daar vaak aan?
'Altijd. Als kind had ik het niet breed, dat heeft me gevormd. Nigel ook, hij had een zieke moeder.'

Winonah de Jong draagt de achternaam van haar echtgenoot Nigel, de voetballer die zevenentachtig keer voor het Nederlands elftal speelde. 'Ik ben de trotse vrouw van Nigel. Hij zou het raar vinden als ik mijn eigen naam hield, Leefland. Daar is hij ouderwets in, hij wil thuis echt de man zijn.

'Ik ben de vrouw van een voetballer, dat is waar, alleen kan ik niet goed tegen het beeld van voetbalvrouwen. Dom en lui en de hele dag aan het shoppen. Ik zal niet zeggen dat ze niet bestaan, maar ik sta zo niet in het leven.'

Hoe kwam je naar Nederland?
'Ik denk dat ik acht was toen mijn moeder naar Nederland verhuisde. Voor een betere toekomst, zoals dat heette. Mijn vader was drie jaar eerder overleden. Ik bleef achter bij de nichten van mijn moeder. Dat was moeilijk. Acht jaar later verhuisde ik naar Nederland, ik was er niet eerder geweest. De vriendinnen die ik kreeg waren niet alleen Surinaams. Ook Turks of Marokkaans of Nederlands. Een hoofddoek had ik in Suriname nog nooit gezien. Dan vraag je: waarom draag jij een hoofddoek? Daarna weet je het.'

Wat was het verschil tussen jou en Nederlandse Surinamers die alleen hier hebben gewoond?
'Ik had een accent. Wanneer ik met mijn moeder praat, komt het meteen terug. Nigel is half-Nederlands, hij blijft verbaasd kijken als hij me zo hoort praten. Nederlandse Surinamers hebben vanaf het begin de mentaliteit van hier meegekregen. Ik heb het moeten leren. In Suriname zeg je u tegen oudere mensen. Wij eten om één uur 's middags warm, niet om zes uur. Bij een Nederlander kom je onverwacht langs en is er geen eten, in Suriname wel.'

Na tien jaar verhuisde je uit Nederland.
'Ik had Nigel ontmoet op een feest, na zes maanden woonden we samen. Een jaar later werd hij verkocht aan een club uit Hamburg. In Duitsland voelde ik voor het eerst dat ik bruin was. In hun ogen zwart. De taal sprak ik niet, maar ik hoorde de opmerkingen. Ik wilde het snel leren, dan kon ik begrijpen wat ze over me zeiden. Het is geen geheim dat wij een goed leven hebben. In restaurants of bepaalde winkels voelde ik me bekeken: wat kom je hier doen, kun je het wel betalen? Of ik werd afgesnauwd, het wisselgeld smeten ze naar me toe.

'Met vrienden werden we uitgenodigd voor feesten op de hotspots. Ik voelde me niet altijd op mijn gemak, daar zette ik me overheen, ik ben een positief ingesteld mens. Als ik in mijn eentje kwam aanrijden in een mooie auto, had ik het gevoel dat ze verwachtten: zij is met een rijke blanke man.

'Nigel heeft een Nederlandse moeder, hij is lichtbruin. Onze zoon is donker en onze dochter echt licht. Ik kan me voorstellen dat mensen dachten dat haar vader blank is. Wanneer ze Nigel niet herkenden als voetballer keken ze naar ons alsof het niet klopte. Ze zijn jong, hoe kunnen die mensen zo rijk leven?

'Een paar jaar later speelde Nigel voor een club in Los Angeles. De verhuiswagen kwam aanrijden, in een blanke buurt in Encino, en de buren stopten in hun auto om te vragen: komen hier zwarte mensen wonen? In Amerika is het echt: zwart is zwart en wit is wit. Met die scheiding ben ik nooit opgevoed, het was heftig.

'Onze Afro-Amerikaanse vrienden hadden het er steeds over. Dat het anders voor ze was, iedere dag moesten ze oppassen voor de politie. Ik wist er niet genoeg van en heb me er bewust niet te veel mee bezig gehouden. Toen we verhuisden, kwam Trump net op. Nigel en ik zeiden tegen elkaar: we zijn precies op tijd weg hier.'

Tussendoor woonde je in Milaan.
'Als meisje wilde ik al iets met mode doen. Nigel ging bij AC Milan spelen en ik wist: dit is het moment, nu moet het gebeuren. Ik zorgde dat ik de juiste mensen om me heen verzamelde en ben begonnen met mijn merk, het is nog steeds gevestigd in Milaan.'

Bestaan er veel donkere modeontwerpers?
'Bij de bekende designers zijn er een paar. Je ziet dat er discriminatie is. Ik merk het als ik modellen wil boeken. Dat is iedere keer een nachtmerrie. Ik ben zelf bruin en ik maak kleren voor iedereen. Ook voor bruine meiden die zich willen herkennen in het merk. Als ik bij een modellenbureau vraag om bruine

modellen, zeggen ze dat ze er een of twee hebben, daar moet ik het mee doen.

'Ik ben op zoek naar een bepaalde *look*, naar een meisje dat iets uitstraalt dat bij mijn merk past. Bij de blonde modellen kan ik uit honderden meiden die ene kiezen die ik zoek, voor een bruin model wil ik dat ook kunnen. Een Braziliaans type is heel anders dan een Afrikaanse.

'Het antwoord van de modellenbureaus is iedere keer: er is geen vraag naar, daarom hebben we ze niet. Of ze beslissen voor mij dat de donkere vrouwen die ze hebben niet goed genoeg zijn en ze schuiven hun eigen favorieten naar voren. Dat is helemaal brutaal. Op de wereld zijn genoeg mooie donkere vrouwen. Maar ze zitten niet in de bestanden van modellenbureaus en dat is niet oké.'

Raquel van Haver

Kunstenaar (Colombia, 1989)

NEDERLANDS
'Als ik in het buitenland een Nederlandse gedachte heb.'
COLOMBIAANS
'In Nederland worden aangesproken op mijn uiterlijk.'
PARTNER
'Hij is als kind van Ivoorkust naar Nederland verhuisd.'
WITTE DE WITH
'Wie het verleden beheerst, beheerst de toekomst. Dit gaat over ons gezamenlijke koloniaal verleden. Juist een kunstinstelling moet zich buigen over kwesties als deze.'

Raquel van Haver werd geadopteerd uit Colombia, haar zusje uit Sri Lanka. Hun ouders waren blonde Nederlanders. 'Als je ouders ziet lopen met kinderen die niet op ze lijken, kijk je snel even. Dat doe ik zelf ook. Ik heb me altijd gestoord aan mensen die te lang naar ons keken. Daar stapte ik op af om te vragen: waarom kijk je? Kinderen zijn direct.

'We woonden in Purmerend en Hoorn, in best witte wijken. In groep één vroeg iemand aan me: ga je meedoen aan *Spoorloos*? Ik wist niet eens wat dat was. De eerste keer dat werd gevraagd of ik het niet koud vond hier of de eerste keer dat iemand zei: wat spreek je goed Nederlands – dan is het niet erg. Bij de tiende keer is het niet fijn meer. Ik kon er niet goed tegen dat door de buitenwereld steeds werd bevestigd dat ik anders was. In mijn hoofd was ik een gewoon Nederlands kind.

'In Hoorn voelde ik me verloren, ik paste daar niet, tussen al die West-Friezen. Op school werden we letterlijk achter in de klas gezet, met de andere allochtone kinderen. We kregen andere boekjes: lezen jullie dit maar, dat begrijpen jullie tenminste. Als schooladvies kreeg ik het laagste van het laagste: vmbo-kader. Tot mijn moeder naar school kwam. In haar zag de leraar ineens iemand die hij herkende. Zijn hele beeld van mij veranderde. Ik ben naar de mavo gegaan, na een jaar door naar de havo en daarna hbo. Zodra ik oud genoeg was, verhuisde ik naar Amsterdam.'

Een paar jaar geleden vroeg Raquel van Haver haar moeder om mee te gaan naar een lezing die ze gaf in het Tropenmuseum. 'Tijdens de lezing vertelde een man uit het publiek dat hij leraar was op een basisschool. Hij zei tegen me: maar jullie zijn ook gewoon dommer, jullie kunnen het niveau niet aan van Hollandse kinderen. Ik had eerder geprobeerd het uit te leggen aan mijn moeder. Over achtervolgd worden in winkels omdat ik misschien iets zou stelen, dat er eerder werd gedacht dat ik iets stouts had gedaan.

'Dit was de eerste keer dat ze het zag gebeuren. Ik zag mijn moeder kijken. Ze stond op en vertelde dat ze mijn moeder was. Die man raakte in de war, hij kon ons samen niet plaatsen. Na die avond heeft mijn moeder het opgepakt, dat is zo mooi om te zien. Ze probeert het te begrijpen. Daarom wil ik het geen onwetendheid meer noemen, Nederlanders die zeggen dat ze geen racisme zien. Je kunt lezen, je kunt je inleven. Het dubbele is: witte Nederlanders die zeggen dat racisme niet bestaat, maar wel willen meepraten, terwijl ze er niets over weten.

'Voor mijn werk kom ik veel in Afrika, de Cariben en Latijns-Amerika. Daar hebben ze natuurlijk ook vooroordelen, alleen bespreken ze die meteen, ze zijn er open over. In Nigeria had ik op het Lagos Photo Festival een tentoonstelling in de galerie van de African Artist Foundation. Toen ik research deed, was ik voor de Nigerianen een witte westerling die in hun wereld kwam. Zoals ze me in Nederland vaak als Colombiaanse zien.'

Ben je teruggeweest in Colombia?
'Eén keer. Ik stapte uit het vliegtuig en een vrouw vroeg me waar de wc was. In Nederland kijken ze eerst even – spreekt zij wel Nederlands, hoort ze erbij? Deze vrouw dacht daar niet over na, voor haar hoorde ik er automatisch bij. Dat moment betekende zoveel voor me. In mijn hoofd heb ik al jaren een fantasie: ik word een beroemde kunstenaar en in Colombia kom ik met mijn foto in de krant, mijn biologische moeder ziet me en zo zullen we elkaar vinden.'

Hoe begon je als kunstenaar?
'Mijn opa, de vader van mijn moeder, maakte tekeningen en aquarellen. Hij deed het erbij, maar hij was heel goed. Mijn vader werkte op de beurs en mijn moeder in de Bijenkorf. Ze moesten vaak werken. Ik was veel bij mijn opa en keek hoe hij werkte. Hij heeft het me geleerd.'

Waar gaat je kunst over?
'Over mijn directe omgeving. Amsterdam-Zuidoost. Hier krijg ik de inspiratie om te reizen. De uitdaging voor mij is om te zorgen dat het in een *white cube* past. Waar kunst tentoon wordt gesteld zijn de muren wit, de mensen, de gesprekken, het geld, het bestuur – ze zijn allemaal wit. Mijn werk gaat daar recht tegenin, dat maakt het lastig om het te exposeren. Een galeriehouder zei een keer tegen me: ik vind het een mooi idee, maar ik kan het niet volgen, ik begrijp het gewoon niet.
'In Zimbabwe zijn veel mannen vertrokken naar Zuid-Afrika of andere landen, om geld te verdienen. De enige industrie die daar bestaat zijn de barretjes, waar ze dancehallmuziek draaien. De overgebleven mannen komen daar 's avonds drinken. De vrouwen werken daar. Hun status kan vanuit twee lagen worden bekeken. Met een westerse blik is het laag en denigrerend, in Zimbabwe is dancehall een statussymbool.

'Voor mij was het pijnlijk om die prostitutie te zien. Al die lagen wilde ik samenbrengen in schilderijen. Ze zijn tentoongesteld in de galerie van Ron Lang in Amsterdam. Op de opening had ik een dj geregeld die dezelfde dancehallmuziek draaide als in die barretjes. Met het nette Hollandse publiek dat naar kunstopeningen komt en mijn achterban uit de Bijlmer werd het één groot feest. Iedereen danste met elkaar. Dat is wat ik wil: werelden samenbrengen.'

In 2016 werd Raquel van Haver verkozen in de *30 Under 30 Europe* van *Forbes*, een lijst van dertig jonge talentvolle kunstenaars. 'Een Italiaanse collega stond ook op die lijst. Daar werd het een hype. In Nederland is het niet echt opgepakt, hier is het meer: ach ja, leuk voor je.'

Maak je deel uit van de Nederlandse kunstwereld?
'Ik word steeds genomineerd voor prijzen en lijsten, summits en residenties, dus: ja, ik denk het. Op de kunstacademie in Utrecht werd alleen westerse kunstgeschiedenis onderwezen. Ik vroeg of het anders mocht. De leraren zeiden: ga er zelf maar over lezen, wij weten er niet genoeg van. Ik kon mijn verhaal bij niemand kwijt. Het begint nu wel internationaler te worden.'

Postscriptum: Een jaar na het interview kreeg Raquel van Haver, vanaf november 2018, zes maanden lang een solo-expositie in het Stedelijk Museum in Amsterdam.

Natacha Harlequin

Strafpleiter en mede-eigenaar van Taekema Harlequin Advocaten in Den Haag (Nederland, 1973)

NEDERLANDS
'Door het Westland langs de kassen rijden. Heerlijk.'

SURINAAMS
'Bij grote vreugde en verdriet.'

PARTNER
'Hij is Hollands. Wat dat over mij zegt? Dat ik van hem hou.'

WITTE DE WITH
'Zo'n naam moet worden behouden. Benoem de geschiedenis, bespreek die met elkaar.'

Op haar eerste werkdag als advocaat ging Natacha Harlequin met een kantoorgenoot mee naar een zitting. Als enige toeschouwer zat ze in de rechtszaal, zonder toga aan. 'De rechter keek in zijn papieren en naar de zaal. Waar bleef de verdachte? Hij wees naar mij: bent u de verdachte? Voor mij was alles nieuw, dus ik vroeg: de verdachte zit toch niet in de zaal, komt die niet uit een deur?'

Een ander voorbeeld: 'Ik stond te wachten met mijn blonde cliënt, de toga en bef hingen al klaar over mijn arm, en de bode zag de verdachte aan voor mijn advocaat. Of de keer dat ik met een andere cliënt aankwam en de bode, die zelf een getinte huid had, tegen mij zei: dag mevrouw de tolk. Dan antwoord ik: vandaag ben ik de advocaat.'

Wat doe je verder op zo'n moment?
'Je kunt moeilijk lopen doen, maar de realiteit is dat er niet veel donkere vrouwen zijn die dit werk uitvoeren. Dat zie ik zelf ook.

Strafrecht is hard en was zeker toen ik begon een mannenwereld. Ik ben een vrouw en ook nog bruin. Dat is anders dan mensen verwachten. We lachen om de vergissing en verder zeg ik niets. Ik sta daar als advocaat, mijn punt is al gemaakt. Een volgende keer zal zo iemand echt niet dezelfde fout maken.'

Haar vader werkte in Suriname bij een bank, de moeder van Natacha Harlequin was docent en dochter van een schooldirecteur. In Nederland bleef ze lesgeven, haar vader was onder meer in dienst bij Delta Lloyd. 'We woonden in Delft, mijn moeder werkte op een school in het Westland, in Den Hoorn. Ik ging met haar mee, dan waren we de enige donkere mensen in dat dorp en dat was prima. Het was niet bijzonder dat ik naar de universiteit ging. Als kind keek ik een keer op de televisie naar een verdachte in een advocatenserie. Hij was helemaal alleen. Mijn vader vroeg: iedereen is tegen hem, maar wie is er met hem? Vanaf dat moment wilde ik advocaat worden. In mijn studie heb ik me meteen gericht op strafrecht en criminologie.

'Bij mijn ouders kwamen vrienden en familie over de vloer, het was een mengelmoes van bruin en blank. Verder was mijn hele omgeving als kind wit. En nu is, afgezien van een deel van mijn cliënten, in mijn professie bijna iedereen blank. Het doet me denken aan een uitspraak van een cliënt. Ik vroeg hem een andere betrokkene bij zijn zaak te omschrijven. Hij zei: ze is zo wit dat het bijna licht geeft. Ik vroeg wat hij bedoelde. Zag ze bleek, was ze ziek? Ik merk dat donkere mensen het moeilijk vinden om een signalement te geven van blanken. Omgekeerd zie je dat blanken geen verschil kunnen zien tussen donkere mensen. Bij een line-up voor een verdachte zetten ze zo een Hindoestaan naast een boslandcreool. Dan moet ik ingrijpen. Of ik moet uitleggen dat vlechtjes echt iets anders zijn dan dreadlocks.

'Ik hou ervan om ergens in te duiken. Op de universiteit dacht ik: dan wil ik het ook echt meemaken. Toen ik mijn ouders vertelde dat de ontgroening bij Minerva over drie dagen begon, zaten ze me met grote ogen aan te kijken. Later heb ik met veel plezier in 't Kippenhok gewoond, het grootste meisjeshuis van Minerva in Leiden. Aan nieuwe bewoonsters werd een quizvraag gesteld: wie is de eerste en enige zwarte kip in het hok? Dat vond ik leuk. Als advocaat ben ik ook De Zwarte Parel genoemd.'

Hoe begon je als advocaat?
'Bénédicte Ficq is een voorbeeld voor mij. Na mijn stageperiode bij haar kreeg ik een baan op het kantoor van Britta Böhler. Stijn Franken werd mijn patroon. Hoe ik daar binnenkwam? Eerst belde ik op, ik maakte het persoonlijk. Ze zeiden dat ik een brief moest sturen en dan deed ik dat. In mijn werk heb ik altijd het idee gehad dat ik werd beoordeeld op mijn persoonlijkheid en mijn prestaties. Op niets anders.

'Mijn afkomst is een verrijking. Ik ben tevreden met de eigenschappen die me zijn toebedeeld en geef mezelf daarom een 10. Door hoe ik ben opgegroeid, open en ruimdenkend, is het een 10+. Mensen die willen dat ik in hun huis mijn schoenen uitdoe: ik heb het al gedaan voor ze het zeggen. Ik zie alles. Een cliënt die mij niet aankijkt terwijl we praten – andere advocaten zouden dat onbeleefd vinden. Dat is geredeneerd vanuit hun perceptie. Ik voel aan: de materie die we nu bespreken ligt gevoelig, het is beter om elkaar even niet aan te kijken. Vanuit blanken geredeneerd kijken donkere mensen vaak boos. En dan praten ze ook nog gepassioneerd en met hun handen. Een rechter vraagt dan: u raakt geagiteerd? Op zulke momenten leg ik uit: er is niets aan de hand, dit is gewoon hoe hij praat.

'Als Youssef voor de tiende keer in een week op straat om zijn legitimatie wordt gevraagd, dan begrijp ik waarom hij zich verzet en hoe de situatie met een agent uit de hand kan lopen, terwijl er eigenlijk niets aan de hand was. Wanneer hij wordt meegenomen en niet op zijn stage verschijnt, heeft Youssef voor de rest van zijn leven een probleem dat hij nooit had gehad als hij Marijn heette. Dat kan ik invoelen, het geeft mij een extra dimensie boven mijn collega's.

'Wat ik in Nederland mis: meisjes met mijn kleur die zichzelf kunnen terugzien op de televisie. Bruine vrouwen komen daar alleen om te praten over muziek of mode of omdat ze wel of niet iets te klagen hebben over racisme. Er wordt gezegd dat ze er niet zijn. Nou, hier ben ik. Ik kom niet om een dansje te doen, maar om te praten over de inhoud van mijn vak. Die kaartenbak mag wel wat worden uitgebreid.

'En over racisme praten op de televisie: als je begrip verwacht voor jouw boosheid, dat is niet gebeurd en het gaat niet gebeuren. Blanke Nederlanders zien vooral je emotie. Je moet het rustig uitleggen, want ze herkennen jouw gevoel niet. Voor hen is het makkelijker om niet verder te denken. Als donkere Nederlander kun je ook eerst naar jezelf kijken en denken: hoe kan ik mijn informatie het best overbrengen aan de ander?'

Postscriptum: Kort na publicatie van dit interview in *de Volkskrant* werd Natacha Harlequin voor het eerst gevraagd om op de televisie te komen praten over strafrechtzaken.

Ahmed Marcouch

Burgemeester van Arnhem (Marokko, 1966)

NEDERLANDS
'Altijd.'
MAROKKAANS
'Ook altijd.'
ETEN
'Door de onregelmatigheid van het politiewerk ben ik gewend aan gevarieerd eten. Als er stamppot is, eet ik dat ook. Maar wel zonder varkensvlees.'
PARTNER
'Mijn huidige vrouw is Nederlands-Marokkaans, net als de eerste. Ze had ook een andere afkomst kunnen hebben.'
NATIONALITEIT ONTNEMEN
'Mensen die zich bewezen hebben aangesloten bij een terroristische organisatie plegen landverraad. Daar hoort deze consequentie bij.'

Op zijn zevende verkocht Ahmed Marcouch plastic zakjes. 'In ons dorp gingen de mannen naar de markt om boodschappen te doen. Dit was in Noord-Marokko, ik ben een Riffijn. Vis zat in een plastic zakje. Die zakjes waste ik, nu zouden we zeggen dat ik ze recyclede, en ik verkocht ze weer. Met het geld kon ik snoep kopen.

'Mijn moeder overleed toen ik drie was. Eigenlijk groeide ik ook op zonder vader. Hij was al vertrokken naar Europa, daar probeerde hij een inkomen te verwerven. Mijn oudere zussen speelden een rol in de opvoeding en ik heb warme herinneringen aan mijn oma van moeders kant. Zij gaf me geborgenheid. Op mijn tiende verhuisde ik naar Amsterdam, ik had nog nooit een pen vastgehouden.'

Het klinkt niet als de gemiddelde jeugd van een Nederlandse burgemeester.
'Ik heb nooit een lijstje gemaakt, zo van: ik wil burgemeester worden.'

Kan ieder kind van immigranten in Nederland burgemeester worden?
'Burgemeester is niet het hoogste ideaal. Het gaat mij om: bouw hier een leven op, sta niet aan de kant. Discriminatie verdient onze grote verontwaardiging, het is niet een exclusief Nederlands probleem, en het is oneerlijk dat je harder moet werken dan een ander, maar dat betekent niet dat het niet kan – ook als je de eerste jaren geen onderwijs hebt gehad, zoals ik. Ik weet dat veel mensen obstakels zien in hun etniciteit of geloof, ik begrijp de omstandigheden, alleen mag je daar nooit in berusten.'

Was u trots om burgemeester te worden?
'Ik hoop dat mijn aanwezigheid in die functie een inspiratie is, verder sta ik niet stil bij dit soort elementen. Het is niet zo dat ik een speciaal contact heb met mijn collega's in Rotterdam en Almere omdat zij ook een migratieachtergrond hebben. Ahmed Aboutaleb ken ik natuurlijk langer. We komen niet uit hetzelfde dorp in Marokko, ze lagen wel op loopafstand. Ik kan me inleven in hem, alleen zijn we geen klonen van elkaar, ik ben een ander persoon.'

Bent u een echte Amsterdammer?
'Dat soort typeringen vind ik ingewikkeld. Ik ben meer een Amsterdammer dan veel autochtonen die pas sinds hun studententijd in de stad wonen. Deze vraag is net zo moeilijk te beantwoorden als: wie is een echte Nederlander?'

Woont u nu in Nederland voor het eerst buiten Amsterdam?
'Ik moet eerlijk zeggen dat ik net was verhuisd naar Almere Poort.

Arnhem is anders, ik moest inburgeren. Ik heb kennis gemaakt met de Slag om Arnhem, die in feite leidde tot de Hongerwinter en ervoor zorgde dat de bevrijding na de oorlog later kwam. In de Randstad had ik me nooit gerealiseerd hoe diep dat zit. Daar stonden we niet stil bij de Slag om Arnhem.'

Wordt de inhuldiging van een burgemeester vaker verstoord?
'Ik geloof dat de benoeming van Aboutaleb in Rotterdam ook leidde tot enige consternatie. Verder ken ik geen voorbeelden, maar ik monitor het niet. In Nederland worden dagelijks burgemeesters benoemd, meestal staat het niet eens in de krant.'

Bij uw inhuldiging werd gedemonstreerd. Hoe was dat?
'Niet prettig. Het werd op de man gespeeld. Vanwege mijn afkomst zou ik onbetrouwbaar zijn, een wolf in schaapskleren. Dat zijn discriminatoire uitingen. Ik loop al een tijdje mee, ben een professional. Voor de Arnhemmers vond ik het vervelend. Het gebeurde in september, dat is hier de maand van de herdenkingen. De maand van de Slag om Arnhem. Net in die periode van herdenken stonden de pvv en de nvu tegen mijn benoeming te demonstreren. Dat was pijnlijk.'

Als Nederlandse Marokkanen een echte Marokkaan moeten omschrijven, hoe denkt u dat ze dat doen?
'Ik denk met termen als gastvrij, dat je de taal nog spreekt en iedere vrijdag couscous eet met je familie. In werkelijkheid zijn ze veel Nederlandser dan ze zelf denken.'

Voldoet u aan hun beeld van wat een Marokkaan hoort te zijn?
'Een deel vindt dat ik vernederlandst ben. Als stadsdeelvoorzitter heb ik de Gay Pride Parade laten beginnen in Amsterdam-Slotervaart. Dat leverde veel emoties op. Een man kwam naar

me toe en zei: toen ik het hoorde, wilde ik een kogel door je hoofd schieten.

'De mooiste reactie kwam van een Marokkaans orthodox-islamitisch meisje dat vertelde: we hebben thuis aan tafel gesproken over homoseksualiteit. Dat had ze nooit voor mogelijk gehouden. Ik denk dat de meeste Nederlandse Marokkanen trots zijn op wat ik doe. In collectieve gemeenschappen zie je vaker dat ze de leden een norm willen opleggen over hoe die moeten leven.

'Op een website sta ik op een lijst van zogenaamde huisallochtonen. Het betekent dat ik de belangen van Nederland zou verkiezen boven die van mijn eigen mensen. Dit soort figuren heeft een onnavolgbare kronkel in hun hoofd. Ik vind het net zo fout als racisten die menen dat ik door mijn geloof nooit een echte Nederlander kan worden.'

Voelt zich weleens eenzaam, alsof u overal tussenin zit?
'Nooit. Ik hoor bij het overgrote deel van de Nederlanders, die op een positieve en constructieve manier iets van dit land willen maken.'

Bilal Wahib

Acteur, zanger (Nederland, 1999)

NEDERLANDS
'Iedere dag.'
MAROKKAANS
'Ook altijd.'
PARTNER
'Heb ik nooit gehad, maar ik zou het tof vinden om met een Marokkaanse vrouw te trouwen.'
NATIONALITEIT ONTNEMEN
'Van Syriëgangers? Natuurlijk. Die paspoorten moeten ze verbranden.'

Het was een korte film, die zou worden geregisseerd door Barry Atsma. 'Ik moest een homo spelen. Nederlanders zijn die rol de volgende dag vergeten. Marokkanen niet. In Amsterdam-West, waar ik bij mijn moeder woon, moest ik de afweging maken: kan ik nog over straat, moet ik onderduiken? Ik zei ja tegen die rol. Ik heb vrienden die homo zijn, dat zijn ook gewoon mensen.

'Mijn enige aarzeling was: kan ik een jongen zoenen? En kan ik dat nog twintig keer overdoen als het moet? Uiteindelijk ging het niet door, ze kregen de financiering niet rond. Ik wist wel dat een homo spelen een probleem zou zijn. De andere rollen waarvoor ik word gevraagd zijn dat niet.'

Wat voor rollen zijn dat?
'Dat kun je toch zelf invullen? Ik denk dat ik nu zeventig audities heb gedaan. Negen van de tien zijn voor een terrorist of een dief. Eén keer kwam ik op een auditie en zag ik allemaal Chinese jongens zitten. Toen wist ik: deze rol ga ik niet pakken. Een andere auditie was voor een kickbokstrainer, maar hij heette wel Freddy.

Ik speel liever Freddy dan Aziz. Een Aziz heb ik vaker gespeeld. Na die auditie zeiden ze dat ze hadden gekozen voor iemand die meer leek op een Freddy.'

Is het moeilijk om iedere keer te worden gevraagd voor de rol van terrorist of dief?
'Ik kan ook Shakespeare *nailen*, natuurlijk wil ik dat laten zien. Alleen vragen ze me daar niet voor. Van Marokkaanse collega's weet ik dat ze een probleem hebben met typecasting. Ik heb dat niet, ik wil gewoon spelen. Dan kan ik een ontwikkeling laten zien.'

Hij maakt een schietgebaar. 'Rat-tat-tat. Een terrorist, actie, spannend – waarom niet? Barry Atsma wordt ook getypecast, hem vragen ze iedere keer voor dezelfde rollen.'

Kun je zijn typecasting vergelijken met die van jou?
'Hij heeft weer veel concurrentie. Ik niet. Hoeveel Marokkaanse acteurs van achttien jaar ken jij in Nederland? Ik zie het zo: welke rol ik ook speel, voor mij is het afleiding, ik ben ergens mee bezig. De jongens met wie ik omga in Amsterdam-West hebben dat niet. Het enige wat zij met hun woede kunnen is naar buiten gaan en negatieve aandacht zoeken.

'De helft is getalenteerd, alleen weten ze het niet. Mijn Marokkaanse vrienden zien een film van mij en zeggen: dat kan ik ook. Ik zeg dan tegen ze: ja, dat kun jij ook. Ga morgen foto's maken, meld je aan bij een castingbureau. Ze doen het nooit, dat is die luiheid. Ik heb het wel gedaan. Op Google gezocht naar castingbureaus terwijl ik niet eens wist hoe je dat woord moest schrijven.'

Is dat het enige verschil tussen jullie?
'Tot groep drie zat ik op een Montessorischool in Amsterdam-West. Een zwarte school met veel Marokkaanse kinderen.

Op mijn twaalfde werd geconstateerd dat ik ADHD heb. In groep drie noemden ze het zo: jij bent geen Montessorikind. Via een kennis van mijn ouders kwam ik op een school die De Burght heette, op de Herengracht. Dat was de beste carrièremove die ik kon maken.

'Op die school zaten alleen een paar allochtonen die echt iets konden. De enige andere Marokkaan was Rayan, hij speelde bij Ajax. Misschien waren er nog twee Surinamers en nog één van dit en één van dat. In de klas was ik de enige die geen geld had, de andere kinderen gaven me iets van die mooie broodjes van ze, met oude kaas en zo. Ik leerde ABN praten. Als ik weer bij mijn vrienden in West kwam, vroegen ze: wat is dit? Je bent verkaasd, praat normaal.

'Ik denk dat de move naar die andere school niet het verschil heeft gemaakt. Anders was ik ook gaan acteren. Zodra ik een camera zag, stond ik ervoor. Iedereen wist dat ik daar iets mee ging doen. Ik was elf en ik leerde Monsif kennen, hij was twee jaar ouder dan ik. Een half-Marokkaanse zanger uit de Bijlmer. Hij werd mijn beste vriend. In die tijd was hij echt beroemd, ik ging mee naar optredens waar duizenden meisjes voor hem stonden te schreeuwen. Hollandse meisjes.

'De jongens met wie ik opgroeide denken: met mijn achternaam moeten ze me niet, ik krijg geen baan. Je kunt twee dingen doen. Thuis op de bank zitten omdat het toch niet lukt. Of je kunt denken: ik ben zo hard, harder dan die Nederlanders zelf, dat jij met mij gaat willen chillen. Door Monsif zag ik: wij hebben ook kansen, bro.'

Vind je dat je verkaasd bent?
'Nee. Maar ik ben wel een Nederlander. Dat is iets anders dan verkaasd zijn. Op filmsets ontmoet ik soms andere Marokkanen. Die zijn bijna altijd verkaasd. We hebben allebei een keer couscous gegeten, verder heb ik niets met ze. Ze zijn ouder dan ik,

het wordt moeilijker voor ze om aan rollen te komen. Dit zijn de mensen die moeite hebben met typecasting.

'Ze komen bij me met hun plannen: ik wil een film maken met alleen maar Marokkanen en ik laat mijn vriend een advocaat spelen. Dan zeg ik tegen ze: tof dat je zulke ideeën hebt, ik kan ze zelf ook bedenken, maar betrek mij er pas bij als je de financiering rond hebt. Denk je dat het Filmfonds jou een miljoen euro gaat geven voor een film met alleen maar Marokkanen in de hoofdrol?

'Het enige wat ik in die verkaasde Marokkanen herken is de struggle. Om vanuit een islamitisch gezin bij de Nederlandse film te komen is een stap. Mijn moeder is een topvrouw. Mijn vader, ook al ken ik hem niet zo goed, is een topgozer. Staat als portier bij discotheken, werkte als bodyguard voor Najib Amhali. Maar zij weten niets over mijn wereld. Ik sta er alleen voor, moet alles zelf doen. Sinds ik als kind van zes alleen naar school liep en zelf mijn brood maakte. Met een vader die vaak 's nachts niet thuis was en mij aan strenge regels wilde houden die hij zelf niet naleefde. Als ik andere Marokkanen zie, weet ik dat zij die strijd kennen.'

Micha Wertheim

Cabaretier (Nederland, 1972)

> NEDERLANDS
> 'Ik voel me vooral Europees, wanneer ik bijvoorbeeld in Amerika of Israël ben.'
> JOODS
> 'Dat kan bij alles zijn en tegelijkertijd nooit.'
> PARTNER
> 'Ze is niet joods. Ik kan niets bedenken wat haar leuker zou maken als ze dat wel was.'
> ZWARTE PIET
> 'Het leuke van cultuur is dat het verandert. Zodra je het vastzet wordt het fundamentalisme.'

Eerst wilde Micha Wertheim niet meewerken aan deze serie. Maar net zoals bij het grote Zwarte Pietenvraagstuk: alles verandert. Overigens werd vroeger in huize Wertheim geen Sinterklaas gevierd, maar Chanoeklaas. 'Op zijn mijter had hij een davidster in plaats van een kruis.'

Ook Zwarte Piet veranderde: 'In de jaren vijftig van de vorige eeuw had hij een Indisch accent, daarna een Surinaams accent. Ik las dat Nadia Ezzeroili opmerkte dat de nieuwe Pieten bij de Amsterdamse intocht dit jaar eruitzagen als Marokkanen. Kennelijk moeten ze een afspiegeling zijn van de zwarte pieten in de Nederlandse samenleving van dat moment.'

Waarom wilde je niet meedoen aan dit interview?
'Ik ben het theater in gegaan omdat ik zelf wilde definiëren wie ik ben. De term comedian vind ik al benauwend. Dat ik een joodse afkomst heb is zo'n klein aspect van wie ik ben. Mijn afkomst zou nu geen issue meer moeten zijn. Alleen zul je altijd zien dat iemand je eraan herinnert als je er zelf niet mee bezig bent. Ik

wil me er niet op voor laten staan en ik wil me niet profileren als slachtoffer. Ik ben opgegroeid tussen mensen die echte slachtoffers waren.'

Waar groeide je op?
'In Maarn, bij Utrecht, waren wij de enige joden. Ik stelde het jodendom gelijk aan wat er bij ons thuis gebeurde. Hoe mijn ouders me naar bed brachten, dat was joods. De buren noemden sinaasappelsap jus d'orange en wij niet – dat was dan dus geen joods woord.

'Israël speelde een grote rol, als kind wist ik dat daar iets mee was. Mijn ouders hadden elkaar daar ontmoet en waren teruggekomen naar Nederland. We leefden deels in die cultuur. In onze boekenkast stonden vooral joodse Amerikaanse en Israëlische schrijvers. Ik zag het als iets extra's dat de andere kinderen niet hadden. Een bonus. In het huidige klimaat wordt weleens vergeten dat het leuk is om bijzonder te zijn. Wij vierden andere feestdagen dan de rest, daar kon ik in de klas over vertellen.

'Speciaal voor ons maakte de bakker iedere week challebrood. Mijn moeder had hem uitgelegd hoe dat moest. We vierden de feestdagen en verder waren we niet religieus. Aan niet-joden is dat moeilijk uit te leggen. Kinderen in mijn klas zeiden: wij zijn niets. Dat vond ik raar. Wij waren ook niets, maar dan met matzes en een chanoekia, zo'n kandelaar.

'Wanneer mijn opa over de oorlog vertelde, ging het vooral over hoe mensen in het algemeen kunnen veranderen in beesten. Niet over moffen. Tijdens de oorlog kon een deel van de straat fout zijn en andere buren hielpen met onderduiken. Dankzij die mensen leef ik. Een deel van de familie van mijn ouders is Amsterdams. A.C. Wertheim, van het Wertheimpark, kwam uit een geseculariseerde bankiersfamilie. Bij zijn overlijden werd geloof ik gezegd: hij was zo goed dat hij bijna christelijk was. Sommige familieleden waren zelfs bekeerd tot het christendom. De andere

kant van de familie kwam uit Den Bosch en Vught. Over beladen gesproken. Mijn grootouders woonden naast het station van waaruit de kindertransporten plaatsvonden.
 'Het Nederlandse jodendom in de Mediene, dus buiten Amsterdam, dat is hoe ik ben opgegroeid. Daar kwam mijn moeder vandaan. Die cultuur is uitgemoord. De geallieerden hebben gewonnen en wij hebben verloren. In Groningen woonden joodse veeboeren, in Den Bosch had je joden die meeliepen met carnaval. Dat is verdwenen. De synagoges zijn veranderd in culturele centra.
 'Later ontmoette ik joden die geen familie van mij waren. Na mijn eindexamen studeerde ik een jaar in Israël. Daar werd ik me ervan bewust hoe brandbaar begrippen als identiteit kunnen zijn. Je kunt het beperken tot je eigen gezin, dat is prima. Zodra je het gaat koppelen aan grote groepen mensen wordt het gevaarlijk.
 'Bij religieuze joden dacht ik: dus jij gelooft echt in god – daar ging het toch helemaal niet om? In Amsterdam leerde ik seculiere joden kennen die geen varkensvlees aten. Waarom zou je je aan die regels houden als je niet gelovig bent? Op vrijdagavond was er bij ons thuis geen varkensvlees. En op zaterdagochtend aten we gewoon spek.'

Zie je eruit als een jood?
'Toen ik theater begon te maken, werd ik vergeleken met Woody Allen en Arnon Grunberg. Kennelijk werd ik dus geassocieerd met iets joods. Dat voelt als een beperking. Ik wil horen bij de mensen die nergens bij horen. Mensen denken vaak dat ik uit Amsterdam-Zuid kom. Ik neem ze dat niet kwalijk. Wanneer ik een Surinamer zie, zal ik eerder vermoeden dat hij uit de Randstad komt dan uit Deventer.
 'Vroeger werd de straattaal gemaakt met jiddische woorden. Dat voelde als een soort trots. Een herinnering aan een cultuur die verdwenen is. Nu komt straattaal van andere culturen. Dat heeft ook iets moois.

'Als een jood slecht in het nieuws komt, heb ik als reflex: hier gaan we allemaal last van krijgen. Zo ben ik opgegroeid, met de gedachte: in godsnaam, laat geen jood zich misdragen. In het jiddisch heb je daar een woord voor: risjes. Het is onzin, maar dat ik dit woord meteen voor op de tong heb betekent dat ik ermee bezig ben.

'Ik ben niet bang voor risjes en toch – als ik een fooi geef, speelt het een fractie van een seconde door mijn hoofd. Nooit een te kleine fooi geven, uit angst dat ze zullen zeggen: wat een jodenfooi. Ik weet dan niet eens wie ze zijn en toch zit het in mijn hoofd. Een beeld van mij waar ik zelf geen controle over heb.'

YousToub

Ondernemer, werd geboren als Youssef Koukouh
(Nederland, 1995)

NEDERLANDS
'Als ik allochtone vrienden meeneem naar een blank evenement waar ik iets moet presenteren. Dan fluisteren ze na een paar minuten in mijn oor: we moeten weg hier.'
MAROKKAANS
'Het omgekeerde: op een opnamedag waar ik de enige Mocro ben. Dan vertel ik dat ik weer in mijn auto ben aangehouden door de politie. En zij zeggen: wat vreemd, dat gebeurt mij nooit.'
PARTNER
'Ik heb liever dat ze Marokkaans is, dan begrijp je elkaar toch beter.'

Op zijn online sollicitaties kreeg Youssef Koukouh nooit een reactie. 'Ik ben vanaf mijn huis in Den Haag gaan lopen en bij iedere winkel naar binnen gegaan: kan ik hier werken? De enige waar ze ja zeiden was de Gamma.'

Met het salaris kon hij een paar maanden later voor het eerst een goede telefoon kopen. 'De iPhone 5s, die kwam net uit. Ik zette alles erop: Facebook, Instagram, Snapchat – had ik nooit eerder gehad. Daar zat verder geen gedachte bij, ik had geen plan om filmpjes te maken.'

Het was 2014. Na de 'minder, minder, minder'-uitspraken van Geert Wilders werd het onder Nederlandse Marokkanen een hype om op sociale media selfies te delen met hun Nederlandse paspoort. 'Dat wilde ik anders doen. Ik maakte een filmpje van mezelf met mijn paspoort, terwijl ik aan het dansen was op muziek. Dat deelde ik op Facebook voor mijn vrienden. Het ging viral. Een week later had ik op Facebook

10.000 volgers. Drie maanden later waren het er 50.000.'
Youssef Koukouh begon filmpjes te maken voor zijn Facebookpagina en verhuisde een jaar later naar YouTube, waar hij de artiestennaam YousToub bedacht. 'YouTube begon professioneel te worden. Ik kon geld verdienen met advertenties voor bedrijven. In het begin plaatste ik drie advertenties per dag. Ik dacht gewoon: geld, je weet toch? Later begreep ik dat volgers het vervelend vinden als je te veel advertenties deelt. Na de Gamma had ik een baantje bij de Action. Tot ik zei: waarom sta ik nog voor 300 euro per maand bij de Action?'

En toen?
'In het begin had ik alleen allochtone volgers. In dit land wonen 350.000 Marokkaanse Nederlanders. Dat houdt een keer op, dan ben je aan het maximum. Ik moest extra culturen erbij pakken, anders kon ik niet doorgroeien. Het moest breder worden dan alleen de Mocro van de buurt.

'Je had allemaal blije vloggers zoals Enzo Knol, die in de camera riepen: hé mensen, ik ga lekker de hond uitlaten. Ik wilde geen negativiteit of positiviteit, maar realiteit. Wat voor mij een gamechanger werd: ik was de eerste Marokkaan die zijn leven deelde. De meeste vloggers waren Hollands. Marokkanen denken: wat hier in huis gebeurt, daar hoeft de wereld niets van te weten. Ik liet zien: hoe staat een Nederlandse Mocro in het leven?

'Voor nieuwe volgers was het exotisch, denk ik. Spannend. Mijn filmpjes gaan niet over: ik ben een Marokkaan, ik ben zielig, het is zo moeilijk en ik heb zoveel meegemaakt. Ze gaan over mijn leven. Dat ik moe ben of honger heb, of dat ik juist blij ben.'

Hoe groeide je op?
'Ik was zes toen mijn moeder vond dat we van de Schilderswijk moesten verhuizen naar een andere buurt in Den Haag, Loosdui-

nen. Ze wilde niet dat ik werd blootgesteld aan de verleidingen van de straat. In Loosduinen zat ik op een witte school en in het weekend ging ik naar mijn neven in de Schilderswijk. Ik zag hoe verschillend het was. Als je ruzie hebt met een Marokkaan wordt het een soapserie. Hij schreeuwt: wat heb je me aangedaan? Een Hollander vraagt: kunnen we er niet over praten?

'In de Schilderswijk was de cultuur harder. Ze zeggen dat Marokkanen altijd hun grote broer erbij halen. Dat is ook echt zo. Als ik daar een pleintje op liep was het: wie ben jij? Hoe heet je? Waar woon je? Het was net een interview. Ik heb gezien dat jongens werden weggeschopt van een pleintje omdat ze uit een andere wijk kwamen. En dat waren gewoon Turken of Marokkanen hè. In Loosduinen was het: ga terug naar je eigen land. Op die pleintjes zeiden ze: ga terug naar je eigen buurt.

'Ik vertelde dat ik een neef was van die en die. Daarna mocht ik blijven. Zo'n pleintje is het territorium van die jongens. Meer hebben ze niet, buiten hun wijk komen ze nooit. Mijn neef logeerde een keer bij me. Naar Loosduinen was: de eindhalte van de tram, dan de bus en nog een stuk lopen. Voor hem voelde het alsof hij naar Parijs ging. Om acht uur 's avonds zei hij: kom, we gaan naar buiten. Hij dacht dat het was zoals in de Schilderswijk, waar iedereen op het pleintje staat. Ik moest aan hem uitleggen: hier is 's avonds niemand buiten.'

Hoe ging het op school?
'Ik moest alles zelf uitvinden. Mijn moeder was veertien toen ze naar Nederland kwam, een paar jaar later ging ze al werken. Ze zei: wat moet ik jou leren, je weet alles beter dan ik. Op de havo deed ik alsof mijn moeder me hielp. Ik schaamde me. Het zou lijken alsof ze me verwaarloosde, terwijl dat niet zo was. Ze steunde me op een andere manier.

'Mijn vader was hier gekomen en verdiende tweeduizend euro per maand. Veel geld. Hij ging uit en maakte het op aan de westerse cultuur, zeg maar. Drinken, hasj roken. Mijn vader hield niet van hoofdpijn. Iedere blauwe envelop verstopte hij onder het matras. Tot mijn moeder al die rekeningen zag. Mijn vader zei: dan ga ik toch terug naar Marokko? Hij heeft mijn moeder achtergelaten met 20.000 euro schuld. Ik was anderhalf. In de schuldsanering hadden we 50 euro per week. Ik ben met mijn moeder samen gepakt voor zwartrijden. Iedere keer vroeg ik: moeten we geen kaartje kopen? Mijn moeder zei dan: wil je een kaartje kopen of wil je straks brood kunnen eten?

'Dit gebeurt in veel Marokkaanse gezinnen. Mannen die veel kinderen maken, nog jong zijn en dan weglopen. Het is een taboe om te vertellen dat je vader er niet meer is. Ik kende een jongen die zei: mijn vader is dood. Later kwam ik erachter dat zijn ouders gescheiden waren. De gedachte bij die jongens is: als je vader weg is, moet er iets mis zijn met je moeder. Aan de vader kan het niet liggen, want hij is de man. De vader is de kostwinner, hij moet het regelen. En de vrouw moet luisteren. Maar het kan net zo goed aan de man liggen. In de Doubletstraat, de hoerenstraat in Den Haag, heb ik Marokkaanse mannen met grote baarden naar buiten zien komen.'

Pete Philly

Rapper, werd geboren als Pieter Philip Monzón
(Aruba, 1980)

NEDERLANDS
'Ultiem genieten van andijviestamppot in de winter.'
ARUBAANS
'Technisch gezien betekent dat gewoon: Nederlands. Het is een Nederlandse provincie die voor de kust van Venezuela ligt.'
DOMINICAANS
'Ook op Aruba was ik een outsider. Papiamentu was mijn vierde taal, niet de eerste.'
PARTNER
'Mijn dame is Surinaams en Indisch. We hebben veel binding, allebei zijn we multicultureel en creatief.'
NEDERLANDSE JOODS-CHRISTELIJKE TRADITIE
'Lijkt mij een marketingterm om de groep die anti-islam is te vergroten.'

Mark Rutte was al een paar jaar minister-president toen Pete Philly ontdekte dat ze op dezelfde basisschool hadden gezeten: schoolvereniging Wolters in Den Haag. In Benoordenhout, op de grens met Wassenaar. 'Meteen dacht ik: ha, nu begrijp ik het. Ik ken jou, met jongens zoals jij heb ik jarenlang in de klas gezeten. Na de basisschool ging ik naar het VCL, het Vrijzinnig-Christelijk Lyceum, de school waar koning Willem Alexander op heeft gezeten.'

Wat herkende je in Rutte?
'Op die scholen was het een vanzelfsprekende gedachte: bepaalde deuren worden voor ons geopend. Zonder te beseffen dat die deuren voor anderen dus gesloten blijven. Ze kijken naar de rest en denken: waarom sta jij niet op het speelveld dat voor mij zo makkelijk bereikbaar was? In dat milieu zag ik vaak niet genoeg

empathie voor mensen met een andere achtergrond. En zo iemand is nu de president van Nederland.
'Ik was die lichtbruine boy met een raar accent. Bruin is vies – die hoorde ik vaak om me heen. Niet heel gezellig. Ik weet hoeveel *loopholes* er in Nederland bestaan om mensen buiten het feestje te houden. Daarom ben ik altijd zo blij als ik iemand van buiten metaforisch zie dansen op dat feestje.

'Waar het om gaat: ik weet dat ik een privilege heb. Ik ben licht gekleurd en niet herkenbaar donker, zoals de familie van mijn vader. Hij is geboren op Aruba, zijn ouders kwamen van de Dominicaanse Republiek. Mijn vader kon bouwkunde studeren en architect worden omdat zijn moeder, mijn oma, de hele dag in de brandende zon op straat groente en fruit stond te verkopen. Een sterke en intelligente vrouw die genoeg geld verdiende om drie kinderen in Nederland te laten studeren. Ik weet waar hij vandaan kwam, daarom herken ik mijn eigen welvaart.

'Iemand als Rutte is nooit gedwongen om zijn privilege te herkennen. Hij zegt: Zwarte Piet is nou eenmaal zwart, dus *fuck off*. Dat herken ik, zo werd op die scholen naar veel dingen gekeken: *it's my way or the fuckin' highway*. Wanneer je in een sociale bubbel leeft en voor die manier van denken ook nog high fives krijgt, dan ga je er zelf in geloven. Het mag allemaal, ik wil geen oorlog beginnen, ik constateer alleen dat Rutte een blinde vlek heeft. Het is niet uniek, overal op de wereld bestaan dit soort systemen. Maar wanneer zo iemand de president is, heb je als land een probleem.'

Hoe kwam je vader naar Nederland?
'Hij ging studeren in Delft en ontmoette mijn moeder. Mijn roots liggen in Ede en Santo Domingo. Ze werden hier op straat aangestaard. Na zijn afstuderen zei hij tegen mijn moeder: ik ga terug naar Aruba, trouw met me en ga mee. Daar ben ik geboren. Exxon Mobile was groot op Aruba, de Amerikaanse werknemers

hadden een eigen buurt, The Colony. Mijn eerste school was een Amerikaanse, met mijn eerste vriendjes sprak ik Engels. Dat ik in het Engels muziek schrijf is geen masker dat ik opzet, het is een masker dat ik afzet. Het is de taal waarin ik mezelf het meest intiem en begrijpelijk kan uiten.

'Wat ik op Aruba heb gezien: cultuur is beweeglijk en multi-interpretabel. Je had een mix van Noord-Amerikaanse, Zuid-Amerikaanse, Caribische en Nederlandse cultuur. Op een bepaald moment zegt iemand: dit is hoe we dingen hier doen. Dat kan zo weer veranderen als later iemand anders zegt: en vanaf nu doen we het zo. Ik acht mezelf even zwart als blank. Aan de hand van zijn eigen perceptie beslist de persoon die voor me staat wat ik op dat moment ben. In Amerika ben ik een *sketchy looking Puerto Rican dude*. In Nederland wordt gedacht: het zal wel een Indo zijn. Het enige wat ik weet: overal word ik omringd door andere *flavors* dan wat ik zelf ben.

'Mijn Amerikaanse muziekhelden zijn mijn vrienden geworden. Wat zij continu op me gooien: *my nigga*. Ze bedoelen het zoals wij zouden zeggen: mattie. Ik accepteer dat woord, maar ik kom cultureel van een andere plek, met andere ervaringen dan zij, dus ik moet daaraan blijven wennen. Ik ga niet met Jazzy Jeff een hele discussie beginnen over het gewicht van dat woord in de Europese context. We zijn gewoon aan het chillen met elkaar.'

Waarom verhuisde je naar Nederland?
'Mijn ouders lagen op koers voor een scheiding en mijn moeder miste Nederland. Ik vond het helemaal kut, ineens was het koud en moest ik een trui aan, ik had nog nooit lange mouwen gehad, ik voelde me gevangen. In Nederland hebben ze het nog twee jaar geprobeerd. Daarna heeft mijn moeder veel gewerkt en ervoor gezorgd dat ik in die buurt kon wonen en naar die scholen kon gaan.

'Op die scholen heb ik, net als de geprivilegieerde kids, geleerd om groot te durven denken en geen grenzen te zien. Vanuit Nederland in het Engels de wereld veroveren, dat is *quite the challenge*. Het is een zwaar pad, maar wel helemaal van mij. Ik heb in dertig landen getourd, dat is anders dan ieder weekend in de buurt van je huis een paar shows doen. Mensen vragen weleens: ben je nou groot of bekend? Ik zit in mijn eigen hoek, maar wel in heel veel landen.'

Door de ziekte van Lyme was je een paar jaar uitgeschakeld.
'Ik moest toekijken. Artiesten die ik had geholpen, maakten de stappen die ik zelf had willen maken. Het was alsof mijn verhaallijn werd afgeschreven door mensen die niet wisten wat ik op dat moment voelde. Ik zag ze in de zandbak spelen en dacht: ik wil meedoen, ik heb ook een schepje en een emmertje. En ik zag hoe hiphop, mijn muziek, in Nederland mainstream werd. Dat is wat me nu zo enthousiast maakt om mijn muziek weer te kunnen delen.'

Postscriptum: Ruim twee jaar na dit interview kondigde Mark Rutte in de Tweede Kamer aan dat hij van gedachten was veranderd over Zwarte Piet.

Olcay Gulsen

Presentator, ondernemer (Nederland, 1980)

NEDERLANDS
'Op feestdagen zoals Koningsdag en Bevrijdingsdag.'
KOERDISCH
'De muziek. En al mijn tattoos zijn in het Koerdisch.'
NEDERLANDSE JOODS-CHRISTELIJKE TRADITIE
'Bekrompen om het zo te noemen. Waarom zou je andere Nederlanders buitensluiten?'

De ouders van Olcay Gulsen hebben dezelfde achternaam. 'Ze zijn neef en nicht. Dat is toch vreemd? Als ik ergens de meisjesnaam van mijn moeder moest noemen, zei ik: eh ja, die heet ook Gulsen. Dan zag je die blanke mensen zo kijken. Wat zit je nou te lachen?'

Sorry.
'Ze waren uitgehuwelijkt. Voor mijn moeder voelde het een soort van gedwongen. Een vrij liefdeloos verhaal. Ik vind het ingewikkeld om er iets van te vinden. Een van de partijen was niet in orde. Mijn vader is schizofreen. Mijn moeder vertelde heftige verhalen, alleen weet ik niet of die allemaal kloppen. Bij mijn vader kan ik het niet checken.
 'Hij was verslaafd aan drugs en gokken. En schizofreen dus. In een dorp als Waalwijk ben je dan de dorpsgek. Wij waren gek én buitenlands. Dubbelop. Ik werd me er wel bewust van dat wij geen Nederlanders waren. Bij ruzies was het eerste waar ze me voor uitscholden: vuile Turk.'

Voel je je Turks?
'Ik begreep wat ze ermee bedoelden. Mijn ouders zijn geboren in Turkije, maar ik voel me niet Turks. De Koerdische cultuur spreekt me meer aan. Dat strijdbare en ontheemde gevoel past meer bij me. Ik probeer me te distantiëren van de Turks-Koerdische strijd. Door Nederlandse Turken word je meteen in de anti-Turkse hoek gezet. Ik wil de *middle man* zijn.

'De familie van mijn ouders mocht in Turkije geen Koerdisch meer spreken. Eerst vluchtten ze naar Armenië. Daarna kwamen ze naar Nederland, ik denk als gastarbeiders. De ene dag dacht mijn vader dat hij een PKK-strijder was, de volgende dag zei hij: niemand mag Koerdisch praten, want ik ben een Turk. Hij had problemen met zijn identiteit. Ik denk dat het kwam door zijn verdriet over dat hij in Turkije geen Koerd meer mocht zijn.'

Voel je je Brabants?
'Ja. De zuidelijke mentaliteit past bij mij. Sinds dertien jaar woon ik in Amsterdam, maar ik voel me geen Amsterdammer.'

Denk je dat autochtone Brabanders jou zien als een Brabander?
'Nee. Wanneer mensen vragen waar ik vandaan kom, bedoelen ze niet: kom je uit Waalwijk?'

Welke taal spraken jullie thuis?
'Tegen de kinderen praatten mijn ouders Nederlands, ze spraken Koerdisch als wij het niet mochten verstaan. Mijn moeder beheerst de Nederlandse taal nog steeds niet goed, ze is niet superslim. Mijn ouders hebben alleen lagere school gehad.'

Je bent ondernemer geworden.
'Zowel Turken als Koerden zijn ondernemers. In onze familie zit niemand in loondienst. Óf ze hebben een eigen bedrijfje,

zoals een Turks restaurant, óf een uitkering. Daar zit bij ons niets tussen. Als kind dacht ik dat ik alles kon worden. Alleen kwam ik in mijn volwassen leven dezelfde obstakels tegen als toen ik een kind was. Ik dacht: ik ga hard rennen, dan krijg ik respect en word ik niet meer gezien als een vrouw of een buitenlander. Dat is niet gebeurd.'

SuperTrash is een kledingmerk. In de modewereld gaat het nu steeds over diversiteit.
'Mij is altijd geleerd: blond haar en blauwe ogen, dat verkoopt. Ze zeggen dat het bewezen is. En ik denk dat het ook wel waar is. Met SuperTrash heb ik me daar nooit iets van aangetrokken. Ik liet de opening van mijn show doen door pikzwarte modellen toen anderen nog zeiden: wat risky. Ik vond die modellen supermooi, daarom deed ik het. Imaan Hammam is nu groot, ze komt uit Nederland en is van Marokkaanse en Egyptische afkomst. Zij werd door ons als eerste geboekt.

'Tien jaar geleden werden al een paar excuusnegerinnen de catwalk op gestuurd – en wat is er daarna veranderd? Niets. De modeindustrie is racistisch en keihard en opportunistisch, net als de rest van de maatschappij. Dat is hoe ik ernaar kijk. Nu wordt een zwart model op de cover gezet: kijk eens hoe vooruitstrevend wij zijn, wij vieren alle geuren en kleuren die er in de wereld bestaan. Het is onecht. Die bedrijven doen het om aandacht te trekken en omdat het in de mode is. Ze willen gewoon zo veel mogelijk verkopen, het gaat nooit om iets anders. Alleen resultaat telt.

'Het is 2018, waarom moet het nog steeds worden benoemd? Die diversiteit en *female empowerment* waar ze het steeds over hebben – het zou allang ingeburgerd moeten zijn in onze gedachten. Natuurlijk zijn donkere modellen net zo mooi en talentvol. Alleen is de realiteit dat van de tien ingehuurde modellen er nog steeds negen blond zijn.'

Je bent tegenwoordig actief in de tv-wereld.
'Die is ook extreem blank en geen reflectie van de maatschappij. Ook daar wordt gedacht: blond verkoopt. Met Jandino hebben ze één excuusneger op de zaterdagavond. Zelf ben ik niet te donker en ik spreek goed Nederlands. Ik beweeg me niet in de hoogste laag van Hilversum. Mijn rol daar is die van modeondernemer en lifestyledeskundige. Ik ben tv gaan doen om mijn merk te versterken.'

Ben je religieus opgevoed?
'Mijn moeder nam ons mee naar de moskee en ook naar de kerk. God en Allah waren bij ons één. Ik bid niet iedere dag, maar als ik het doe is het tot Allah. Alleen als ik hem nodig heb. En de andere regels van de islam lap ik aan mijn laars.'

Murat Isik

Schrijver (Turkije, 1977)

NEDERLANDS
'Altijd. Dit is mijn land, hier ben ik geworteld.'

TURKS
'Ik ben geboren in Izmir. Mijn familie is Zaza. Toen ik twee was, verlieten we Turkije.'

PARTNER
'Ze is Nederlands, maar afkomst speelt geen rol bij mijn partnerkeuze.'

NEDERLANDSE JOODS-CHRISTELIJKE CULTUUR
'Dat klinkt niet inclusief. Maar belangrijker: in de jaren veertig van de vorige eeuw was die joodse traditie ver te zoeken.'

De vader van Murat Isik bleef er maar naar vragen: wat vertel je over die vader in je boek? 'Ik zei steeds: jij bent die vader niet, het is een roman. En mijn vader vroeg dan weer: ja, maar wat vertel je over hem? Hij bleef er huiverig over.'

Voordat hij in 2015 op vakantie ging naar Amerika moest het klaar zijn: de eerste versie van de roman *Wees onzichtbaar* – nu, drie jaar later, staat het op de shortlist van de Libris Literatuur Prijs. (Twee weken na het interview won het boek die prijs ook.)

'Eén dag voor vertrek had ik het af. Drie weken later, ik was nog in Amerika, belde mijn moeder dat mijn vader was overleden. Hij heeft het boek nooit kunnen lezen.'

Uit *Wees onzichtbaar*:

> Op een dag – ik was een jaar of negen – werd het mij allemaal duidelijk. 'Ik had nooit kinderen moeten nemen,' zei mijn vader terwijl hij naar het tafelblad staarde alsof het pas

op dat moment tot hem doordrong, en we medelijden met hem moesten hebben.
'Harun, niet waar de kinderen bij zijn,' zei mijn moeder.
'Ze mogen het weten,' zei hij. 'Ze moeten weten dat ik anders ben.' Hij zweeg even en keek toen ineens trots op: 'Ik ben geen klassieke vader, ik ben een communist!'

Terwijl Murat Isik het boek schreef, begon zijn vader e-mails te sturen. 'Hij wilde zijn rol als vader toelichten. Alleen de eerste mail heb ik gelezen, ik wilde me niet laten beïnvloeden. In die mail schreef hij dat ik begrip voor hem moest hebben, dat híj het juist moeilijk had als immigrant die een overlevingsstrijd voerde, terwijl ik hier alle mogelijkheden had. Hij had potentie, maar vond dat hij zich niet kon ontplooien doordat hij kinderen kreeg. Ik dacht weleens: jij had inderdaad geen kinderen moeten krijgen.'

Hoe kwamen jullie in Nederland terecht?
'Mijn familie is Zaza, een volk met een eigen taal dat oorspronkelijk uit Perzië komt. Mijn vader was communist en atheïst. In Turkije was het politiek onrustig, linkse vrienden van hem verdwenen. Het werd te gevaarlijk en hij vluchtte naar Duitsland. Wij volgden later. Na drie jaar kwamen we naar Nederland. Ik was vijf en de Bijlmer werd mijn thuis.

'Mijn vader zei altijd: ik ben geen gastarbeider, maar politiek vluchteling. Hij wilde niet in loondienst werken voor het kapitalistische systeem en keek neer op mensen die dat wel deden. Je liet je toch niet uitbuiten? Hij wilde eigen baas zijn, een restaurant runnen. En hij vond: met een uitkering ben ik *in control*, ik hou me bezig met iets hogers, met de toekomst van het communisme. Ik schaamde me dood voor die uitkering.

'Het grootste deel van het geld dat we hadden hield hij voor zichzelf, daar ging hij mee de stad in. Hij had er bewust voor

gekozen om in de Bijlmer te wonen, weg van de sociale controle van de Turkse gemeenschap, van de gelovige Turken waar hij niet mee kon drinken of kaarten. Na een paar jaar besefte mijn moeder: ik moet mijn eigen geld hebben, ik moet de taal leren en me ontwikkelen. Ze werd voedingsassistente in het AMC en is daar enorm opgeklommen, ze werkt er nog steeds. Ik ben heel trots op haar. Mijn vader heeft haar nooit gesteund, zelfs tegengewerkt, maar ze heeft veel bereikt: op latere leeftijd een huis gekocht, haar pensioen zeker gesteld en een groot sociaal netwerk opgebouwd.
'Op belangrijke momenten stapte mijn vader toch naar voren. Op de basisschool kreeg ik een mavo-havoadvies. Met mijn moeder kwam hij naar een ouderavond en riep: mijn zoon hoort op het vwo. Dat advies kreeg ik uiteindelijk, maar op de middelbare school hadden ze me toch ingedeeld bij mavo-havo. Toen heeft hij voor de tweede keer stennis geschopt. Anders had ik misschien nooit gestudeerd en was ik geen schrijver geworden. Na het vwo zei hij: waarom studeer je geen rechten, want een advocaat heeft status en geld. Dat was het advies van een communist aan zijn introverte zoon die nauwelijks een woord zei.'

Waar hoorde je bij in de Bijlmer?
'Ik had een Pakistaans vriendje, wij waren net broers. In die tijd was de Bijlmer een Surinaamse buurt, het was totaal niet cool om een Turk te zijn. Ik zei nog wel: nee, ik ben Zaza. Daar had niemand van gehoord, dus ze vroegen waar ik was geboren. In Turkije. Dan was het: zie je wel, je bent gewoon een Turk. Ik ben overal een buitenstaander, dat is mijn rol in het leven. Als schrijver is het prettig, als kind was het vaak zwaar.
'De middelbare school was in Reigersbos, een betere wijk in Amsterdam-Zuidoost, met laagbouw. Een toen overwegend witte school. Ik droeg afgetrapte O'Hara's van de Bristol, twee paar voor 19,95. In mijn nieuwe klas droeg iedereen Nikes. Mij noemden ze Schoonmaker, dat werd mijn naam. Bij de metrohalte zag

ik een keer een meisje uit mijn klas, ze had rood haar, een bril en een beugel. Zij begroette me met: hé Schoonmaker. Dat was wel het dieptepunt. Een meisje van wie je zou verwachten dat ze werd gepest had toch het zelfvertrouwen om mij zonder enige aarzeling zo te noemen.'

Heeft de shortlist van de Libris Literatuur Prijs voor jou een andere betekenis dan voor de overige genomineerden?
'Iedereen heeft een eigen verhaal. Ik kom van ver. Het had weinig gescheeld of ik was in Izmir gebleven. Niemand van mijn familieleden daar heeft gestudeerd. Mijn vader was als kind schaapherder in het dorp. Als kind durfde ik niet eens te dromen. Ik dacht alleen: als ik het vwo maar afmaak, dan stopt dat dagelijkse strafkamp. In de Bijlmer groeide ik op in de marge, in een opgegeven wijk. Taxichauffers kwamen niet naar onze buurt, mensen durfden niet op bezoek te komen uit angst dat hun auto zou worden opengebroken – wat ook gebeurde. Ik was heel bescheiden in wat mijn potentie was. En nu voel ik dat ik ben doorgebroken naar de Champions League van de literatuur.'

Laetitia Griffith

Bestuursvoorzitter (Suriname, 1965)

> **NEDERLANDS**
> 'Als ik boerenkool met worst klaarmaak.'
> **SURINAAMS**
> 'Dat is wat ik ben, dat gaat nooit over.'
> **PARTNER**
> 'Een blanke man die twintig jaar ouder is dan ik. Ik heb een brede blik en een divers team.'

Het gebeurde vorig jaar, in de boardroom van een van de bedrijven waar Laetitia Griffith in de raad van commissarissen zit. Ze wil niet zeggen welk bedrijf. Maar ze is bestuursvoorzitter van de Nederlandse Veiligheidsbranche en commissaris bij KPMG, TenneT, Gassan Diamonds en de Nationale Goede Doelenloterij oftewel de Postcodeloterij. De presentatie begon met een foto. Een nieuwe foto. De beoogde foto was vervangen omdat daar alleen maar witte mannen op stonden. 'Dat vind ik bemoedigend: bestuurders die het belang gaan zien van diversiteit en actief handelen. De voorzitter van de raad van bestuur speelt een cruciale rol. Als de CEO het uitdraagt, volgen de anderen vanzelf.'

Wat is jouw rol als commissaris?
'Naast toezicht houden en adviseren: uitdagen. Leidinggeven is complex. Het gaat niet alleen om groei, winst en rendement. Een bedrijf moet ook innovatief en duurzaam zijn en sociaalmaatschappelijk draagvlak hebben. Ieder bedrijf heeft twee of drie aandachtspunten. Ik moet ze overtuigen: daar komt er nu één bij. Een divers samengesteld team, dat hebben jullie nodig om te overleven.'

Komt dat drammerig over bij die bedrijven?
'Natuurlijk. Eerst zeggen ze: het is lastig, we kunnen moeilijk kandidaten vinden. Dan vraag ik: wat gaan we daaraan doen?'

Waar kijk je naar bij de samenstelling van een team?
'Mijn blik is breder dan culturele en genderdiversiteit. Ook mensen van dezelfde afkomst zijn heel verschillend. Naast expertise vind ik persoonlijkheid, karakter, stijl en humor belangrijk. Je kunt niet alleen maar ego's in een team hebben. Als iemand zichzelf opblaast met zijn grote ego, moeten er anderen bij zitten die zeggen: doe even normaal. Mijn streven is: ten minste 30 procent van het team moet divers samengesteld zijn.'

Wordt dat gehaald?
'Bij lange na niet. In organisaties heb je gemiddeld drie lagen. De onderlaag zijn de jonge medewerkers die instromen bij een bedrijf. Die aanwas is prima en tegenwoordig heel divers. Het probleem zit in de middenlaag, de mensen die zijn opgeklommen tot een managementfunctie. Die laag is minder divers. Daar loop je het meeste risico dat kwalitatief goed en gemotiveerde werknemers vertrekken – om zeer uiteenlopende en soms valide redenen. Als je niet voldoende investeert om een diverse middenlaag te krijgen, zal er binnen de organisatie zelf weinig diverse doorstroming zijn naar de top.

'Eén keer per jaar moet de raad van bestuur een lijst opstellen met namen van kandidaten die potentieel hun opvolgers kunnen zijn. Mijn vraag is dan: wat hebben deze individuele kandidaten concreet nodig om door te groeien en hoe kunnen we daarin als bedrijf investeren? In 90 procent van de gevallen krijg je een lijst waar alleen maar blanke mannen op staan. Bij personeelsbijeenkomsten kijk ik ook zelf rond en praat met medewerkers. Wie ben jij, wat is je functie? Niet iedereen is geschikt voor de top. Als ik iemand zie van wie ik denk dat die interessant kan zijn, dan geef ik door: kijk daar eens naar.'

Je zat jaren in de Tweede Kamer voor de VVD. Iedere keer dat Mark Rutte een eenzijdig samengesteld kabinet presenteert, zegt hij: we konden geen betere vinden.
'In de vorige kabinetsperiode had de VVD twee uitstekende topvrouwen als minister, Edith Schippers en Melanie Schultz. Deze kabinetsperiode heeft de VVD onvoldoende geleverd. Het is een gemiste kans, vooral in dit tijdperk.'

Zou je bij een volgende keer willen meedoen?
'Ik ben niet beschikbaar voor een bewindsfunctie. Maar ik ben graag bereid mee te denken over een cultureel divers samengestelde lijst met potentiële kandidaten voor de volgende kabinetsperiode.'

Was jij je in de Tweede Kamer ervan bewust: ik ben anders dan de rest?
'Altijd. Dat zie je toch meteen aan mijn uiterlijk? Jij en ik zitten nu op een terras. Ik ben de enige gekleurde persoon op dit terras. Je kunt het ook omdraaien. Als ik met iemand afspreek is het makkelijk, ik kan altijd zeggen: je zult me makkelijk vinden, want ik ben de enige gekleurde. Of de enige vrouw.'

Het verhaal dat je net vertelde, over diversiteit, past dat bij de VVD?
'Voor mij is de VVD: verder komen door zelfontplooiing. Dat doe je door onderwijs en hard werken. In Suriname zag ik bij een vriendin thuis hoe haar ouders de kinderen voorbereidden op een toekomst na de middelbare school: naar Nederland voor een universitaire opleiding. Ik kende dat niet. Tegen mijn ouders zei ik: dit zijn mijn toekomstplannen. Ze wisten niet wat ze hoorden, bij ons thuis had niemand gestudeerd.

'Bij de VVD zei ik: ik ga geen campagne voeren gebaseerd op mijn culturele identiteit. Zoals de PvdA het toen deed, tegen allochtonen zeggen: wij zullen voor jullie opkomen. Zoals DENK dat nu doet. Het is beperkend. Een mens is zoveel meer dan de geboorteplaats van zijn ouders. Ik richtte me op de inhoud, op waar ik goed in was: veiligheid en justitie. Dat vonden ze geweldig bij de VVD. Surinamers kwamen naar me toe: jou vind ik uitstekend, maar je zit bij de verkeerde partij. Ik zei dan: de VVD is wel de partij die mij de kans heeft gegeven om te doen waar ik goed in ben. Waar ik nu sta, dat dank ik aan hen. Dat zei genoeg. Het bewijs was ik zelf.'

Gerard Cox

Acteur (Nederland, 1940)

> **NEDERLANDS**
> 'Altijd.'
> **ROTTERDAMS**
> 'Als ik me erger aan Amsterdamse arrogantie.'
> **PARTNER**
> 'Ze waren allemaal leuke wijven. Ooit, vijfentwintig jaar geleden, had ik een Surinaamse vriendin. Daar was ik trots op. Op die anderen ook, hoor.'

Vanuit de lobby van het Parkhotel wijst Gerard Cox in de richting van de Witte de Withstraat, even verderop in de Rotterdamse binnenstad. 'Daar woonde ik tot 1975, die straat was toen aan het aftakelen. Nu is het hip. Wordt dat woord nog gebruikt? Ik woon al drieënveertig jaar in de Hoeksche Waard, een kwartier hiervandaan. Aan Amsterdammers moet je dat uitleggen.

'Ik dacht: als ik oud ben, kom ik terug naar de stad. Nu is het zo veranderd. Andere gewoontes, andere godsdiensten. Als jongen bracht ik in Rotterdam-Zuid driehonderd kranten rond. *De Maasbode*, een katholiek dagblad. In die buurt woont geen Nederlander meer, laat staan een katholieke. Naar mijn overtuiging zijn de Nederlanders die daar woonden in de steek gelaten. Zij mochten de multiculturele samenleving uitvinden. En nu kunnen we er niet meer over praten. Je wordt meteen uitgemaakt voor racist.'

De mensen die daar wonen zijn de huidige Rotterdammers.
'Meer dan de helft is allochtoon. Dat woord is uit de mode, maar ik vind het wel een handige term. Ik loop door de stad en het

kan ook Ankara zijn, of Paramaribo. Als ze goed geïntegreerd zijn, maakt het geen zak uit. Met een Rotterdamse tongval, altijd leuk. Alleen weet ik niet of ze het Rotterdamse gevoel hebben.

'Een jaar geleden stond de hele misjpoge hier op de Erasmusbrug omdat er iets was gebeurd in Turkije. Kinderen van zestien zeiden: Erdogan is onze leider. Ik weet niet of ze trots voelen om Rotterdammer te zijn. Wat krijgen ze te horen in de moskee, behalve dat wij christenhonden zijn? Die dubbele nationaliteit, daar begrijp ik ook niets van. Je bent dit of dat, je kunt niet allebei zijn.'

Waarom niet?
'Daarom niet.'

Wie zegt dat?
'Ik. In Amerika wil iedereen een Amerikaan zijn. Dan ben je wat. Niemand wil een Nederlander zijn. Een Turk willen ze wel zijn, kennelijk.'

Wat is het Rotterdamse gevoel?
'Ik ben geboren in 1940, vlak voor de oorlog. Op Zuid, de Boerenzij heette het, met Brabanders en eilanders uit Barendrecht en Alblasserdam. Dat noemden ze een gemengde buurt. Ik kan me de bevrijding nog herinneren. We mochten weer van alles. Om te beginnen: de ruiten ingooien bij NSB'ers. Tot mijn dertigste was de hele binnenstad een kale vlakte. De Moffen hadden alles gebombardeerd, alleen het Witte Huis en de Laurenstoren stonden er nog. Wij hadden geen stad.

'En verder: het oude verhaal, enorme clichés. Geen woorden maar daden. De overhemden worden hier verkocht met opgestroopte mouwen. Nuchter en geen flauwekul. Amsterdammers die hier filmen zeggen altijd dat het zoveel makkelijker gaat. In Rotterdam beloven we niets, maar we doen het wel. En nu moet ik oppassen. Bij alles wat ik nog zeg, roepen ze in Amsterdam: dat is jouw Rotterdamse minderwaardigheidscomplex.'

Zijn we beland bij het hoofdstuk 020?
'We leven op een postzegel en ik heb meer gewerkt in Amsterdam dan waar ook. Maar als je het wilt horen: in de jaren zeventig werkte ik bij Lurelei met Eric Herfst, een geweldige man. Op een dag droeg ik een mooi kostuum. Eric vroeg waar ik dat had gekocht. In de Bijenkorf. Hij vroeg: op de Dam? Nee, op de Coolsingel. Daarna sprak hij de woorden: hebben jullie ook een Bijenkorf? Dat is voor mij de ergerniswekkende Amsterdamse arrogantie. Denken dat de wereld ophoudt aan het eind van de Overtoom.

'Toen Jack Spijkerman nog Jack Spijkerman was, zat ik een keer bij hem op de radio. Hij vroeg waarom er geen Rotterdamse liedjes bestaan, behalve *Ketelbinkie*. Ik ben daar te lief voor, maar ik had moeten zeggen: dat jij ze niet kent, betekent niet dat ze niet bestaan.

'Ik lees al zeventig jaar *de Volkskrant*. Mijn vader was een katholieke arbeider en het is gewoon de beste krant. Maar de Mokumse arrogantie die eruit opstijgt als een pislucht, dat is verschrikkelijk. In Rotterdam hebben wij de finish van de Roparun, een estafette vanuit Parijs voor het goede doel. Honderdduizenden mensen langs de kant. In *de Volkskrant* heb ik daar nog nooit iets over gelezen. Als in Amsterdam tien bootjes met versierde nichten door de gracht varen, staat het op de voorpagina. Alle kranten zitten daar nu. Die geschifte Belg is met de *Nieuwe Rotterdamsche Courant* na tweehonderd jaar verhuisd naar het Rokin. Hij wilde tussen zijn lezers zitten, zei hij nog.

'Ik heb geen zin meer om een nieuw cabaretprogramma te maken. Anders zou ik wel iets willen doen wat keihard rechts en politiek incorrect is. Wat is cabaret? Het publiek een wortel voorhouden waarvan ze niet weten of ze hem wel lusten. De mensen op stang jagen, dat is leuk. Wim Kan maakte ooit een grap toen Nieuw-Guinea onafhankelijk zou worden. Hij zei: die Papoea's moeten stemmen, hoe kan dat nou, dan moeten we ze eerst vangen. Dat is toch humor? Nu wordt gezegd: zo'n grap kan niet meer. Nou, dan zijn we lekker opgeschoten.

'In de jaren zeventig waren wij links, we zeiden dingen waar de meeste mensen het niet mee eens waren. Gelijke kansen voor iedereen, ontwikkelingssamenwerking, het milieu – daar waren wij allemaal voor. Nu vindt iedereen dat. Misschien hebben we toch wel iets bereikt.'

Nadia Bouras

Historicus, docent aan de Universiteit Leiden
(Nederland, 1981)

NEDERLANDS
'Altijd wel.'
MAROKKAANS
'Ook altijd. Ik zie niet hoe dat botst.'
ETEN
'Indiaas. Ik ben vegetariër, Marokkaans eten is niet aan mij besteed.'
PARTNER
'Een Nederlandse Marokkaan uit Veghel. Hij is een Brabander, ik een Amsterdammer.'

Als oudste kind van immigranten kun je niet komen aanzetten met een geschiedenisstudie. 'Dan moet je voor de keiharde vakken gaan: economie, medicijnen.' Gelukkig was Nadia Bouras niet het oudste kind. 'Mijn zus had het zwaar. Zij was de eerste die tijdens haar studie alleen ging wonen. Later heb ik zelfs ongetrouwd samengewoond.'

Wat vonden je ouders daar zo moeilijk aan?
'De angst om jezelf of je cultuur te verliezen. Mijn zusje is getrouwd met een witte Nederlander, mijn broertje ook. Mijn ouders vroegen dan: begrijpen zij onze cultuur wel? Daarna accepteerden ze het. Nadat ik was afgestudeerd had ik een tussenjaar. Ik werkte in Lexington, een penozecafé in Amsterdam-Zuid. Alle dagen van de week, ik sloot 's avonds ook af. Het was tijdens de ramadan. Voordat we samen het vasten zouden verbreken, ging ik op een dinsdagavond naar mijn werk. Thuis voelde ik al spanning.
'Ik stond daar biertjes te tappen, mijn vader kwam binnen en zei heel rustig: ik wil dat je nu naar huis komt. Thuis kwam alles

eruit. Het gezin viel uit elkaar, de kinderen zaten niet thuis te wachten op het eten, mijn ouders dachten: wat is dit, waar zijn we mee bezig? Ik vond: ik vastte mee, maar ik ging ook gewoon naar mijn werk. Dat is de paradox. Mijn ouders wilden dat we succesvol werden, alleen hadden ze er moeite mee als dat gebeurde. Ze wilden dat hun kinderen vooruitkwamen, maar daarvoor moet je ze kunnen loslaten.'

Waarom wilde je geschiedenis studeren?
'Mijn vader was een van de spontane migranten. Via Parijs kwam hij naar Nederland. Met zijn vader had hij geen goede relatie. Mijn vader had gezworen: ik ga nooit terug naar Marokko. Tot hij ging voor de begrafenis van zijn vader. Hij is verre familie van mijn moeder. Zij was een stadsmeisje, uit Casablanca. Hij kwam uit een dorpje in het zuiden. Mijn moeder zei altijd: als hij bij ons thuis was geweest stonk het naar koeienmest.

'Na de begrafenis kwam hij langs Casablanca, op de terugweg naar Europa. Tegen de vader van mijn moeder zei hij: ik wil met Fatima trouwen. Niet de oudste dochter, dat was een probleem. Maar ze kon geen nee zeggen. Mijn moeder was net klaar met de middelbare school, de wereld lag open, ze wilde naar de universiteit. Vijf maanden later verhuisde ze naar Amsterdam.

'De droom van mijn moeder was: geschiedenis studeren en aan een universiteit werken. Dat is wat ik nu heb gedaan. Van alle kinderen bleef ik het langste thuis, ik sta het dichtst bij mijn moeder. Ze pushte me in die academische richting. Eerst had ik geen zin, ik wilde die druk niet. Ze heeft me aangemoedigd, maar ik voelde ook haar verdriet: dit had ik gewild.'

Hoe was het op de universiteit?
'Aan de VU kreeg ik last van faalangst, ik dacht: ik moet weg hier en kwam terecht op een Amerikaanse universiteit, in New Jersey. Tot dat moment had ik nooit nagedacht over wie ik was.

De enige andere internationale studenten waren Frans, bij dat groepje hoorde ik ineens. En ik werd aangezien voor een Latina. Wat moest ik zeggen dat ik was, Dutch Moroccan? Het was 2003, Bush viel Irak binnen. Ik had een knetterconservatieve huisgenoot die met haar vrienden voor de tv zat te juichen: laten we bommen gooien op die woestijnmensen. Ik dacht: dat ben ik.

'Ik begon Arabische literatuur te lezen en te luisteren naar de muziek die vroeger thuis opstond, maar waar ik nooit aandacht aan had besteed. Toen ik terugkwam op de VU waren er plotseling Marokkaanse studenten. Ze organiseerden zich op een manier die ik in Amerika had gezien. Dat herkende ik, daar wilde ik wel aan meedoen. Maar het was vooral: kijk ons eens de gestudeerde Marokkanen zijn. De meisjes zochten naar huwelijkspartners.

'Aan de VU had ik een joodse vriendin. De hoogleraar zei tegen ons: jullie moeten iets met je afkomst doen, anders doet niemand het. Mijn scriptie ging over de migratie van Marokkaanse vrouwen naar Nederland. Ik begon bij mijn moeder. Het beeld is: door hun mannen zijn ze naar Nederland gehaald, als schapen die in de achterbak werden gegooid. Zo ging het niet.

'Alle mannen die ik sprak, zeiden: de ellende begon toen de vrouwen en kinderen kwamen. Daarvoor hadden die mannen Nederlandse scharrels, ze dronken alcohol. Hun gezinnen bleven in Marokko. De vrouwen moesten bij hun schoonouders inwonen, kun je je voorstellen hoe erg dat is? Dus ze zeiden tegen hun man: of jij komt terug naar Marokko of ik kom met de kinderen naar Nederland.

'De tragiek is dat die gezinshereniging samenviel met de massale werkloosheid in de jaren tachtig. Tot die tijd waren Marokkaanse mannen winnaars, ze hadden geld. Nu moesten ze de vaderrol aannemen en waren ze ook nog eens werkloos. Een andere mythe waar veel jonge Nederlandse Marokkanen in geloven: eerst zijn onze vaders uitgebuit en toen afgedankt. Zo is het niet gegaan. Een klein deel is als gastarbeider gehaald, de meesten kwamen vrijwillig. Die jongeren hebben dit gevoel geïnternaliseerd: mijn vader werd niet gerespecteerd, dus waarom zou ik Nederland respecteren?'

Zes weken eerder, op 9 juni 2018, reageerde Nadia Bouras op Twitter op een bericht van toenmalig vvd-Kamerlid Han ten Broeke. In een tweet had hij geschreven dat achterlijke gewoonten uit het Midden-Oosten hier geen wortel moesten schieten. Zij vroeg hem waarom de regering en de vvd dan zo gretig zaken deden met deze landen uit het Midden-Oosten. Waarop Ten Broeke schreef: 'Bent u werkelijk een universitair docent? Aan mijn oude alma mater?' Gevolgd door: 'Ik heb nog banden met de @UniLeiden en dus alle reden om me ook functioneel zorgen te maken over niveau, niet alleen als alumnus.'

Wat dacht je toen?
'Ik was bij vrienden thuis, ik schrok me te pletter. En ik dacht: kom maar op, *motherfucker*. Hij suggereerde dat ik daar niet thuis hoorde en hij wel. Als ik Annemarie heette, had hij nooit zo gereageerd. Racisme komt niet altijd met een witte puntmuts op, het gebeurt ook subtieler en dat is wat hij deed. Zo iemand als jíj op míjn universiteit. Voor de gevestigde orde is het bedreigend dat ze hun ruimte moeten delen.'

Barry Hay

Zanger (India, 1948)

NEDERLANDS
'Ja Jezus, godsamme, ik weet het niet. Als het vliegtuig landt? Ik geloof dat het nu toch mijn land is, ik heb alles aan Nederland te danken.'
SCHOTS
'Een paar jaar geleden ging ik erheen om te kijken, met dat land had ik toch een klik.'
JOODS
'Met Israël had ik geen klik.'
ETEN
'De oosterse keuken. Het moet pittig zijn. Toen ik voor het eerst boerenkool at, dacht ik: wat is dit voor troep? Ik moest er sambal overheen doen om het naar binnen te krijgen.'

Dit is het probleem: 'Volgens de joden ben ik een jodenjongen, omdat mijn moeder het is. De christenen vinden: jouw vader is een van ons, dus jij bent het ook. En ik denk: dat maak ik zelf wel uit, ik wil nergens bij horen. 'Op de trouwfoto van mijn ouders zie je dat mijn opa er diep ongelukkig uitziet. De vader van mijn vader was gewoon een antisemiet. Dat vertelde mijn moeder. Mijn opa had een net christelijk meisje voor zijn zoon gewild en hij kwam thuis met een jodin.'

Die bruiloft vond plaats in India, nadat zijn ouders elkaar hadden ontmoet op West-Java. Zijn vader werd geboren in India en had in de Tweede Wereldoorlog met de Britten gevochten in Birma. Zijn moeder was direct na de oorlog van Nederland naar Indonesië gekomen. 'Mijn vader was een grote witte man, een Schotse militair. Het hoogtepunt van het jaar was als ik tijdens de militaire parade naast hem op het podium mocht staan om te salueren. Hij kwam uit een legerclan, ze hoorden bij de Scots Guards. Als ik bij hem was gebleven, zou ik ook in het leger gaan.'

Maar het liep anders. Op zijn achtste werd Barry Hay door zijn moeder meegenomen van India naar Nederland, zijn vader heeft hij nooit meer gezien. 'Ik heb uit mijn moeder moeten trekken wat er in de oorlog met haar is gebeurd. Ze vertelde dat ze in Westerbork was getrouwd met een Duitser. Ik dacht: het zal wel een Duitse officier zijn geweest. Later bleek dat het een Duitse jood was. De Duitser noemde ze hem. Ze zette zich af tegen dat joods-zijn, ze wilde het wegmaken. Mij heeft ze nooit opgevoed, in Nederland ging ik naar internaten. Als het vakantie was, moest ik naar een kamp op Texel. Ze was meer een zus dan een moeder.

'Ik heb altijd eerlijk verteld hoe het bij mij thuis ging. Tot ik daarop werd aangesproken door een joodse man die ook in Westerbork had gezeten. Hij zei: je moet wel beseffen dat wij allemaal gestoord uit die kampen zijn gekomen. Je moeder heeft haar familie verloren, je mag met wat meer empathie over haar spreken. Toen begreep ik pas waarom ze altijd op een theedoek liep te kauwen. Alle handdoeken zaten vol gaten bij ons. Dat deden ze in het kamp om de honger te verdrijven.

'Ik wil niet zeggen dat ik een antisemiet ben, maar ik vond het toch verdacht, die joden. Net als ieder ander dacht ik: het is niet pluis, vooral niet bij die orthodoxe joden. Een beetje sjofel, met outfits die niet van deze wereld zijn, en dan wel in een vliegtuig in de eerste klas gaan zitten. Erg op zichzelf, tegen het arrogante aan.

'Het gekke is: ik heb veel joodse vrienden. Als ik zo tegen ze loop te praten, zeggen ze: maar jij bent zelf ook een jood. Zo heb ik het nooit gevoeld. Mijn moeder wilde er niets mee te maken hebben en ik ben opgegroeid op christelijke kostscholen. Nu zie ik iets moois in hoe joden naar elkaar toe trekken. Wij tegen de rest, dat idee. De underdog zijn en dat door vernuft weten te ontworstelen.'

Was het moeilijk om te leren hoe je in een gezin moet leven?
'Ik keek afgunstig naar vriendjes die uit een gezin kwamen. In zo'n huis zat ik te kijken hoe dat ging. Maar ik zag ook hoe ze ruzie kregen en dat papa mama een klap gaf. Dat je met hun schaamrood op jouw kaken zit, weet je wel. De magie was dan voorbij.
    'Ik leerde Sandra kennen. Na een paar jaar zei ze: ik wil een kind. Daar begin ik niet aan, zei ik. Zij bleef er een jaar over doorzeuren, tot ik toegaf. Ze was gelijk zwanger. Sandra heeft ook een moeilijke jeugd gehad. Mijn moeder viel nog mee vergeleken bij die van haar. We wilden onze kinderen een betere jeugd geven dan we zelf hadden, dat spraken we tegen elkaar uit. Maar bij mannen die zeggen: ik ben een goede vader – dan begin ik al te twijfelen, dat is verdacht.
    'Een gezin was onbekend terrein. Spike, de gitarist van Di-rect, is het vriendje van mijn dochter Bella. Hij vertelt hoe hij als kind naar een camping ging, samen zwemmen en 's avonds barbecuen. Met zijn vader aan auto's sleutelen. Zijn ouders beschouw ik als familie, het begint nu ergens op te lijken. Samen in een bandje zitten, dat is ook een broederschap. Ik ben enig kind, maar bij Golden Earring heb ik drie broers.'

Hielp het bij jullie internationale doorbraak mee dat jij buiten Nederland was opgegroeid?
'Engels is mijn eerste taal, dat was een enorm voordeel bij het *songwriten*. De meeste Hollandse zangers zongen fonetisch in het Engels, zonder dat ze wisten waar ze het over hadden. Dat is toch anders. En verder: het is allemaal een samenloop van omstandigheden. We traden op in Duitsland en Frankrijk en via Engeland kwamen we in Amerika. De eerste keer dat we in Engeland waren, zei ik: we gaan Indiaas eten. Je had die koppen moeten zien, zoiets lekkers hadden ze nooit gevroten. In Nederland bestond dat niet. Ik voel me nog steeds meer Engels dan Nederlands.'

Hoor je bij de Nederlandse muziekwereld?
'Natuurlijk. We zijn allemaal dezelfde types. Vrolijke jongens. Vrijbuiters die niet achter een bureau op de koffiejuffrouw zitten te wachten.'

Ben je een Hagenees?
'Dat idee had ik wel. Van huis uit ben ik een Amsterdammer, daar gingen we eerst wonen. Later verhuisde mijn moeder naar Den Haag, ik heb er ruim veertig jaar gewoond. Toen ik verhuisde, stond op de voorpagina van de *Haagsche Courant*: Hay gaat naar Amsterdam. Ik dacht: het is vijftig kilometer verderop, het is niet alsof ik naar Duitsland ga. Mijn dochter Bella piekert er niet over om naar Amsterdam te gaan, zij heeft dat Haagse veel meer dan ik. Sandra en ik wonen al twaalf jaar op Curaçao. Ik kom naar Nederland om te werken.'

Mo Sahib

Ondernemer, organisator van het LatinVillage Festival
(Marokko, 1968)

NEDERLANDS
''s Ochtends over de grachten naar mijn werk fietsen.'

MAROKKAANS
'In Marokko op een terras iedereen om me heen met elkaar horen praten.'

PARTNER
'Ze is half-Nederlands en half van Curaçao. Het maakt niet uit waar je vandaan komt, liefde maakt dat onbelangrijk.'

Mo Sahib zit in zijn kantoor aan de Amsterdamse Keizersgracht. 'Het was een topografisch voordeel om het enige Marokkaanse gezin in Amstelveen te zijn,' zegt hij.

Nog een voordeel: alle familie was in Marokko achtergebleven. 'Mijn moeder moest meteen Nederlands leren. Eerst was mijn vader in zijn eentje gekomen, om als kok te werken in Chalet Suisse in Amstelveen. Later in een restaurant in de Spuistraat in Amsterdam, nu heet het Luden. Zijn plan was om na twee jaar terug te gaan. Maar hij zag dat de kansen hier fantastisch waren. Wij kwamen over uit El Jadida, een stad in de buurt van Casablanca.

'Voor zijn werk moest mijn vader veel uit eten in Nederlandse restaurants, wij gingen mee. Bij ons thuis werd niet op een negatieve manier gesproken over: die Nederlanders. Toen ik twaalf was ging ik een keer met een vriendje mee naar de Kolenkitbuurt in Amsterdam-West. Daar woonden veel Marokkaanse gezinnen. Ik schrok van de boosheid en de afkeer van het land waar ze in woonden, ik wist niet dat zoiets bestond.'

Waar waren ze boos over?
'Ik begrijp waarom Nederlanders Marokkanen niet leuk kunnen vinden. Maar het omgekeerde begrijp ik ook. De directheid van Nederland is in Marokko niet normaal. Daar zeg je niet: ik vind jou niet aardig. Het is pijnlijk als dat hier wel gebeurt. En je moet de heimwee niet onderschatten, die deed ook pijn. De ontevredenheid en depressie van de eerste generatie – het kan dat de latere generaties daarmee zijn geïnfecteerd. In Marokko zijn ze geen Marokkaan, maar hier wel.

'Vijftien jaar geleden had ik een heel vervelende discussie met een bank. Ik had die medewerker aan de telefoon en ik zei: laten we samen een biertje drinken, dan komen we er wel uit. Het was alsof in zijn hoofd een knop om ging: hé, hij snapt mij. Ineens was het opgelost. Als je een ander niet kent, kun je elkaar ook niet begrijpen.

'Mijn vader had gezegd: ga niet in de horeca, het is hard werken en weinig verdienen. Een technisch beroep vond hij beter. Met een vriend begon ik een café in de Reguliersdwarsstraat, we verbouwden het met spullen van de Gamma. Na twee jaar ging ik op vakantie naar Isla Margarita, voor de kust van Venezuela, in die tijd was dat hip. Op dat eiland was overal salsa en merengue. Ik dacht: dit is geweldig, je kunt met vrouwen dansen zonder eerst moeilijk te doen over of ze een drankje willen. Contact leggen was altijd ingewikkeld. Met deze muziek erbij niet.

'Op de woensdagen begonnen we met salsa-avonden. Dat werd te klein, we verhuisden naar Hotel Arena en sinds 2005 organiseer ik het LatinVillage Festival. Nee, mensen denken niet dat ik een latino ben. Meestal word ik aangezien voor Surinamer. Fawaka? Rustig.'

Wie komt naar het festival?
'Jong grootstedelijk publiek uit heel Nederland. Je ziet niet meer wat hun afkomst is, alles wordt vermengd.'

Nederlands-Marokkaanse jongens en portiers bij discotheken. Wat is jouw analyse?
'Mijn eigen café was een keer afgehuurd voor een besloten feest. Ik was vrij en liep toevallig langs om te kijken hoe het ging. Toen ben ik geweigerd in mijn eigen café. Daar moest ik wel om lachen. De jongen achter de bar zag mij net op tijd en gaf een signaal dat ik naar binnen mocht.

'Ik kan de portiers snappen als die jongens daar eerder rwina hebben gemaakt. Daar heb ik ze ook op aangesproken. Het heeft geen zin om met vijf jongens naar binnen te willen. Of om met vijf jongens een meisje aan te spreken. Of een meisje aan te spreken terwijl je je jas nog aan hebt. Zij zien nu: als ik normaal doe, gaat het beter. Ik heb er nooit last van gehad, maar ik weet dat het discriminatieverhaal moeilijk is. Ik heet ook Mohammed, ik weet dat het moeilijk kan zijn om ergens binnen te komen. Maar ja, dan moet je zelf een tent beginnen.

'Moslims die komen zeggen dat wat ik doe haram is? Dat soort mensen ken ik niet. Echt niet. Ooit, in 1995, kwam een man mijn café in die vroeg: weet je vader dat je dit doet? Ik zei: mijn vader doet hetzelfde. In Nederland bestaan Marokkanen die hebben gedacht: de tijd waarin ik ben gekomen, die houd ik vast. Het is alsof ze de tijd willen bevriezen. Geen leuke dingen doen, niet naar de Efteling gaan, het land niet leren kennen en je geld naar Marokko sturen. Hun wortels zijn nooit in de grond geslagen, ongemerkt hebben ze niet geleefd. Met mijn vader heb ik hier ook discussies over gehad. Hij kocht een huis in Marokko en nog een. Waarom? Hij woont hier, daar is hij nooit.'

Ben jij de enige niet-autochtone organisator van een groot festival in Nederland?
'Op dit niveau wel, ja. Wat dat zegt? Dat ik ondernemend genoeg ben om het gat te zien. Wij missen een geschiedenis en een netwerk, dat is zo. In een studentenvereniging kun je contacten

leggen. Wij zitten niet in die verenigingen. Het kan dat andere organisators ouders hadden die al naar festivals gingen. Ik niet. Maar daardoor moet je je niet laten tegenhouden, dan geef je op.'

Willem de Bruin

Rapper (Nederland, 1985)

> **NEDERLANDS**
> 'Dat voel ik me niet.'
>
> **ANTILLIAANS**
> 'Ook niet. Ik ben meer bezig met een zoektocht naar wie ik zelf ben. Niet naar wat mijn afkomst is.'
>
> **PARTNER**
> 'Mijn vriendin is half-Indisch en half-Nederlands. Ik voel me altijd aangetrokken tot meisjes met een andere achtergrond dan alleen Nederlands, ik denk dat wij hetzelfde zijn.'

Zijn ouders kozen ervoor om hem Willem de Bruin te noemen. 'Als kind heb ik ze vervloekt. Ik ben genoemd naar mijn Hollandse opa, de vader van mijn moeder heette Willem. En mijn vader is een donkere man, van Curaçao. Alleen heet hij De Bruin. In de familie bestaan meerdere verhalen over waar die naam vandaan komt. Het zou de naam zijn van een Nederlandse pastoor die op Curaçao werkte.

'Mijn oudere zus was lichter uitgevallen dan ik, ze dachten dat ik ook zo zou worden. Aan haar kun je niet zien dat ze half-Antilliaans is. We hebben het er nooit over gehad, maar ik denk dat mijn zus daardoor niet zo was als ik. Zij voelde zich niet anders. Bij haar was het omgekeerd. Wat ik in Nederland had, kreeg zij op Curaçao. Daar zei onze familie tegen haar: wat ben je licht.'

Wat had jij in Nederland?
'Als ik met mijn zus ergens kwam, vroegen mensen: is je broertje geadopteerd? Of is hij je halfbroer? Wanneer ik zei dat ik Willem heette, begonnen ze te lachen. Altijd even een Antilliaans accent

nadoen als ze tegen me praatten. Of ze zeiden: jij bent een van de goeie donkere mensen. Als kind voel je: hier gebeurt iets wat niet klopt, maar je parkeert het. We woonden in Noordeinde, een dorpje in Noord-Holland, omgeven door weilanden. Over de dijk woonde nog een gezin met geadopteerde kinderen. Dat was het.'

Je bent niet erg donker.
'In het dorp was een jongen die altijd naar me riep: hé zwarte. Als je mijn kleur ziet, moet je daar om lachen. Antillianen denken dat ik een Marokkaan ben. Marokkanen denken dat ik een Surinamer ben. Ik keek naar films over Amerikaanse gevangenissen. Daar is het: zodra een nieuwe gevangene binnenkomt, moet hij zich bij een groep aansluiten. Bij de zwarten of de blanken of de latino's. Ik dacht: wat als ik ooit in een Amerikaanse gevangenis kom, waar zou ik dan bij horen?

'Op de basisschool was ik er nog niet zo mee bezig. Het was niet zo dat ik dacht: ik moet toetrekken naar de geadopteerde kinderen uit Haïti en Colombia. Pas aan het eind van die school merkte ik dat ik steeds werd benaderd op mijn kleur. Mijn middelbare school was in Bergen, daar zaten donkere jongens op uit Alkmaar. Zij waren echt opgegroeid in die cultuur, de Antilliaanse of de Surinaamse. Voor hen was ik gewoon een Nederlander. Ik werd geaccepteerd in hun groep, maar mijn rol was wel die van de Hollander.

'Ik voelde een drang om bij die jongens te horen, ik dacht: dat is wie ik ben. Ik wilde die jongens wórden. Nu zie ik dat ik in een identiteitscrisis zat. Ik hing altijd met mijn neef die uit Curaçao was overgekomen, ik wilde Papiaments praten, ik wilde die kleding. Ik wilde dat mijn vader Papiaments tegen ons had gepraat. De taal is belangrijk om jezelf mee te identificeren, om met je familie te kunnen praten. Ik heb het mezelf moeten leren.

'Ik trok naar de Antilliaanse kant toe en zette me af tegen de Nederlandse. Het is niet zo dat de mensen in het dorp slecht waren. Bij mijn vriendjes thuis stond de deur voor me open, daar denk ik met plezier aan terug, maar mijn wereld was in de stad. Het gesprek dat ik wilde hebben, over hoe ik me buitengesloten voelde – dat bestond niet in het dorp.'

Met het rapduo The Opposites werd je zo succesvol dat jullie in 2014 de Nederlandse Popprijs wonnen. Werd jij in de hiphopwereld gezien als wit of zwart?
'Twan en ik noemden onszelf The Opposites. Hij is lang, ik kort. Ik ben donker, hij blank. We bevestigden dat verschil, als een eenheid. In de hiphop is de multiculturele samenleving geslaagd. Als blanke rapper word je misschien eerder gedraaid op de radio, maar onderling is dat geen onderwerp. Op hiphopfeesten zie je alle afkomsten door elkaar, daar wordt niet in kleur gesproken.

'Toen wij opkwamen, was het algemene beeld: rappers zijn raddraaiertjes. In werkelijkheid waren het jongens die zochten naar een manier om hun verhaal te kunnen vertellen. Natuurlijk kun je honderd voorbeelden noemen van vrouwonvriendelijke teksten in hiphopmuziek die nu wordt gemaakt. Of over homo's. Het is nog steeds een mannenwereld. Maar de moderne discussie wordt in de hiphopwereld met veel meer empathie besproken dan wat ik in kranten lees of op het nieuws zie. In de hiphop kan het gesprek over integratie op een volwassen manier worden gevoerd.'

Was het moeilijk om te stoppen terwijl jullie aan de top stonden?
'Het was de keuze van Twan om te stoppen, niet van mij. Misschien was dit wel het beste wat mij kon overkomen. Ik ben gereset en kan daar dingen uit halen voor waar ik nu mee bezig ben. De jongere artiesten bepalen wat het nieuwe geluid is. Zij

zijn altijd het succesvolst. Voor mij is nu de vraag: ga ik iets doen wat al in is, of kom ik met iets waar ik in geloof, iets wat ik wil uitdragen? Mijn doel is niet hetzelfde succes halen als dat ik hiervoor had. Ik heb een verhaal dat ik wil vertellen.'

Cihan Karadavut

Kapper (Nederland, 1986)

NEDERLANDS
'Halfacht opstaan en om acht uur in de sportschool zijn, die discipline heb ik. Om die tijd zie ik daar alleen maar Nederlanders, de rest slaapt nog.'
TURKS
'Ik bestel voor vier, vijf man eten. Een Nederlander denkt: ik heb mijn eigen eten en verder zoekt iedereen het maar uit.'
PARTNER
'Mijn vrienden waren niet verbaasd dat ze Marokkaans is. Ik ben opgegroeid tussen een meerderheid van Marokkanen.'

Het begon toen Cihan Karadavut werd aangehouden omdat hij 260 kilometer per uur reed op de A16. 'Ik had net een nieuwe Volkswagen Golf 6R20. Met een drankje op, na het uitgaan, wilde ik stoer doen voor mijn vrienden. Mijn rijbewijs werd ingenomen. In die tijd werkte ik nog bij Justitie. Ik dacht: op mijn werk ben ik ambtenaar, daarbuiten heb ik schijt aan de regels en kan ik doen wat ik wil.

'Eerst zat ik vijf jaar als ambtenaar bij de politie, daarna werd ik bewaarder in gevangenissen. Hier in Rotterdam-West kon ik dat niet zeggen. Dan ben je een verrader, een NSB'er. Als politieman kwam ik niet op straat, ik zat achter een bureau. Niemand wist het. Nu kan ik het vertellen, het is mijn verleden.

'Het was ingewikkeld, je leeft in twee werelden. Tot mijn achttiende ging ik alleen om met allochtonen. Met mensen van wie de ouders geen Nederlands spreken. Je praat straattaal met elkaar. Bij de politie werkten bijna alleen Nederlanders, daar werd ABN gesproken. Simpel voorbeeld: de eerste maanden had ik telefoon-

angst. Ik dacht, als ik die telefoon opneem, val ik door de mand, dan zien ze dat ik een straatschoffie ben. Wij zijn gewend om zo op te nemen: yo, fawaka, met wie? Ik moest leren om te zeggen: goedemorgen, met Cihan Karadavut, wat kan ik voor u doen?
 'Na die aanhouding wilde ik niet dubbel worden gestraft. Op mijn werk zei ik niets. Twee maanden later moest ik voorkomen bij de rechter. Die vroeg: ik zie hier dat u bij Justitie werkt, weet uw leidinggevende over deze aanhouding? Nee? Dan gaan we dat doorgeven. Ik werd op staande voet ontslagen. Dit was in 2014. Ik was onzeker, wat ga ik doen? Ik wilde de zekerheid hebben van een vaste baan. In de weekenden werkte ik als kapper. Mijn vader was als kapper uit Turkije naar Nederland gekomen. Hier in de buurt kende iedereen mij als die Turkse kapper op zolder. Ik knipte op de zolder van mijn ouders.'

Nu heeft Cihan Karadavut onder de naam Cino Style een kapsalon op een bovenverdieping in de Veelzigtstraat in Rotterdam-West. Als je vanaf de straat goed kijkt, kun je de voetbalshirts aan zijn muur zien hangen. 'Ik ben de kapper met de shisha, dat had niemand in Nederland, dat je een shishapijp kon roken bij de kapper. Het werd een hype. Zonder die aanhouding was het allemaal niet gebeurd. Nu ben ik daar dankbaar voor.
 'Dit was hoe het begon. Royston Drenthe ging naar Kayserispor, een voetbalclub in Turkije. Kayseri is de stad van mijn ouders. Via Instagram stuurde ik een bericht: zal ik je helpen met een huis zoeken? Nadat hij een huis had gevonden, vroeg ik: zal ik je knippen? Hij antwoordde: o, ben je ook kapper? Royston stuurde me een ticket, het was de eerste keer dat ik werd ingevlogen. Ik was daar en hij zei: kom naar de training en neem je spullen mee. Even later stond ik Necati Ateş te knippen, een legende, als jongetje zag ik hem op tv voetballen voor Galatasaray.
 'Instagram heeft mij gemaakt, anders had niemand me gekend. Na die reis kon ik schrijven: ik word ingevlogen als *vip*

barber, ik ben het mannetje. Bilal Başacikoğlu was de eerste Feyenoorder die bij me kwam, via hem knipte ik weer spelers van het Turkse elftal. En Tonny Vilhena, Karim El Ahmadi, Eljero Elia. Ineens was ik de Feyenoord-kapper.

'Rick Karsdorp, een blonde Feyenoorder, kwam hier binnen met twee Marokkaanse vrienden. Je ziet dat we allemaal één zijn geworden. Onze ouders komen uit andere landen, maar wij hebben dezelfde cultuur. We zijn opgegroeid in Rotterdam-West of een andere volksbuurt – en daar hadden we dezelfde jeugd. Hollandse jongens appen me in het Turks: abi, nasilsin? Broeder, hoe gaat het?

'Wat ook een moment was: Hakim Ziyech van Ajax vroeg of hij kon komen. Was dat wel verstandig, wat zou er gebeuren? Tot drie jaar geleden heb ik mijn hele leven gedacht: Ajax is slecht. Dat hoorde ik steeds om me heen, dan ga je denken dat het zo is. Iedereen in de buurt was positief, ze zien dat ik gewoon mijn werk doe. Via Ziyech kwamen Traoré, Onana, Justin Kluivert.

'Eerst had je Hanni Hanna, hij knipte de spelers uit Amsterdam en ik deed Rotterdam. Ik pakte Amsterdam erbij en de rappers liepen over naar mij. Dat vond hij niet leuk. We willen allebei de sterren knippen. De rappers begonnen met Fırstman, via hem kwamen Broederliefde, Leipe en Boef. Hem knip ik nog steeds. Je wilt de bekendste sterren. Na de rappers kwamen de kickboksers. Luis Tavares, uit Rotterdam, Imad Hadar en Aziz Kallah, die weer bevriend is met Hakim Ziyech.'

Hoeveel kost het?
'Hier in de zaak is het vanaf dertig euro. Met shisha, haar verven, alles – dan kan het oplopen tot honderd euro. Ik ben een keer op een dag heen en weer gevlogen naar Spanje voor 2500 euro, dat was voor zeven of acht Franse voetballers. Voor Royston Drenthe vloog ik naar Abu Dhabi. Alles gaat via via. John Guidetti speelde

met Celta de Vigo bij Ajax. Ik knipte hem in Amsterdam en ging daarna naar een ander hotel om heel Ajax te doen.'

Wat is je signatuur?
'De contouren, hoekjes en strepen. Verven. Ik heb Ziyech blond gemaakt. En de overloop, daar sta ik bekend om. Dat is het belangrijkste: hoe het op je hoofd overgaat van licht naar donker, van het opgeschoren kale stuk naar waar nog wel haar zit. Hoe je dat wegwerkt, zodat de overloop stapsgewijs gaat, dat is de kunst.'

Fernando Halman

Radio-dj (Nederland, 1981)

> **NEDERLANDS**
> 'Elke dag.'
> **ARUBAANS**
> 'Ook altijd. Ik ben een Arubaanse Nederlander.'
> **PARTNER**
> 'Ze zijn half-Congolees geweest, half-Russisch, Indonesisch. *I don't discriminate.*'

Zelfs aan zijn eigen moeder durfde Fernando Halman het niet te vertellen. 'Het was een steen op mijn rug, die ik mijn hele leven bij me droeg. Waarom wilde mijn vader niets met me te maken hebben? Ik dacht dat ik niet goed genoeg was.

'Mijn moeder deed alles voor me, ik wilde niet ondankbaar overkomen en tegen haar zeggen: ja, maar ik wil mijn vader – terwijl zij er wel iedere dag voor me was. Om me heen zie ik veel mannen met *daddy issues*. Het is niet makkelijk om erover te praten. Je wilt niet zielig worden gevonden door de mensen om je heen.

'Mijn ouders kwamen van Aruba naar Nederland toen ze negentien waren. Vijf jaar later werd ik geboren. Kort daarvoor maakte mijn vader een slippertje, dat heeft mijn moeder hem niet vergeven. Hij bleef gewoon in Nederland wonen, maar ik zag hem misschien een keer per jaar. Als we samen naar de film gingen, teerde ik daar een heel jaar op.'

Heb je het tegen hem gezegd?
'Hij woont weer op Aruba, daar heb ik twee kleine zusjes. Als ik op het eiland kom, bezoek ik ze. Twee jaar geleden heb ik hem

geconfronteerd, een maand voordat mijn eigen kind werd geboren. Ik dacht: hoe kun je zo je kind in de steek laten, ik kon me niet voorstellen dat ik dat zou doen.

'Met z'n tweeën zaten we aan tafel in zijn huis, mijn zusjes waren verderop aan het spelen. Ik zei: ik heb nooit gehoord dat je trots op me bent, ben je trots op me? Hij vroeg: hoezo zeg je dat? Ik zei dat ik me altijd had afgevraagd waarom hij weg was gegaan.

'Mijn vader is een man van weinig woorden. De volgende dag kwam hij erop terug. Hij was trots op mijn moeder, dat ze een sterke man van me had gemaakt en het speet hem dat hij alles had gemist. Hij vertelde dat hij op tv zag hoe kinderen hun vader misten als die er niet was. Toen besefte hij: o, dus het heeft impact.

'Op dat moment hoorde ik pas het hele verhaal. Ik wist niet dat zijn eigen moeder overleed toen hij een kind was. Zijn vader kon ook niet voor hem zorgen, die had meerdere kinderen. Mijn vader is een beetje opgevoed door een oudere zus. Hij wist niet hoe familiestructuren werkten, dat kende hij niet. Hij wist niet hoe hij zich moest gedragen.

'Het is net een soapserie: uit het slippertje dat hij maakte is mijn broer Alfonso geboren, we schelen een halfjaar. Zijn moeder is van Curaçao. Onze moeders hebben hun ego's opzij gezet en besloten: deze broers gaan met elkaar opgroeien. Ik zag Alfonso ieder weekend, hij is mijn broertje en mijn beste vriend.'

Hoe doe je het nu met je eigen kind?
'Ik ben goede vrienden met de moeder van mijn zoon. We zijn nooit samen geweest in een echte relatie. Die zwangerschap, het is gebeurd. Een deel van de week is hij bij me. Al je van buiten naar binnen kijkt, zou je zeggen: Fernando zet het patroon van zijn vader voort. Zo is het niet. Natuurlijk had ik het liever anders gewild, op de traditionele manier. Maar dit is hoe het kennelijk moet zijn. God zet je nooit in een situatie die je niet aankunt.

Je moet een man zijn en je verantwoordelijkheid nemen, wat de situatie ook is.

'Toen ik tien was, kreeg mijn moeder een nieuwe relatie met een Nederlandse man, ik zie hem als mijn vader. Met hem ging ik frietjes eten. We hadden gesprekken over het leven, *motivational talks*. Ik ken het Arubaanse perspectief en het Nederlandse. En mijn eigen perspectief. Iedereen is bezig met het verschil, ik met de overeenkomsten.'

De laatste twaalf jaar presenteert Fernando Halman op radiozender FunX een show van zeven tot tien uur 's ochtends. 'Ik wilde een nieuw geluid brengen op de radio. Een urban sound. Ik denk dat het is gelukt. Edwin Evers en Giel Beelen hebben een geluid. En ik ook.'

Zij zien elkaar als concurrent. Speel jij op hetzelfde veld?
'Ja, op het veld van de radio. Ik zie hen als gelijken, niet meer en niet minder dan ik. De oude klassieke manier heeft gewerkt voor veel mensen. En nu is alles in beweging. Ik weet dat er mensen bestaan die het bij het oude willen houden, maar ook radio verandert.

'Ik wilde helemaal niet bij de radio. Na de middelbare school was ik bezig met muziek maken. Op tv zag ik een oproep, bij BNN zochten ze radiotalent. Dat kan ik ook, zei ik. Ik wist al veel van muziek. Mijn moeder hoorde het en zei dat ik niet moest opscheppen, maar echt laten zien dat ik het kon.

'En nu praat ik mee in grote talkshows. Als je mij uitnodigt, krijg je Fernando. Ik kom niet alleen vertellen over muziek of zwarte cultuur, ik praat mee over alles. Voor mijn radioshow ben ik up-to-date over het nieuws. En ik ben stemacteur, ik zit in twee films die nu draaien: *Hotel Transsylvanië 3* en *Teen Titans*.'

Yootha Wong-Loi-Sing

Actrice (Nederland, 1987)

NEDERLANDS
'In Amerika. Onze directheid en werkethos. Ik heb geen assistent die weer een assistent heeft.'
SURINAAMS
'Altijd.'
PARTNER
'Surinaams. Ik zag een jongen met rastahaar. Dat wordt 'm niet, dacht ik. Ik moest voorbij mijn eigen vooroordelen, ik had niet verwacht dat hij hbo deed en serieuze toekomstplannen had.'
WIT OF BLANK
'Ik zeg wit, blank moet ik afleren. Wit en zwart zijn neutraal. Blank heeft een andere lading dan wit.'

Het was in Los Angeles, bij de première van de tv-serie *Love is_*, die wordt vertoond op OWN, de zender van Oprah Winfrey. Yootha Wong-Loi-Sing speelt een rol in de serie en zag Oprah een paar meter verderop staan. 'Zij is het toppunt van voorbeelden. Voor vrouwen, voor zwarte mensen en voor zwarte vrouwen. In alles resoneert ze bij mij.

'Overal waar Oprah gaat, heeft ze een groep mensen om zich heen, als een zwerm bijen. Ook op zo'n première. Je hebt supersterren en dan heb je Oprah. Ik stond daar met mijn vriend: zal ik gaan? Maar wat als ze me niet kent en wat moet ik zeggen? Je wilt niet naar Oprah toegaan en dan alleen zeggen dat je haar geweldig vindt. Toen zag ze mij en riep: Yoothaaa, wat leuk je te ontmoeten. Ik kon letterlijk bijna niet bewegen. Daarna hebben we twee minuten gekletst.'

*Love is_* werd opgenomen in Atlanta. 'Pas toen ik er voor het eerst kwam, besefte ik hoe zwart die stad is. In het winkelcentrum kon ik gewoon een Prada-winkel in lopen zonder dat iemand die daar werkte me aankeek alsof ik misplaatst was.'

De weg naar Amerika begon in Rotterdam. 'Mijn vader is gitarist en kapper. Mijn moeder trad op als zangeres, onder andere in een meidengroep met Ruth Jacott en Denise Jannah, dat is mijn peettante. Later werd ze cultureel programmeur. Het was vanzelfsprekend dat ik iets creatiefs ging doen. In de woonkamer speelde mijn vader akkoorden op de gitaar en ik mocht bedenken wat ik daarbij kon zingen. Op de basisschool deed ik al mee in toneelstukken.'

En op de middelbare school?
'Het Marnix Gymnasium was op vijf minuten lopen van mijn huis. In die tijd de witste school van Rotterdam-West. Daar werden de verschillen voor het eerst zichtbaar. Mijn klasgenoten kwamen uit andere delen van de stad. Het leek bijna alsof ze onder begeleiding dat kleine stukje vanaf de bushalte moesten afleggen.

'Bij mij thuis maakten we het altijd gezellig, daar konden we frikadellen bakken en chillen. Tijdens een tussenuur ging een vriendinnetje voor het eerst mee. Voor we weggingen deed ze op school haar telefoon en portemonnee in een kluisje. Ik zei daar iets van, het voelde alsof ze mijn leefomgeving aanviel. Maar jouw buurt is toch onveilig, zei ze. Ik dacht: het is waar ik woon, is dit hoe jij mijn buurt ziet?

'Naast onze school zat een vmbo. Dat dwong me om al vroeg bewust te worden. Mijn klasgenoten vroegen: waarom praat je met de kinderen van die andere school? Alsof ze een ander soort waren. En de vmbo'ers vroegen: waarom zit je bij die tata's op school, kom lekker bij ons chillen. Dan zei ik dat ik hier was voor mijn toekomst en niet om te chillen.

'Tussen mijn dertiende en achttiende had ik al zoveel discussies gevoerd. Voordat ik naar het gymnasium ging, dacht ik: mensen die slim zijn, kunnen alles begrijpen. Ik wist nog niet dat sociale intelligentie helemaal los kan staan van opleidingsniveau. Ik wist toen niet: wanneer het over een Nederlandse traditie gaat, kan een hoog IQ ineens dalen naar een niveau waarop iemand niets meer begrijpt.'

In 2013 werd Wong-Loi-Sing genomineerd voor een Gouden Kalf voor beste actrice, voor haar hoofdrol in *Hoe duur was de suiker*. 'Mijn manager, Janey van Ierland, waarschuwde: na een nominatie blijft het een halfjaar rustig, iedereen denkt dat je te druk bent. Na een jaar zei ze: jij bent de eerste die na zes maanden geen aanbiedingen krijgt. Ook voor vrouwenrollen zonder specifieke kleur werd ik niet gevraagd.

'Janey is de manager van Gaite Jansen, die in dezelfde film een hoofdrol speelde en in dezelfde leeftijdscategorie zit als ik. Maar ik kwam niet in aanmerking voor dezelfde audities. Janey constateerde dat Gaite significant meer audities kreeg aangeboden en ging ermee naar het castingbureau. Daar vonden ze dat we gelijk hadden. Een producent aan wie ik het vroeg zei: producenten willen geld verdienen en met iemand zoals jij in een hoofdrol trek je in Nederland de helft minder publiek.

'Daar werd ik door getriggerd. Ik ga niet meer wachten op anderen die mij een kans geven. Die ontwikkeling zie je breder bij niet-witte makers. Ik wil verhalen vertellen die bij mij resoneren. Kunst moet een reflectie zijn van mijn geest, niet een poging tot uitleg voor de geest van een ander. Ik wil niet een film maken als uitleg voor waarom zwarte mensen zo boos zijn. Wat ik wil is gewoon: ik ontmoette een vriend, we werden verliefd en dat verhaal ga ik nu vertellen. Want dat overkomt ons ook.

'Janey is de manager van Carice van Houten en Marwan Kenzari. In Los Angeles heeft ze een netwerk aan wie ze mijn werk liet zien. Die waren geïnteresseerd. Ze bleef zeggen: kom een keer naar LA. Ik ben een week gegaan. Vijf afspraken, onder meer met de casting director van *Love is_*.

'Als meisje dacht ik niet: ik word actrice en dan ga ik naar Hollywood. Ik wilde in Nederland werken. In Amerika zit ik maandenlang zonder mijn familie. Maar mijn eerste prioriteit is mezelf ontwikkelen en dat kan alleen door te spelen, ik moet gaan waar de rollen zijn. Ik hoop dat mijn proces voor een voortschrijdend inzicht zorgt in Nederland. We willen niet dat al het talent weggaat.'

Serdar Gözübüyük

(Nederland, 1985)

NEDERLANDS
'Landen op Schiphol.'
TURKS
'In Istanbul voel ik me geen buitenstaander.'
PARTNER
'Ze is Turks, uit Nederland, maar als ze iets anders was geweest zou ik ook met haar trouwen.'

Het gebeurde aan het begin van een wedstrijd in de Nederlandse eredivisie. Een wedstrijd waarin Serdar Gözübüyük de scheidsrechter was. 'Een speler van Marokkaanse afkomst, ik zal zijn naam niet noemen, maar hij is een heel goede voetballer, liep langs me en zei: eindelijk iemand van ons. Ik zei niets terug.'

Jij staat er anders in dan hij?
'Ik ben opgegroeid in Haarlem. 's Avonds voetbalden we altijd op straat, in een soort kooi met goaltjes. Die buurt heette Parkwijk. Een gemengde wijk, de jongens met wie ik voetbalde hadden bijna allemaal buitenlandse ouders. Uit Turkije, Marokko of Suriname. Een paar minuten verderop was Zuiderpolder, waar mijn ouders later een huis kochten, tussen de Hollandse gezinnen. En tien minuten de andere kant op was het Spaarne, waar Mart Smeets woont. Daar heb je huizen van een miljoen.

'Vanaf mijn twaalfde had ik een droom, ik wilde de eredivisie in. Eerst wilde ik het als voetballer, daarna als scheidsrechter. Als jeugdspeler moest je soms ook fluiten. Na een wedstrijd voelde ik een hand op mijn schouder. Ik draaide me en het was Willem van Hanegem, zijn kinderen speelden bij dezelfde club in Haarlem. Hij

zei: je doet het goed hè, dat fluiten. Dat betekende zoveel voor me. Ik dacht: ik ben ergens goed in, ik kan iets bereiken in Nederland.
'In die kooi zeiden ze: je hebt een Turkse naam, dat gaat je toch niet lukken. Het waren voor negentig procent donkere jongens, dat was hoe zij naar de wereld keken. Nu kan ik me ergeren aan die houding. Je wilt wel kansen, maar wat doe je ervoor terug? Nederland is een mooi land waar alles goed geregeld is en toch zeiken we alleen maar, het is nooit goed.
'In die tijd wist ik niet wie ik moest geloven. In de kooi hoorde ik één verhaal, maar de volgende ochtend ging ik naar school en merkte ik daar niets van. Ik zat in een klas met voor driekwart Hollandse kinderen. Als ze een verjaardagspartijtje hadden: ik zat er altijd bij. Evelien, Mandy en Martijn – ik kwam bij ze thuis en het was leuk.
'Toen ik een jaar of vijftien was, had ik een bijbaantje. In die McDonald's stond ik achter de kassa. De manager knipte met zijn vingers en floot naar me: prullenbak schoonmaken. Bij de kassa stond een blonde mevrouw me gewoon uit te lachen. Ik zei niets terug, liep naar boven en deed mijn shirt van McDonald's uit.
'Hallo, ik ben een normaal mens, dacht ik, waarom fluit je naar me alsof ik een hond ben? Ik moest tot tien tellen. Hadden de jongens in die kooi dan toch gelijk? Ik wist zeker dat ze zouden zeggen: zie je wel, nou heb je het zelf meegemaakt. Het shirt heb ik weer aangedaan en ik ben terug naar beneden gegaan. Maar ik heb daar niet lang meer gewerkt.
'Toen bedacht ik al: later moet ik een eigen bedrijf beginnen, zodat ik niet afhankelijk ben van dit soort mensen. In de jaren erna ben ik in zoveel situaties geweest als in die McDonald's. Natuurlijk bestaat het, dat heb ik zelf gezien. Waar het om gaat: je moet doorgaan en niet zielig in een hoekje zitten huilen.'

Welke rol speelt jouw naam in Nederland?
'Mijn voornaam valt mee. En mijn achternaam? Toevallig heb

ik net wat kinderboeken binnen gekregen voor mijn zoontje. Daarop stond niet één letter verkeerd, maar wel vier. We heten Gözübüyük, hoe krijg je het voor elkaar om die naam te spellen met drie keer een k?

'Aan het begin van mijn carrière stond ik een keer op het veld, kort voordat de wedstrijd begon. Bij Roda JC was dat, in Kerkrade. De stadionspeaker las de opstellingen voor en bij mijn naam zei hij: ik geef het op, kijk maar in het programmaboekje. Het hele stadion begon te lachen, de spelers ook. Ik zag de humor er wel van in. Maar je kunt ook naar me toe komen om te vragen hoe mijn naam wordt uitgesproken. Zoals Frank Snoeks van *Studio Sport* deed.'

Steeds weer begint Serdar Gözübüyük te vertellen over de scholen die hij bezoekt voor het ministerie van Veiligheid en Justitie. 'Je zou het burgerschap kunnen noemen, waar ik over praat met scholieren. Ik praat met ze over diploma's, werk zoeken, stages. Over hoe Nederland werkt. In dat verhaal ben ik zelf een toepasselijke koppeling. Ik kom uit dezelfde positie en toch is het me gelukt. Als ze dat uit mijn mond horen, zijn ze stil.

'In Nederland bestaan miljoenen regels. Thuis, op school, in het verkeer, overal gelden regels. Die zijn soms vervelend, maar we hebben ze wel nodig. Mark Rutte, de minister-president, heeft een les van mij bijgewoond. Na afloop zei hij dat hij onder de indruk was. Daar ben ik trots op. Eigenlijk is hij een scheidsrechter voor heel Nederland. En net als een scheidsrechter bij het voetballen: hij doet het nooit goed.'

De voetballer die tegen je zei: eindelijk iemand van ons. Had hij niet een punt? In de eredivisie hebben de spelers diverse afkomsten, maar de scheidsrechters niet. Jij bent nog steeds de enige.

'Ik kan niet voor de voetbalbond spreken, ik weet alleen dat de

KNVB mij altijd heeft gesteund. Als het niet zo was, zou ik het ook zeggen. En als een collega een penalty verkeerd beoordeelt, wordt hij ook uitgescholden voor hondenlul. Net als ik.'

Carolina Dijkhuizen

(Colombia, 1980)

NEDERLANDS
'Ik kijk nooit voetbal, maar tijdens een WK ben ik de bondscoach.'
COLOMBIAANS
'Als iemand vraagt waar ik vandaan kom, zeg ik altijd: Colombia. Daar ben ik geboren.'
PARTNER
'Ze zijn Nederlands, Surinaams en Antilliaans geweest. Ik ben multiculti.'
WIT OF BLANK
'Ik zeg blank en daarna corrigeer ik het naar wit.'

Toen Carolina Dijkhuizen in *The Lion King* speelde, kreeg ze brieven van kinderen. 'Ze schreven dingen als: ik ben ook geadopteerd en jij laat zien dat je alles kunt worden wat je wilt. Ik voelde me hypocriet tijdens die musical. *The Lion King* gaat over trots zijn op wie je bent en waar je vandaan komt, tijdens de repetities gingen we daar zo diep op in. Maar ik wist helemaal niet wie ik was en waar ik vandaan kwam. In die periode ging ik op zoek, ik ben met *Spoorloos* bezig geweest.'

Wat heb je gevonden?
'In Colombia was te weinig administratief bewijs, geboortes werden in het ziekenhuis gewoon niet bijgehouden. Het spoor liep dood. Ik kon het afsluiten. Ik had het geprobeerd, het was niet gelukt en ik ging verder. In Nederland heb ik al een gezin waar ik bij hoor, daar zocht ik niet naar. Het zou een toevoeging zijn geweest aan wat ik al heb.'

In Veendam adopteerden haar ouders drie kinderen uit Colombia. 'Mijn oudste broer was een van de eerste donkere mensen in het dorp, hij is van inheemse afkomst uit Zuid-Amerika, een indiaan. Mijn andere broer is meer negroïde, ik ben de lichtste. We komen uit andere delen van Colombia. Ik ben nooit teruggeweest.

'Als kind wilde ik op iemand lijken, maar ik leek niet op mijn ouders en niet op mijn broers. Mijn moeder zei: in Colombia wonen veel mensen die op jou lijken. Dat was mijn houvast. Als donker persoon in een witte maatschappij leven is al moeilijk, maar als je niet weet wie je bent en waar je vandaan komt, wordt het nog ingewikkelder. Ik miste iets, het was een gat dat niet kon worden gevuld door mijn ouders.

'Ik voel me een donkere vrouw. Voor blanken ben ik donker, maar voor zwarte mensen ben ik wit. Ik heb Surinaamse vriendinnen, en Indische en Turkse, maar dat is niet wat ik ben. Voor andere mensen is het verwarrend, die denken: is ze nou Surinaams of Antilliaans? Maar voor mij is het dat ook.

'Ik voel me thuis in de donkere cultuur, alleen ben ik niet Surinaams, ik spreek de taal niet. Ik ben niet opgevoed met de culturele dingetjes, ik heb een ander eetpatroon. Cultureel ben ik een Nederlander. Tussen die twee werelden moest ik schipperen. Daar voelde ik me alleen in staan.'

Hebben je broers dat ook?
'Totaal niet. Het is zo persoonlijk. Ik ging shows doen waarin afkomst een rol speelt. *The Lion King*, maar ook *Aida*, *Sister Act*, *Dreamgirls* en *The Bodyguard*. Daardoor moest ik erover nadenken. Mijn broers hebben dat niet in hun werk.

'Vanaf het begin ben ik erop gewezen door andere mensen. Het gaat altijd om hoe zij mij zien. De eerste keer was op de kleuterschool. Een kind vroeg aan me: waarom ben jij bruin en je moeder niet? Ik wist niet eens dat ik donker was, mijn moeder was gewoon mijn moeder.

'Mijn middelste broer kwam als laatste naar Nederland. Hij kwam op school en daar werd gezegd: eindelijk een donkere jongen in onze klas. Dat vond ik zo grappig. Ik zat al jaren in die klas, ook met Surinaamse kinderen. De andere kinderen zagen ons niet meer als donker. Mijn broer wel, omdat hij nieuw voor ze was.

'In mijn werk is het steeds: de donkere Carolina Dijkhuizen, of de Colombiaanse. Nooit wordt er gezegd: de blonde actrice. Of: de witte zangeres. Met mijn vader heb ik hier discussies over. Hij zegt: ik zie geen kleur, jullie zijn mijn kinderen. Over Zwarte Piet verschilden we van mening. Mijn vader is een blanke man van middelbare leeftijd die zei: het is niet racistisch bedoeld, dus is het niet racistisch. Ik probeerde hem uit te leggen: jij zult nooit begrijpen hoe ik het heb ervaren. Hij is mijn kant gaan zien.

'Met Sinterklaas werden mijn broer en ik uit de klas gehaald en in pakjes gehesen, alsof we aapjes waren. Niemand op school zei daar iets van. Als Zwarte Piet schmink je je gezicht om iemand anders te worden. Maar tegen ons werd gezegd dat wij niet geschminkt hoefden te worden, omdat we toch al zwart waren. Wat waren wij dan? Ik voelde me een aapje. Het was de meest vernederende ervaring uit mijn leven.'

Hoe werkt het met rollen in musicals?
'Van den Ende produceerde eerst *Aida* en daarna *The Lion King*. Hoe het dan werkt: een deel van de witte collega's ging klagen omdat het donkere shows waren en zij niet konden werken. Het was erg grappig. Dat is hoe een witte maatschappij functioneert. Dat iemand zoals ik voor negen van de tien rollen niet in aanmerking komt, is normaal. De donkere acteurs die toevallig niet in deze twee shows zaten, hadden nog steeds geen werk.

'Bij Stage Entertainment had ik met de manager een bespreking over *Beauty and the Beast*. Hij zei: het is leuk als jij het tweede seizoen doet, het eerste seizoen moet worden gedaan door een andere actrice, want het plaatje is toch blank. Het ging om de rol van Belle. Bij de musical in Duitsland was ze gespeeld door een Aziatische actrice. Ik zei: Belle bestaat niet, het is een tekenfilmfiguur, hoe kan ze dan blank zijn? Als het nou ging om *Ruud Lubbers, de musical* – dan begrijp ik dat hij niet door een donkere acteur kan worden gespeeld. Toch bleef het zo. Ik paste niet in het plaatje.'

Mustapha Nakhli

Ondernemer, eigenaar van voetbalagentschap Nakhli Mondial (Marokko, 1965)

NEDERLANDS
'Nooit. Ik ben een Marokkaan, daar ben ik geboren. Maar ik participeer in Nederland, ik ben goed geïntegreerd. Ik vind het hier heerlijk.'
MAROKKAANS
'Altijd.'
PARTNER
'Ik heb twee half-Nederlandse kinderen en nog een die vol Marokkaans is. Liefde is bepalend, niet etniciteit.'
WIT OF BLANK
'Allebei niet. Ik kijk naar mensen en niet in hokjes.'

Bijna twintig jaar geleden, vele jaren voordat hij de zaakwaarnemer werd van Hakim Ziyech, had Mustapha Nakhli een plan. 'In het begin dacht ik: ik ben Marokkaans, ik ga voor de Marokkaanse voetballers. Dat viel vies tegen. Dan hadden we een goed gesprek, maar uiteindelijk zeiden ze: ik kies voor iemand anders.'

Voor wie kozen ze?
'Voor een Nederlander. Die Marokkaanse jongens zeiden: de trainers, de leiding van de club, dat zijn allemaal Nederlanders, zij weten beter hoe ze met elkaar moeten omgaan, ze kennen elkaar. Ik ben begonnen met Nederlandse en Belgische spelers, van Surinaamse afkomst ook. Nu ik Ziyech heb en bij Ajax nog Mazraoui, met wie niemand het zag zitten, komen ze allemaal bij me. Voetballers bellen me zelf op. Ze zien wat hier gebeurt en denken: dat wil ik ook. Maar ik wil niet iedere speler hebben, ik kijk naar kwaliteit.'

Waarom dachten ze dat jij niet zou kunnen omgaan met Nederlanders?
'Een blanke is beter en machtiger – dat blijft er toch in zitten bij Marokkanen. We zijn bezet geweest door de Fransen en de Spanjaarden, we kijken op tegen Europeanen. Het is een koloniale gedachte. Wat het verschil is: nu heb ik bewezen dat ik me staande kan houden in de westerse wereld.
'Hakim Ziyech is heel belangrijk geweest in dat proces. We hebben een sterke band. Ik heb hem ontdekt op een toernooi in Tiel, om halfnegen 's ochtends, in de regen. Hij was zestien en speelde in de jeugd bij Heerenveen. Door hem is mijn beeld veranderd. Nu zie ik dat het wél kan: twee Marokkanen die samen succes hebben.'

Op de Amsterdamse Zuidas bewonen Ziyech en Nakhli de penthouses van twee appartementengebouwen die tegenover elkaar liggen. 'Waar ik woon heb je een druppel nodig om binnen te komen. Een tijdje geleden kwam ik tegelijk aan met twee andere bewoners. Ze deden de deur beneden open en vroegen: woont u hier ook? In de lift bleven ze argwanend naar me kijken. Zelf drukten ze op het knopje voor de negende etage. Voor de twintigste verdieping, het penthouse, moet je in de lift weer een druppel gebruiken. Je had hun gezichten moeten zien toen ze beseften dat ik daar woonde.'

Hoe reageer jij daarop?
'Lachend. Ik voel me sterk, niet zwak. Ook als de politie me aanhoudt omdat ik in een mooie auto rij. Het beperkt je ontwikkeling om te blijven vastzitten in dat ene issue. Het is storing, je schiet er niets mee op. Dat is wat ik zeg tegen jongens die klagen dat ze worden gediscrimineerd in hun voetbalelftal.
'Ik geloof dat aan de onderkant van de maatschappij wordt gediscrimineerd, daar worden bevolkingsgroepen achtergesteld.

Aan de bovenkant telt het niet meer. Daar telt alleen kwaliteit. Als een voetballer klaagt dat de blanke jongens worden voorgetrokken, dan zeg ik dat hij harder moet trainen. Wanneer hij beter is, stelt de trainer hem echt wel op. In de top moet je leren vechten, alleen de sterkste blijft over. Niet de jongens die zeuren over discriminatie.

'Zo werkt het voor mij ook. Bij buitenlandse clubs ben ik sowieso een Nederlander, niet een Marokkaan. En in Nederland geldt: kwaliteit is onderscheidend. Het maakt niet meer uit dat ik een Marokkaan ben, ik moet gewoon leveren wat er wordt gevraagd. Ik zie het alleen nog bij mensen die tegen me zeggen: voor een Marokkaan heb je het goed gedaan, ik wist niet dat die zo slim konden zijn. Daar maak ik grappen over met mijn spelers.'

Hoe word je voetbalmakelaar?
'Net als ieder jongetje wilde ik voetballer worden. Dat zat er niet in, ik had niet genoeg talent. Ik had hbo gedaan. Voor gemeentes werkte ik met jongeren en probleemgezinnen. Ik vond het hypocriet, een graaicultuur. Het draaide om het geld van de subsidies, niet om het helpen.

'De sport bleef trekken. Ik dacht: als ik zakelijk wil zijn en geld verdienen, dan liever met de sterksten en niet over de rug van de armen. De eerste jaren heb ik alleen maar geïnvesteerd en geen cent verdiend. Ik deed het naast mijn werk. Je had al een paar Marokkaanse zaakwaarnemers die in dienst van een ander werkten. Ik heb gevraagd of ze konden helpen. Natuurlijk deden ze dat niet, ze gunnen je niks. Ook niet bij de andere voetbalmakelaars waar ik solliciteerde.

'Toen dacht ik: nu ga ik het zelf doen, met mijn eigen bedrijf en ik zorg dat ik de grootste word. Met Hakim is dat gelukt. Wij zijn de pioniers achter het succes van Marokkaanse voetballers. En ik kan je zeggen: er komen zoveel Marokkaanse toptalenten aan, van de derde en vierde generatie, het gaat alleen maar meer worden. Bij Ajax spelen nu twee Marokkanen in de basis en dat is een uitzondering. Het gaat de regel worden.'

André Dongelmans

(Nederland, 1987)

NEDERLANDS
'Altijd en nooit.'
GHANEES
'Bijna nooit.'
PARTNER
'Mijn bedparters waren, op twee na, allemaal blank. Dus ik kan me voorstellen dat mijn toekomstige vrouw blank zal zijn. Ik kom vooral met blanke vrouwen in aanraking.'
BLANK OF WIT
'Ik ben gewend aan blank, maar ik werd op m'n vingers getikt: je moet wit zeggen, blank staat voor puur en onbedorven. Zo zie ik dat woord niet. Mijn probleem is: het tegenovergestelde van wit is zwart. Als kind ben ik zo vaak uitgescholden voor zwarte, dat woord trek ik niet.'

André Dongelmans weet niet meer welk programma het was, maar tijdens het zappen kwam hij langs een talkshow waarin zijn bekendste scène uit *De Luizenmoeder* werd vertoond. Het door hem gespeelde personage, Kenneth, loopt de schoolklas in van zijn dochter en een spraakverwarring maakt duidelijk dat hij door Juf Ank wordt aangezien voor de schoonmaker.

'Aan die talkshowtafel zat een donkere vrouw die verder niets met dat item te maken had. Door de presentatrice werd gevraagd: en wat vind jij hiervan? Ze zei: ik vind het echt niet grappig, dit soort dingen maak ik dagelijks mee. Dat vond ik jammer. Mijn doel was juist om door humor een gesprek op gang te brengen. Het is goed dat een donkere vrouw door deze scène de kans kreeg om op tv te delen wat ze meemaakt.'

Krijg je vaker negatieve reacties?
'Op internet zoek ik niet naar reacties over *De Luizenmoeder*. Ik krijg alleen wat mee van mensen die me op straat aanspreken. Die zeggen tot nu toe dat ik goed bezig ben.'

Verschilt *De Luizenmoeder* van de andere rollen die je speelde?
'Het enige verschil is dat ik een homo speel en dan een andere dan de stereotiepe homo die je meestal op tv ziet. Tien jaar geleden speelde ik een Afrikaanse voetballer in de tv-serie *Voetbalvrouwen*. Als ik op straat werd herkend en een praatje maakte, was de reactie: hé Kofi, in het echt spreek je gewoon Nederlands. Door *De Luizenmoeder* word ik bijna overal waar ik kom herkend. Mensen om me heen gaan zich anders gedragen. Collega's die het hadden gemaakt en me al een paar jaar niet meer groetten, willen ineens weer met me praten.'

In Bergen woonde nog één ander Afrikaans gezin. 'Een donkere vrouw, een Nigeriaanse, die met haar kinderen bij een blanke man was ingetrokken. Net zoals mijn moeder, die uit Ghana naar Nederland was gekomen. In een AZC werd ze zwanger van mij, van een man die ook Ghanees was. Daarna ontmoette ze een blanke man die ik als mijn vader beschouw. Mijn biologische vader ken ik niet, ik weet niet eens hoe hij heet. Dat durf ik niet aan mijn moeder te vragen, ik denk dat het gevoelig kan liggen.

'Ik speelde meer met blanke kinderen. Die Nigeriaanse jongens zaten op een andere school. In die tijd keek ik niet in de spiegel, ik wilde er niet mee worden geconfronteerd dat ik anders was. Eerst was ik rebels, ik ging aan haren trekken als ik werd uitgescholden voor zwarte, later dacht ik: dit moet ik slikken.

'Ik leefde nou eenmaal in een een blanke omgeving. Wanneer je daar als donkere bij komt, word je geaccepteerd door je zo

Nederlands en netjes mogelijk te gedragen. Dat weet ik omdat ik hoorde hoe in mijn omgeving werd gesproken over mensen met een andere huidskleur. Ik kreeg vaak te horen: jij bent een goeie.'

Hoe is jouw contact met andere zwarte Nederlanders?
'Bij Surinamers of Antillianen weet ik dat ik iemand tegenover me heb die is opgegroeid met een eigen cultuur. Ze zijn Nederlanders, maar ook Surinaams of Antilliaans. Ik heb dat niet. Mijn moeder kookte voor zichzelf Ghanees, voor mijn vader en mij maakte ze Nederlands eten. Ze heeft me niet de Ghanese taal geleerd, ik moest zo Nederlands mogelijk worden.

'Op mijn twaalfde gingen we op vakantie naar Ghana. Daar had ik hetzelfde als hier. Ze zagen aan me dat ik anders was, ik hoorde er niet bij. De kinderen pestten me, deden alsof ze ineens geen Engels meer spraken, zodat ik hakkelend in het Twi moest praten.

'Mijn moeder kwam zelf naar Nederland, ze koos bewust voor een beter leven. Ze is dankbaar om hier te mogen leven. Ik ben niet opgevoed met de gedachte: wij zijn ooit opgehaald door Nederlanders tijdens de slavernij. Dat merk ik bij discussies, bijvoorbeeld over Zwarte Piet. Ik luister dan rustig: hoe kunnen we hier samen uit komen? Bij sommige donkere Nederlanders zie ik een soort boosheid en ik begrijp waar het vandaan komt, alleen heb ik dat zelf niet.'

Wat voor rollen krijg je?
'Ik ben in de perfecte tijd begonnen, tien jaar geleden. Vanaf de Toneelschool heb ik gestreden voor één doel: bij castings wil ik voor dezelfde rollen in aanmerking komen als mijn blanke medestudenten. Ik wist dat ik eerst door een fase heen moest. Daarom heb ik nooit minachtend gekeken naar een rol als tasjesdief. Ik heb geen wrok. Bij mijn voorgangers kon het zo zijn dat ze dach-

ten: na twintig jaar acteren ben ik niets opgeschoten, ik word nog steeds gevraagd voor dezelfde rollen. Ik heb de mazzel dat ik in een tijd zit waarin ik ook een advocaat kan spelen.'

Edgar Burgos

Zanger (Suriname, 1953)

NEDERLANDS
'Vanaf geboorte.'
SURINAAMS
'Zodra ik daar vanuit het vliegtuig voet op de bodem zet.'
PARTNER
'De kinderen zijn de deur uit en hun moeder ook. Ik heb met drie Surinaamse vrouwen kinderen gekregen en met één Antilliaanse.'
BLANK OF WIT
'Ik hou het op zwart en wit.'

In 1985 brak Edgar Burgos als zanger van Trafassi door met de hit *Wasmasjien*, een van oorsprong Antilliaans liedje. Hij woonde toen tien jaar in Nederland. 'Ik kwam in de tijd van de Bijlmer Express, met vliegtuigen vol verhuisden we van Suriname naar Nederland. De meesten kwamen voor een beter leven, net als ik. Een kleine groep verpestte het voor de rest. Die zeiden: ik ga niet voor de witte man werken, ze mogen mij eerst terugbetalen voor de slavernij. De uitkeringen waren hoog in die tijd.'

Hij was naar Nederland gekomen met een strategie. 'Ik vergelijk muziek met eten. Je kunt roti maken met veel Madame Jeanettepepers erin. Surinamers vinden het geweldig en de Nederlanders rennen weg, op zoek naar water. In Nederland wonen niet veel Surinamers. Maar wel meer dan vijftien miljoen Hollanders.

'Toen ik begon, in de jaren zeventig, gingen Surinamers in Nederland naar hun eigen feesten. Je had Javaanse feesten en Hindoestaanse en creoolse. Bij mij kwamen voor het eerst alle afkomsten naar hetzelfde feest. Ik wilde een artiest worden, niet alleen een muzikant. De volgende stap zetten, naar de Nederlanders.

'Surinaamse muziek met een zware kasekobeat, liedjes die wel een kwartier duren – dat moest lichter. Ik legde uit aan de andere muzikanten: maak het niet te heet. Doe een beetje peper erbij, zodat het hele gerecht toegankelijk blijft. Je moet de kruiden proeven, niet alleen de peper.'

Wat is uw positie in de Nederlandse muziekwereld?
'Ik zou groter kunnen zijn, maar ik trek liever mijn eigen plan. Geen manager, geen promotor, geen producer. Een manager zegt tegen je: je had een hitje, dan moet je nu snel iets maken wat daar op lijkt. Dat wil ik niet.

'Bij sportwedstrijden heb je een podium met de eerste, tweede en derde plaats. De lachende derde, dat is mijn rol, ik hoef niet eerste te worden. Ik treed op met Jan Smit of Gordon, maar ik sta ook op het carnaval in Brabant, het Kwaku Festival in de Bijlmer of bij een skipiste in Oostenrijk of op de Pasar Malam voor Indonesiërs of op Milan, dat is een Hindoestaans festival. Vorige week zong ik bij de opening van een Chinees restaurant. De volgende dag kan ik ergens staan met Máxima en Willem Alexander. Ik geniet van mijn positie.'

Wat is er veranderd sinds u begon?
'Vroeger lieten ze om de tien jaar een Surinaamse artiest doorkomen in Nederland. Max Woiski, Oscar Harris, daarna ik, Damaru, Kenny B. Door het internet is alles opengebroken. De hiphopartiesten hoeven niet meer te worden toegelaten. Ze kunnen een platina plaat krijgen voor een liedje dat nooit op de radio of op tv is geweest.

'Marco Borsato of Jan Smit brachten een plaat uit en je wist dat die tien weken lang op nummer 1 zou staan. Dat is niet meer zo. Het internet heeft de onderstroming naar boven gebracht.

Ik wil niet zeggen dat ik het in werking heb gezet, maar die hiphopjongens komen wel naar me toe om te zeggen dat ik hun held ben.

'Ze noemen me oompie en vragen of ik mee wil op schrijverskamp. Of ze zeggen: oompie, hoe staat u al vijftig jaar aan de top? Ze vragen hoe dat me is gelukt voordat internet bestond. Ik had niemand achter me staan, ik moest zelf posters plakken op de Albert Cuypmarkt.'

Hoe is het om al vijfendertig jaar op te treden met hetzelfde liedje?
'Ik heb nog andere liedjes, maar *Wasmasjien* is mijn *My Way*. Als Frank Sinatra ergens optrad kon het nog zo'n grote show zijn – als hij *My Way* niet had gespeeld, was het feest mislukt.'

Hoe begon u als zanger?
'In Suriname kregen creolen geen kans om op te treden in de grote clubs of sociëteiten. Daar traden mulatten op, zoals dat toen werd genoemd. Die hadden een lichtere huidskleur en lange haren om mee te schudden op de muziek. Wanneer je zo donker was als ik moest je de zoon zijn van een belangrijke zwarte man. Dan was je niet zwart meer en mocht je wel meedoen. Wij hadden een eigen circuit ernaast. Met optredens op iemands erf. Als zanger heette je dan pokuman, een negatieve term. Het betekende zoiets als: mislukte muzikant.

'Mijn moeder kwam uit een intellectuele familie, zo kun je dat zeggen. Haar vader heette Alfred Eduard Burgos, hij was politicus en oprichter van de vakbond. De eerlijkste politicus van Suriname, hij heeft nooit geld gepakt. Zelfs een fiets accepteerde hij niet als cadeau. Een oom was hoofd van het nationale onderwijs, een andere oom directeur van de gasfabriek.

'Mijn broers en ik waren de buitenbeentjes, de kwajongens. Onze moeder was als enige van haar broers en zussen niet getrouwd. In haar katholieke familie gold dat als een doodzonde. Mijn ouders gingen uit elkaar toen ik vijf was, daarna bleef mijn vader buiten beeld. De mannen in mijn moeders familie droegen driedelige pakken. Mijn broers en ik liepen zonder overhemd en met een afrokapsel rond.'

Waarom verhuisde u naar Nederland?
'In 1975 was ik tegen de onafhankelijkheid van Suriname, ik vond dat het te snel ging. In het land hing een sfeer van: nu jagen we alle Nederlanders het land uit. Overal zag ik creolen en Hindoestanen met elkaar vechten. De Javanen zaten daartussen, als een soort buffer. Ik vond dat Suriname en Nederland als gelijken met elkaar verder moesten in een Gemenebestverhouding, zoals Engeland en de Bahama's. De Bahama's leven zelfstandig, maar als er een orkaan is langsgeweest, komt Engeland het leed oplossen.

'Ik protesteerde tegen de onafhankelijkheid en werd opgepakt. Nadat ik vrij kwam vluchtte ik naar Nederland, op 20 september 1975. In Suriname was ik al een ster geworden, iedereen kende me. Ik dacht dat ze me in Nederland ook zouden kennen. Dat was niet zo. Ik moest opnieuw beginnen.'

Woenzelaar

Rapper (Nederland, 1995)

> **NEDERLANDS**
> 'Wow. Moeilijke vraag. Als ik in Marokko ben?'
> **MAROKKAANS**
> 'Altijd wel.'
> **PARTNER**
> 'Liefst Marokkaans, dat is makkelijker met de cultuur. Voor een kind is het moeilijk om twee culturen te hebben.'
> **BLANK OF WIT**
> 'Wit, denk ik. Maar het klinkt een beetje racistisch. Alsof je zegt: zwarte – in plaats van donker.'

Natuurlijk kent u Woenzelaar als de rapper die acteur werd in de tv-serie *Mocro Maffia*. 'Mijn personage heette Belg. Ze zochten een Nederlandse Marokkaan met een zachte g.'

Voordat Woenzelaar een artiestennaam werd was het oorspronkelijk, jaren geleden, een naam die hij gebruikte om te chatten op MSN. 'Woensel is een van de grootste wijken in Eindhoven, we hadden alles daar. Eigenlijk kwam ik nooit buiten de wijk. Ik dacht: iemand uit Eindhoven noem je een Eindhovenaar, dan ben ik Woenzelaar.

'Soms kan ik niet mezelf zijn, dan stap ik de deur uit en vergeet ik dat ik bekend ben. Laat me één keer met rust, ik wil even naar de winkel en ik wil Adje zijn in plaats van Woenzelaar. Je moet aandachtsgeil zijn om het leuk te vinden dat je altijd wordt herkend.

'Onbewust ben ik hierin gerold. Ik liet mijn neef een tekst zien die ik had geschreven en hij vond het vet. Een mattie van hem had een amateuristische studio in z'n huis. We namen mijn rap op met beats van internet en zetten het op YouTube. Heel Woensel luisterde ernaar, heel Eindhoven wel. Iedereen had het op z'n telefoon staan.'

Zijn echte voornaam luidt Adnan, een achternaam wil hij niet onthullen. 'Ik ben hier niet gekomen om alles bloot te leggen voor de buitenwereld. Als Woenzelaar ben ik dit wereldje in gekomen en zo ga ik er straks weer uit. Ik heb zusjes en neefjes en nichtjes, ik wil niet dat zij in de spotlights komen omdat ze dezelfde achternaam hebben. In mijn achterhoofd weet ik dat dit niet voor altijd gaat duren. Ook door mijn geloof.'

Wat bedoel je?
'Nu ben ik jong en vrijgezel. Als ik later ga trouwen en kinderen krijg, wil ik gestopt zijn met rappen. In ons geloof is muziek verboden, het is een zonde. Als kind ging ik op zaterdag naar de koranschool, daar kreeg ik dat mee. Ik keur het niet goed dat ik dit doe, maar ja, ik ben ermee opgegroeid. Als mijn vader 's zomers in huis aan het werk was, zette hij een cd op. Van Michael Jackson of Bob Marley of een Marokkaanse artiest.'

Is het niet raar om de hele dag bezig te zijn met iets wat je niet goedkeurt?
'Ik heb iets te vertellen aan de jongeren. Als ik rap gaat het sneller dan via een buurthuis of whatever.'

Wat heb je ze te vertellen?
'Van alles. Wat ik heb gezien en meegemaakt. Inbraken, overvallen, drugs – niet om te gebruiken, alleen om te verkopen. Ik ben er niet trots op dat ik een beetje kattenkwaad heb uitgehaald voor geld. Je weet niet beter. De rest van Nederland ken ik niet, maar Woensel is best heftig. Je bent jong en je wilt nieuwe kleren of Nikes.

'Sowieso wil ik jongeren zeggen dat ze naar school moeten gaan. Ik heb een diploma gehaald voor mbo niveau 2, meer niet.

Daar heb ik spijt van. In hiphopteksten hoor je dat werken een schande is. Lil' Kleine en Boef rappen: fuck de negen tot vijf. Ik vind werken geen schande, ik support de negen tot vijf. Natuurlijk rap ik stoere teksten over wat ik heb meegemaakt, je weet toch? Alleen geef ik wel een boodschap mee: je kunt deze dingen doen, maar daar zijn consequenties aan verbonden.'

Als collega heb jij toch contact met Lil' Kleine en Boef?
'Nee, en dat wil ik ook niet. Hun hele houding en lifestyle vind ik bullshit, het is fucked up. Wat ze op Instagram naar voren brengen over hun leven – kom op, man. Ze supporten slechte dingen. Lil' Kleine zuipt de hele dag, ze gebruiken ballonnen met lachgas. Kinderen zien dat en zeggen: Lil' Kleine en Boef doen het ook.
'Wat het is: Boef heeft geen familie in Nederland. Als ik dat niet had, kon ik meer doen. Ik moet oppassen, het houdt me tegen. Mijn neefjes en nichtjes volgen wat ik doe, ze kijken naar me op. Ook al maak ik straatrap, ik moet toch een voorbeeld voor ze zijn.'

Je speelde een rol in de tv-serie *Mocro Maffia*.
'Daar zat veel geweld in en scheldwoorden, dat klopt. Het was rauw. En toch vond ik het heel vet. Het was goed voor Nederland dat werd getoond: dit gebeurt echt op de straten. Het hele land moest dat zien. Voor mij was de boodschap van die serie: ga er niet te diep in. Wat minder was: voor de rasechte Hollanders, de mensen die Marokkanen haten, kon het een boost zijn. Zij kregen een bevestiging: zie je wel, ze zijn echt zo.'

Voel je je een Brabander?
'Ik kom uit Brabant, dus ja, stiekem toch wel. Als ik in Almere kom, waar mijn muziek wordt gemaakt, gebruiken ze andere woorden. Wij zeggen friet, zij noemen het patat. Daar spreken ze de woorden helemaal uit. Ze zeggen: wat. Wij zeggen: wa.'

Denk je dat andere Brabanders jou zien als een Brabander?
'Ik zou het niet weten, dat gesprek heb ik nooit gehad. Zij zien me denk ik als Marokkaan, niet als Nederlander of Brabander. Een Marokkaan is ook wat ik ben, mijn ouders zijn daar geboren. Ik ben hier geboren en toch voel ik me eerst een Marokkaan. Zo word ik gezien. Niet als Nederlander. Dan voel je je toch aangetrokken tot die kant. Het probleem is: in Marokko ben ik een Nederlander. Ze zoeken het maar uit allemaal.'

Samira Rafaela

Politicus (Nederland, 1989)

> NEDERLANDS
> 'Altijd. Dat pikt niemand me af.'
> GHANEES/NIGERIAANS/ANTILLIAANS
> 'Ik merk het als ik daar ben, dan word ik warm ontvangen. Ze zien me als de Caribische of Afrikaanse kandidaat.'
> PARTNER
> 'Ik sta open voor alles. Hij moet wel ook open staan voor verschillen en andere culturen.'
> WIT OF BLANK
> 'Ik zeg wit.'

De vader van Samira Rafaela gaf zijn adviezen nooit direct. 'In zijn cultuur ging het via een omweg. Zijn moeder kwam uit Ghana, zijn vader uit Nigeria, hij was een praktiserende moslim. Mijn vader zou nooit letterlijk iets zeggen over alcohol of over een man op wie ik verliefd werd.

'Ik weet dat hij het fijn had gevonden als ik met een islamitische man trouwde, maar hij liet me vrij. In 2016 is hij overleden. In een vroeg stadium van zijn ziekte zei hij: welke keuze je ook maakt, ik weet dat het een goede keuze is.'

Ben jij een moslima?
'Mijn vader zei: jij bent een Europese vrouw, ik kan niet van jou verwachten dat je bepaalde dingen gaat doen. Ik ben opgegroeid met liefde voor die religie en ik beschouw mezelf als een progressieve, liberale feministische moslima.

'Van mijn moeders kant ben ik joods, maar daar werd niet over gesproken. Mijn opa was een creoolse man van Curaçao en mijn oma een witte Nederlandse vrouw met donkere ogen. Zij was joods. Mijn moeder heeft dezelfde huidskleur als ik en dezelfde krullen en sproeten.'

Waarom werd er niet over gesproken?
'Daar kan ik niet de vinger op leggen. Ik denk dat het kwam door het trauma, door wat met de joden is gebeurd. De pijn en de frustratie. Mijn moeder vertelde dat haar overgrootvader een nummer op zijn arm had. Als zij vroeg wat dat was, zei hij: nee, dat is niets.'

Waarom kwam je vader naar Nederland?
'Zoals zovelen van het Afrikaanse continent: om de sociaal-economische onzekerheid te ontvluchten. Door hem heb ik gezien dat de rijkdom niet eerlijk verdeeld is over de wereld. Hij kwam van een echt armoedige situatie. Mensen zoals hij moeten hun land en cultuur achterlaten en naar Europa komen om een familie te onderhouden.

'Voor de Europese Parlementsverkiezingen van eind mei 2019 sta ik bij D66 op de derde plaats. Ik heb altijd gezegd: als ik de politiek in ga, wil ik dat in Europa doen. In het Europese Parlement is een gebrek aan diversiteit in alles. Jong, vrouw en kleur: het zit er allemaal niet, of niet genoeg. Terwijl daar heel belangrijke beslissingen worden genomen. Vanuit Europa moeten we met een andere mindset naar Afrika kijken. Die van gelijkwaardigheid. Daar wil ik aan meewerken.'

Gelijkwaardigheid bereiken tussen Europa en Afrika, is dat niet een ingewikkeld proces?
'Ja. Maar dat betekent niet dat we onze verantwoordelijkheid moeten ontlopen. Ik hoor bij een nieuwe generatie die uit persoonlijke motivatie de politiek in is gegaan.'

Hoe begon het?
'Ik groeide op bij mijn moeder in Uitgeest. Mijn vader woonde in de regio Den Haag en nam me mee de Schilderswijk in. Op de markt kochten we groente en fruit. Ik herkende wie Ghanees was en wie Nigeriaans. Als hij Hausa sprak, de taal van de moslims, wist ik: dat zijn Nigerianen. Met Ghanezen praatte hij meestal in het Engels.

'Voor een kind was het verwarrend. In Uitgeest was het rustig en groen. In Den Haag was het drukker en zag ik meer kleur. Daarna kwam ik weer terug in Uitgeest, waar niet veel verschillende culturen leefden. Het een was niet beter dan het ander. De verwarring bestond uit: waarom is het daar zo anders dan hier?

'Tot vandaag is het zo: overal waar ik kom, ben ik anders. Nergens hoor ik er helemaal bij. Nederlands, Caribisch, Afrikaans, mijn moeder joods, mijn vader een moslim – en dan had ik ook nog een Marokkaanse stiefvader. De modus die ik heb gevonden is dat ik trots ben op al die kanten en dat ik maar gewoon accepteer dat ik een apart geval ben.'

Wanneer besloot je politiek actief te worden?
'D66 was een van de weinige partijen die in opstand kwam tegen het populisme van de rechtse politici. Daarmee bedoel ik Pechtold tegen Wilders. Ik wilde me actief verzetten tegen de opkomst van het extreemrechtse populisme. Natuurlijk moet de migratie naar Europa in goede banen worden geleid, maar dat kunnen we niet in ons eentje doen in Nederland. Dat moet binnen de EU gebeuren. Het extreme geluid over migratie is niet ethisch, hun beweringen kloppen ook niet.

'Ik heb wel gemerkt: wanneer je naar voren stapt als jonge vrouwelijke gekleurde kandidaat, krijg je te maken met veel seksisme, discriminatie en uitsluiting. Als je niet de norm bent en die norm wel gaat bevragen, kom je aan de status quo. Op allerlei manieren wordt mij duidelijk gemaakt dat ik even moet dimmen. En dat komt niet alleen van extreemrechts. Ook in mijn eigen omgeving krijg ik te horen: jij zal wel de diversiteitskandidaat zijn. Alsof dat de enige reden is dat ik als nummer drie op de lijst sta. Terwijl ik de afgelopen jaren keihard heb gewerkt om een relevant record op te bouwen, op het gebied van onder meer radicalisering, terrorisme en internationale handel. Mijn motto is: ik ga helemaal niet dimmen.'

Postscriptum: Sinds 2019 is Samira Rafaela namens D66 lid van het Europees Parlement.

Avinash Bhikhie

Politiek verslaggever voor NU.nl (Nederland, 1986)

NEDERLANDS
'Mijn vrouw is geboren in Suriname. Zij wijst me erop dat ik Nederlands ben als ik exotische fruitsoorten niet herken.'
SURINAAMS
'Met mijn familie.'
PARTNER
'Net als ik is ze Surinaams-Hindoestaans. Dat we elkaar tegenkwamen is toeval, dat we bij elkaar zijn gebleven komt door gedeelde normen en waarden.'
WIT OF BLANK
'Wit. Blank heeft een connotatie die is terug te leiden naar het koloniale tijdperk. Het woord kent een neutraliteit toe die in werkelijkheid niet bestaat.'

Als politiek verslaggever voor NU.nl stond Avinash Bhikhie te wachten op Mark Rutte, bij het ministerie van Algemene Zaken. 'Je staat wat te babbelen, zoals zo vaak, wachtend tot Rutte naar buiten komt. Met de NOS, RTL, *de Volkskrant*, noem maar op. Ineens kwamen politieagenten vragen om mijn papieren – als enige van alle collega's die daar stonden.'

Wat denk je dan?
'Het is een *reminder*. Mijn leven is goed, prima zelfs, en op zo'n moment word ik eraan herinnerd: o ja, wacht even, ik ben een allochtoon. Het is teleurstellend. Collega's informeren meteen: waarom vroegen die agenten dat alleen aan jou?'

Gebeurt zoiets vaker?
'Heb je even? De eerste keer was tijdens mijn stage. Een scholier had een bommelding gedaan bij een middelbare school in Leiden, nota bene de school waar ik zelf op heb gezeten. Ik werd

erheen gestuurd om verslag te doen. Bij de school stonden al een paar journalisten. Ik begon vragen te stellen, net zoals zij deden. Tot ik me als enige moest legitimeren bij de politie. Een collega van TV West vroeg: hoe kan dat nou, waarom alleen jij? Ik moest uitleggen: dit is hoe het gaat.'

In de vakanties keek de vader van Avinash Bhikhie iedere dinsdag naar het vragenuurtje in de Tweede Kamer. 'In Suriname was hij al politiek geïnteresseerd, met de onafhankelijkheid in aantocht. Ook in Nederland keek hij op tv naar politieke live debatten, tot diep in de nacht.

'Mijn ouders waren immigranten van de eerste generatie, zij keken niet naar diversiteit. In Leiderdorp zat ik op een witte basisschool. Net als alle andere allochtone kindertjes werd ik er wel op gewezen dat ik anders was. Maar dat gebeurde alleen in het eerste jaar. Daarna ging het alleen nog om vragen als: hoeveel knikkers heb jij?

'Mijn ouders vroegen zich niet af: is de Tweede Kamer wel een afspiegeling van de maatschappij? Hun eerste zorg was: huisvesting, de ontwikkeling van hun kinderen, hoe we als familie vooruit konden komen. Mijn vader hield van het politieke spel.'

Ben je daarom politiek verslaggever geworden?
'Dan ga je terugredeneren. Je bent nu ergens, waar komt dat vandaan? Het zijn toevalligheden, een samenloop van omstandigheden. Ik studeerde geschiedenis en rechten en waagde de gok: ik benaderde *de Volkskrant*, of ik daar stage mocht lopen. Later kwam NU.nl voorbij, de grootste nieuwswebsite van Nederland.'

Hoeveel mensen zie jij rondlopen die op jou lijken in de Tweede Kamer?
'Heel weinig. De mensen die in het restaurant werken, de schoonmakers, de beveiligers. Wanneer je iemand ziet lopen van Turkse

afkomst, weet je: negen van de tien keer zal die bij DENK horen. Maar dit is niet waar ik over nadenk als ik aan het werk ben.'

Wat zegt het over Nederland dat onze bestuurders zo eenzijdig zijn samengesteld?
'In een tijd waarin afkomst zo'n politiek issue vormt, is het heel gek dat in de Tweede Kamer niemand zit met een Afro of Caribische afkomst. In de top van de politiek wordt over allochtonen gepraat, alleen zitten ze er zelf niet bij.

'Het geldt voor meer gebieden. Ik kijk weleens om me heen en denk: waarom staan hier alleen mannen? In Den Haag zie je een oververtegenwoordiging van hoogopgeleide mensen uit de Randstad. Bij politiek verslaggevers is het nog erger, daar ben ik de enige met een kleurtje. Bij NRC werkt sinds kort een heel goede collega die vrouw is en een allochtone afkomst heeft.

'In de Tweede Kamer is dit geen onderwerp, het speelt totaal niet. Het ledenaantal van politieke partijen neemt af, terwijl dat hun recruitment pool is voor nieuwe Kamerleden. Wie is lid geworden en heeft zich lokaal onderscheiden? Hoogopgeleid en wit, daar wordt uit geselecteerd. Fracties willen geen risico lopen met een allochtoon van buiten, ze weten niet hoe loyaal die is aan de partij.'

Ten slotte: graag een analyse van de Provinciale Statenverkiezingen van 20 maart 2019.
'De speech van Baudet was een bundeling van alles wat hij al eerder had gezegd. Nieuw is dat hij een stap verder gaat dan Wilders, die zich voornamelijk richtte op de islam. Baudet spreekt over ras en de superioriteit van een boreaal Europa, dat een mythische, arische oorsprong zou hebben. Hij gebruikt termen die extreemrechts ook hanteert.

'Die speech heeft me niet verrast. Sybrand Buma gaf een Schoo-lezing waarin hij waarschuwt voor de verwatering van onze cultuur en onze tradities. Rutte noemt kinderen van migranten die hier zijn geboren buitenstaanders die hij, als ze misstanden in de samenleving willen benoemen, de optie geeft om Nederland te verlaten als ze het hier niet bevalt. Hij zegt een hekel te hebben aan de multiculturele samenleving. Het gaat om de normalisering van taalgebruik van het politieke midden. Wat Baudet zei was, in andere bewoordingen, al gezegd door het CDA en de VVD.'

Shady El-Hamus

Regisseur, scenarioschrijver (Nederland, 1988)

NEDERLANDS
'Landen op Schiphol is een gelukzalig en diep gevoel van thuiskomen.'
EGYPTISCH
'Zodra ik Oum Kalsoum hoor.'
PARTNER
'Ze is Nederlands. Ik ben gewoon aangetrokken tot haar en voel totale vrijheid in mijn partnerkeuze.'
WIT OF BLANK
'Wit, omdat we ook zwart zeggen. Blank kan hooghartig klinken, alsof er een waardeoordeel in zit.'

In *De Libi*, de door Shady El-Hamus geschreven en geregisseerde film, speelt zijn in Egypte geboren vader Sabri Saad El-Hamus de vader van hoofdrolspeler Bilal Wahib. 'De Marokkaanse vader die hij tot vervelens toe op film en tv heeft gespeeld. In *De Libi* spreekt mijn vader zoals hij dat in het echt ook doet, gewoon ABN. Nu werkten we samen, dan zullen we er niet snel voor kiezen om hem in een soort krakkemikkig Nederlands te laten praten.'

Vond hij het raar om in al die films en series een immigrant met een accent te spelen?
'Mijn vader kwam naar Nederland toen hij eenentwintig was, ik werd tien jaar later geboren. Zijn Nederlands was toen al bijna perfect, ik ben ook niet tweetalig opgevoed. Hij is vloeibaar, een kameleon die zich overal aanpast.

'Als kind had ik nooit het gevoel: mijn vader komt niet mee, hij is een buitenstaander. Alleen bij de ouders van mijn moeder, die in een klassiek Hollands ingericht huis woonden in Leiden – daar zag ik hem op de bank zitten en werd ik me ineens bewust dat hij een andere achtergrond had.

'Ons eigen huis was rommeliger en we aten aan zo'n tafeltje bij de grond, zoals ze het in Egypte gewend zijn. Mijn moeder, Lisa de Rooy, werkte ook als actrice en schrijver, voor het theater. Pas later denk je: o ja, dit is hoe het bij ons thuis gaat. Als kind zie je het niet zo.'

Hoe vindt hij het om steeds de Marokkaanse vader te spelen?
'Ik kan niet voor mijn vader spreken, maar ik durf wel te zeggen dat het aanbod voor hem bij film en tv helaas niet zo breed is. Hij probeert altijd iets te maken van die Marokkaanse vader, het zijn niet de meest memorabele rollen. Op het toneel is hij meer thuis en vrij, daar kan hij alles spelen wat hij wil.'

In Nederland lijkt Noord-Afrikaans automatisch te betekenen: Marokkaans. Voel jij je verbonden met Marokko?
'Van Marokkaanse jongens uit Nederland hoor ik dat ze in Marokko altijd mee willen doen, ze willen erbij horen. Alleen ben je uiteindelijk toch de Nederlander, de buitenstaander. Dat herken ik. Wij gingen iedere zomer minstens een maand naar Caïro. In die maand bouwde ik wat op met de taal, een jaar later was ik het weer vergeten. Met mijn oma heb ik nooit echt de diepte in kunnen gaan.

'Marokko is een heel ander land dan Egypte, ik ben er één keer geweest. Ik voel me verwant met de Arabische cultuur. De humor, de omgangsvormen, de energie. Het is niet zo dat ik bij Marokkanen denk: ik hoop dat zij mij ook zien als een Arabier. Ik wil gewoon de beste versie van mezelf zijn.'

Je vader speelde zijn hele leven de immigrant. Eén generatie later maak jij met *De Libi* een film waarin de hoofdrolspelers bijdehante Amsterdammers zijn.
'Je hoeft het niet meer te framen, de drie hoofdrolspelers zijn gewoon Amsterdammers – van Marokkaanse en Surinaamse afkomst. En ze komen in aanraking met andere jonge Amsterdammers, ook met blonde Amsterdammers. Het perspectief van die hoofdrolspelers zien we niet heel vaak. Dus ja, er is vooruitgang, alleen blijft het wel een uitzondering.
'Ik zie die drie jongens als drie jongens. Maar ik weet dat veel andere mensen ze zien als jongens met capuchons op die raar praten. Wat ik wil tonen: praten ze wel zo raar of wordt het normaal als je een tijdje echt naar ze luistert?
'Dat is wat ik heb geleerd door ieder jaar naar Egypte te gaan. Ik was elf maanden hier en dan kwam ik daar, waar alles anders was. Het is niet zo dat ik normaal ben en jij anders, dus dan ben jij raar. Het is gewoon anders. Ik zag dat mijn eigen vader en moeder van elkaar verschilden.
'De film is een dag uit het leven van drie achttienjarige jongens. Die bewijsdrang hebben en ambities en zich afzetten tegen een oudere generatie. Universele thema's. Ik wilde dat ze ook kwetsbaar waren, mensen van vlees en bloed. En dat ze echt zijn, ik heb ze niet ineens heel lief gemaakt, zodat ze worden goedgekeurd door volwassen kijkers. Als mensen zeggen: ik vind ze irritante klootzakjes – ja, dat kan.'

Zelf heb je lichte ogen en geen zwart haar, je spreekt netjes ABN. Hoe word jij gezien?
'Ik denk dat ik moeilijk te plaatsen ben, bij mij is altijd even verwarring. Mensen weten niet meteen: daar heb je er zo een. Tragisch genoeg helpt de taal daar wel in mee. Ik heb me altijd Nederlands gevoeld, met daaronder secundair een Arabische achtergrond.

'Mijn vader benadrukte altijd: je moet vechten voor je naam, dat ze die goed uitspreken. Shady wordt in het Arabisch uitgesproken als Shèdy, met een lange, zachte e. Wanneer ze in Nederland niet weten hoe ze iets moeten uitspreken, kiezen ze met volle overtuiging voor de verkeerde uitspraak. De onzekerheid komt dan bij jou te liggen. Ga ik het verbeteren? Het is vermoeiend om dat steeds te doen.

'Ik heb twee jaar in Engeland gestudeerd. Op die filmschool vroeg iemand de eerste dag: hoe spreek ik jouw naam uit? Uit een soort Engelse beleefdheid is dat kennelijk helemaal rond gegaan, niemand zei het verkeerd. In Nederland gebeurt dat nooit. Een grappig cultuurverschil.'

Edwin Jonker

Acteur (Nederland, 1976)

> **NEDERLANDS**
> 'Bij sportevenementen? Nationalisme is leuk bij sport, maar niet bij politiek.'
> **SURINAAMS**
> 'Dat is het land van mijn vader.'
> **PARTNER**
> 'Mijn vorige relatie was met een blank meisje. Liefde ziet geen kleur.'
> **WIT OF BLANK**
> 'Niemand heeft een witte huidskleur en ook geen zwarte. Ik zeg donker en blank.'

De vader van Edwin Jonker, inmiddels tachtig jaar oud, is niet iemand die gaat zitten en verhalen vertelt. 'Hij maakt het meer duidelijk in korte momenten. Als mijn vader iemand hoorde beweren dat de slavernij zo lang geleden is en dat Surinamers een keer moeten ophouden met zeuren, dan zei hij: mijn oma is een slavin geweest, ze had de striemen op haar rug staan, ik heb ze zelf gezien, dus zo lang geleden was het niet.

'Mijn vader is creools, indiaans en Portugees-joods. Hij kwam naar Nederland om te studeren voor onderwijzer. Hij heet Wijngaarde. Frank Wijngaarde, een van de slachtoffers van de Decembermoorden, is een neef van hem.'

Waarom heet jij Jonker?
'Mijn moeder is een blonde Amsterdamse vrouw. Een feministe. Ze waren niet getrouwd en zij vond het niet nodig om mij zijn achternaam te geven. Ze zijn nog steeds samen. Ieder jaar overwinteren ze in Suriname.

'Ik ben een Nederlander, een Amsterdammer nog meer. Mijn vader is een trotse Surinamer, hij is daar geboren. Ik niet. Hij is opgegroeid in een land dat een kolonie was, zijn kijk op Nederland is veel bewuster en gereserveerder dan die van mij. Mijn vader is blij dat ik dat niet heb, ik kan hier functioneren als een Nederlander.

'De slavernij heeft vierhonderd jaar geduurd, van generatie op generatie is alles afgenomen: achternaam, geloof, taal en tradities. Andere groepen in Nederland hebben hun cultuur behouden, met eigen boeken, familieverbanden, een traditie van ondernemerschap en eigen winkels. Die traditie zie ik terug bij Turken, Marokkanen, Hindoestanen, joden, noem maar op.

'Net als veel mensen van zijn generatie had mijn vader niet de behoefte om in het openbaar zijn mening te geven over Nederland. Hij dacht: ik ga toch terug naar mijn eigen land. Een voorbeeld: van hem mocht ik Sinterklaas vieren, ik genoot van het feest, maar hij was er nooit bij.

'Integreren is ook je stem laten horen. Je kunt het ook positief zien dat nakomelingen van immigranten nu over Zwarte Piet zeggen: dit is ook míjn land en míjn feest en ik wil dat we het samen kunnen vieren. Het is pure integratie dat ze hun mond open doen.'

Hoe werd je acteur?
'Het was nooit mijn ambitie om te acteren of te zingen. Ik had geschiedenis gestudeerd en wilde boeken schrijven. Maarten van Rossem was mijn grote voorbeeld. Uit het niets kreeg ik de kans om auditie te doen voor een rol in een grote Broadwayshow die door Joop van den Ende naar Nederland was gehaald, *Rent*. De regisseur was Ivo van Hove, ik wist niet wie hij was. Die mazzel moet je soms hebben.'

Wat voor rol speelde je?
'Een homoseksueel computergenie. Een rol die niet speciaal gemaakt was voor een donkere acteur. Altijd worden gevraagd voor een rol als draaideurcrimineel – die dans ben ik ontsprongen. Ik heb romantische filmrollen gespeeld, zoals in *De ontsnapping*, met Isa Hoes, en ik geloof niet dat ik dan word gezien als een donkere man met een blanke vrouw.

'In 2019 speelde ik op televisie Jezus in *The Passion*. Rond die uitzending gaf ik tientallen interviews, het ging weinig over dat ik een donkere Jezus speelde. Hij wordt vaak afgebeeld als een blonde man met blauwe ogen. Ik weet niet of de echte Jezus Christus er zo uitzag. Jezus is een symbool. Als mensen er kracht uit halen om hem naar hun eigen evenbeeld te boetseren, moeten ze dat vooral doen.

'Daarna speelde ik een rol in de musical *Annie*. Oliver Warbucks, de kale blanke miljonair die Annie adopteert. De producenten zeiden: we willen geen statement maken, bij de audities was je gewoon de beste voor de rol. Toch denk ik dat ze dit tien jaar geleden niet hadden gedaan.'

Waarom zeg je dat?
'Het is de tijdgeest. Tien jaar geleden werd in patronen gedacht: die rol is altijd blank geweest, dan houden we dat zo. Dat is nu aan het veranderen. Die oude patronen zie je nog wel in Nederland.

'De cast van de tv-serie *Flikken Rotterdam*: die serie speelt in het Rotterdam van nu, de meest gemengde stad van Nederland. Het is niet Dokter Deen op Vlieland of Baantjer in het Amsterdam van vroeger. En dan hebben ze in Rotterdam een cast van alleen maar blanke politieagenten, op één na. De boeven zijn wél donker. Dat vind ik niet kunnen.

'Zelf heb ik nooit racisme gevoeld. Ik weet dat het bestaat. Mijn vader heeft het meegemaakt. Toen hij net met mijn moeder was, moest hij de tram uit vluchten. Hij werd uitgescholden. Zo van: wat doe jij met onze vrouwen? Ik denk erover na, het speelt een rol in mijn gedachten. Mijn vraag is: waarom overkomt het mij nooit? Daar ben ik nog niet over uit.'

Tabitha

Artiestennaam van zangeres Tabitha Foen-A-Foe
(Nederland, 1992)

NEDERLANDS
'Altijd. Ik ben Nederlands.'

SURINAAMS
'Ook altijd. Iemand zei tegen me: jij bent zoekende, de helft van je liedjes is Caribisch en de helft is pop. Ik ben helemaal niet zoekende, zei ik toen: dit is wie ik ben.'

PARTNER
'Hij is ook half-Nederlands en half-Surinaams. We begrijpen elkaar.'

WIT OF BLANK
'Ik wil niet kiezen. We moeten elkaar zien als mensen.'

In discotheken in Los Angeles verliepen de avonden altijd hetzelfde. 'Je had een vipbalkon vol mannen die bezig waren met flessen. Wie bestelt de meeste flessen, dat was het ding. Daaromheen stonden vrouwen die zich helemaal hadden aangekleed voor zo'n avond. De muziek die werd gedraaid was harde hiphop, niet echt ritmisch, dus de vrouwen konden er niet op dansen. Om twee uur 's nachts was het afgelopen en had niemand het naar zijn zin gehad.

'Ik dacht altijd dat Hollywood me gelukkig zou maken, maar ik zag daar alleen maar ongelukkige mensen. Iedereen streeft iets na. Na een tijdje zie je dat ze acteren. Die dure auto waarmee ze voorrijden is gehuurd en ze hebben schulden. Veel drugsgebruik en geroddel.

'Op Grammy party's zeggen mensen: *oh, you're so great, we should hit the studio together.* Dat gebeurt nooit. Ik had goede connecties, kende de juiste mensen, maar leefde van mijn spaargeld. En een baantje in een shishabar. Daar heb ik ook wel leuke mensen ontmoet, hippies met wie ik op het strand zat.'

Hoe kwam je in Amerika terecht?
'Op mijn vijftiende tekende ik bij mijn eerste label, ik zong toen al. In Rotterdam was dat. Daarna verliefd geworden, naar Limburg verhuisd, lang verhaal – iemand vroeg me naar Londen te komen, via daar ging ik naar Amerika. Twee jaar lang reisde ik tussen Londen en Los Angeles. Veel muziek geschreven, veel opgenomen, mijn 10.000 uur in de studio gemaakt.
'Ik stond op het punt om naar Atlanta te verhuizen toen ik even in Nederland was. Op een festival kwam ik Ronnie Flex tegen, met wie ik op de Popacademie had gezeten, ook in Rotterdam. Hij was een nieuw album aan het opnemen, *Rémi*, en vroeg of ik op twee of drie liedjes wilde meezingen. Vanuit Amerika zag ik dat een duet van ons een hitje werd: *Is dit over*. Laat ik dan maar naar Nederland teruggaan, dacht ik. Ik was de halve wereld overgegaan om te zien dat dit mijn thuis is.'

Waar groeide je op?
'In Rijnsburg, een boerendorp. We hadden een Chinees-Surinaams restaurant in Leiden, Foen Food. Mijn moeder is Nederlands, mijn vader was Surinaams. Ik herinner me veel muziek in huis, zij hield van country en hij van reggae. Op foto's uit die tijd zie je een gelukkig gezin. Een zus van mijn moeder was getrouwd met een broer van mijn vader, de vader van mijn moeder hielp mee in de keuken van het restaurant. Daar kwamen familie en vrienden naartoe. Altijd een vol huis, altijd gezellig.
'Mijn vader werd ziek toen ik drie was, zes jaar later overleed hij. *When the shit hits the fan* – dan zie je wie je vrienden zijn, het filtert. Duizenden mensen op een begrafenis en daarna zie je niemand meer. Mijn kindertijd bekijk ik als een droom, vanaf de dag dat hij overleed kwam ik in een harde wereld terecht.

'Ik was negen. Op school had ik net geleerd wat een dozijn was. Twaalf potloden in een doosje. Eerst had ik twaalf potloden, nu was er nog maar één over: mijn moeder. Alles was weg. Mijn broer en zus waren ouder, mijn moeder bleef een extra bord op tafel zetten, alsof mijn vader er nog was. 's Ochtends moest ik zelf mijn brood smeren en mijn haar doen.

'Hulp nam ik niet aan van haar, ik was alleen maar boos. Later zag ik pas hoe moeilijk ze het had. De liefde van haar leven was overleden en zij bleef achter met drie kinderen en een berg schulden. Een jaar na zijn dood kreeg mijn moeder een nieuwe vriend. Een Jamaicaanse man die Engels sprak. Nu ben ik goed met hem, toen dacht ik: wat doet hij hier? Ik sliep al jaren bij mijn moeder in bed, ineens moest ik terug naar mijn eigen bed omdat hij erbij kwam.

'Ik ging veel naar Leiden, daar waren meer culturen dan in Rijnsburg. Na de dood van mijn vader was het Surinaamse deel van de familie weggevallen, ik denk dat ik dat wilde opzoeken. Overal ging ik uit, later ook in Rotterdam en Amsterdam. Met oudere vrienden, verkeerde vrienden. Ik zat in een oudere wereld, werkte in een discotheek. Zo tekende ik op mijn vijftiende al een contract bij een muzieklabel.'

En nu ben je de meest beluisterde zangeres van Nederland, met twee miljoen streams per maand op Spotify.
'De meest gestreamde, niet de bekendste. Spotify is niet radio of televisie. Ben ik de juiste verschijning? Ik ben niet blank, heb geen blauwe ogen en geen blond haar. Ik word ingedeeld in een urban categorie, bij de hiphop. Zelf noem ik het popmuziek, want dat is het: populair. Ik ben geen hiphopact.

'Ik denk dat mensen moeten wennen aan de overgang naar een nieuwe generatie. Vroeger was het Marco Borsato, Jan Smit en Trijntje Oosterhuis. Nu wordt naar andere muziek geluisterd. Ik heb wel gedachten over hoe het werkt in Nederland en Hilversum, maar daar wil ik eigenlijk niet over praten. Als ik negatieve zaken benoem, geef ik het kracht. Ik vertrouw erop dat wat ik verdien naar me toe zal komen.'

Salo Muller

Fysiotherapeut (Nederland, 1936)

> NEDERLANDS
> 'Altijd.'
> JOODS
> 'Ook altijd, zo ben ik geboren.'
> PARTNER
> 'We zijn zevenenvijftig jaar getrouwd, vriend. Dat moet jij nog zien te bereiken. Ze is joods, maar het is niet zo dat ik daar specifiek naar op zoek ging.'
> WIT OF BLANK
> 'Die woorden gebruik ik allebei niet.'

Zijn eigen ouders zaten in de trein naar Westerbork. Maar dat is niet waarom Salo Muller net zo lang doorging tot hij de NS zover kreeg dat ze een schadevergoeding betalen aan de joden, Roma en Sinti die tijdens de Tweede Wereldoorlog naar het kamp werden vervoerd. 'Ik ben een pitbull. Als ik iets wil, ga ik door roeien en ruiten. Bij een onterechte bekeuring ga ik ook naar de rechter.'

Nakomelingen kunnen zich aanmelden. 'Ik weet nog niet of ik dat wil doen. Het ging me niet om het geld. Ik wilde dat de NS zou inzien hoe fout ze waren. Voor de treinreis naar Westerbork moest een kaartje van 5 gulden worden gekocht, omgerekend hebben ze met die transporten miljoenen verdiend.'

De uitkeringen variëren van 5000 tot 15.000 euro. Wat vindt u van de hoogte van die bedragen?

'Joden vroegen me: zat er niet meer in? Bij elkaar komt het neer op een bedrag tussen de 40 en 50 miljoen euro, ik vind het genoeg.'

Als kind van zes zag Salo Muller zijn ouders voor het laatst, op het podium van de Hollandsche Schouwburg in Amsterdam, voordat ze op transport gingen naar Westerbork en Auschwitz. Zelf werd hij door een verzetsgroep gered via de nabijgelegen crèche voor joodse kinderen. Van 1942 tot 1946 zat hij op acht onderduikadressen, door heel Nederland. 'Bij vreemde families, waar ik slaag kreeg.'

Die families namen u niet uit liefdadigheid in huis?
'Ben je gek, ze kregen er geld voor. Zeven gulden vijftig per week. Het verzet pleegde overvallen om die onderduikfamilies te kunnen betalen. Ik zat onder het eczeem omdat ik 's nachts werd opgesloten in een bedstee waar ik niet uit kon om te plassen of poepen, als laatste mocht ik me wassen in een teil waar het water koud en vies was geworden en wanneer ik huilde omdat ik mijn ouders miste, was het echt niet zo dat iemand kwam vragen hoe het met me ging.

'Begin 1946 stond in Friesland ineens mijn tante voor me, de zus van mijn moeder. Bij dat laatste onderduikadres was meer warmte. In vier jaar had ik geen familie gezien, ik herkende haar vaag. Ik sprak Fries en had nauwelijks contact met mensen. Als er visite kwam, moest ik me verstoppen in het kippenhok. Twee weken later nam ze me mee naar Amsterdam. Nadat duidelijk werd dat mijn ouders echt niet terug zouden komen, mocht ik haar mama noemen. Mijn oom werd papa en mijn nicht noemde ik zus.'

Hoe denkt u nu over Nederlanders en Duitsers?
'Nederlanders zijn aardige, gewone mensen. Maar het is wel zo dat 80 procent aan de verkeerde kant stond. Mocht het weer gebeuren, dan zou het me niet verbazen als ze ons aan ons lot overlieten. Nog steeds ga ik ervan uit dat Duitsers, hoe zal ik het zeggen, niet pro-joods zijn. Dat blijft erin zitten.

'Mijn oom, die ik dus vader noemde, wilde nooit Duitse waren kopen. Hij had een televisie van Aristona, onderdeel van Philips. Ik zal nooit vergeten dat die tv werd gerepareerd. Ze maakten de achterkant open en daar stond: made in Germany. Toen heb ik geleerd dat je het niet kunt vermijden. Alleen zal ik niet een Duitse auto kopen.'

Van 1958 tot 1972 werkte u als fysiotherapeut voor Ajax. Was het een jodenclub?
'Dat roepen die hooligans, ze zwaaien met Israëlische vlaggen, terwijl ze niet joods zijn. In mijn tijd was Jaap van Praag de voorzitter van Ajax, zelf een jood. Jom Kippoer is de belangrijkste dag van het jaar. Ik leef niet religieus, maar uit piëteit voor mijn ouders ben ik die dag eigenlijk niet aanspreekbaar. Op Jom Kippoer moest Ajax een Europese wedstrijd spelen – ook nog in Neurenberg. Ik zei: meneer Van Praag, Jom Kippoer, mijn ouders, mag ik alstublieft thuisblijven? Hij antwoordde: als je niet meegaat, verscheur ik je contract, jij bent onze talisman, de praatpaal voor de spelers.

'Bij uitwedstrijden – tegen Feyenoord, ADO of Groningen – werd door het publiek altijd naar me geroepen: vuile tyfusjood, ze hadden je moeten vergassen in de oorlog. Ik vroeg Van Praag of hij bij die clubs naar het bestuur kon gaan, ik wilde dat hij er iets aan deed. Hij zei alleen: ach Salo, zo erg is het niet, laat het toch. Dat is hoe joods Ajax is.

'In mijn tijd had Ajax een bestuurslid dat fout was geweest in de oorlog, spelers in het eerste elftal van wie de ouders bij de NSB hadden gezeten. En je had de gebroeders Van der Meijden, de financiers. Die zaten niet in het bestuur, maar wanneer Ajax een speler wilde kopen, betaalden zij. Ze hadden een bouwbedrijf, iedereen wist dat ze in de oorlog met de Duitsers samenwerkten, ze bouwden bunkers voor ze.

'Ik was al weg bij de club toen een van die broers in mijn fysiotherapiepraktijk kwam. We kenden elkaar van Ajax, hij wilde dat ik hem behandelde. Dat kon. Ik zei: Freek, toch zit me iets dwars, wat hebben jullie nou precies gedaan in de oorlog? Hij haalde een foto uit zijn zak: kijk, hier sta ik op met de rabbijn, wij hebben die grote synagoge in de Linnaeusstraat gebouwd, je denkt toch niet dat de rabbijn met mij op de foto zou gaan als ik fout was in de oorlog? Dan ben je uitgepraat, wat moest ik nog tegen hem zeggen?'

Dopebwoy

Rapper, werd geboren als Jordan Jacott (Nederland, 1994)

> **NEDERLANDS**
> 'Als ik optreed met *Cartier*, het nieuwe Nederlandse volkslied.'
> **SURINAAMS**
> 'Altijd. Driekwart van de mensen om me heen is Surinaams.'
> **PARTNER**
> 'Heb ik nooit gehad, ik ben lekker single. Ze kan van alles zijn.'
> **BLANK OF WIT**
> 'Je mag geen blank meer zeggen, toch? Of mocht wit niet meer? Ik hecht niet zo aan dat soort woorden, ik gebruik ze allebei.'

Bij optredens kondigt hij het aan als: dit is het nieuwe Nederlandse volkslied. 'Iedereen weet dan wat ik bedoel, het publiek begint meteen de tekst te rappen: *Ik ben lit, planga van Cartier.*'

Voor de oudere lezers: een *planga* is een zonnebril en met bijna 64 miljoen streams op Spotify is *Cartier* een van de meest gestreamde Nederlandse liedjes aller tijden. 'Iedereen doet mee, alle kleuren, over de hele wereld. Ik krijg filmpjes opgestuurd uit landen als Australië. Iedereen verstaat deze taal.'

Welke taal is dat?
'De *vibe* van dat nummer is: energiek, positief, dansbaar, het is zo krachtig dat je een overwinningsgevoel krijgt. Het is een *anthem*.'

Zijn laatste album, *Forever Lit*, stond zestig weken in de Album top 100, langdurig in de top 10. In de zomer van 2019 bracht Dopebwoy twee duetten uit met Boef, *Guap* en *TikTok*, die binnen twee weken binnenkwamen op nummer 1 en 2 in de Single top 100. 'Ik heb meer dan dertig gouden platen gepakt, de meeste dubbel. Een gouden plaat omdat ik de producer ben, ik maak de muziek. En een tweede gouden plaat voor de artiest, ik ben de rapper. De meeste rappers maken niet hun eigen beats.'

Kom je weleens op de televisie?
'Je hoort mijn muziek voorbijkomen, maar zelf ben ik nog nooit op de Nederlandse tv geweest. Ik heb de sound veranderd van de Nederlandse urbanmuziek, de muziekstroming die nu het ding is, het populairst. Ik heb in de Franse hitparade gestaan en de Turkse. Dingen die bijna niemand in Nederland heeft bereikt.

'RTL *Boulevard,* SBS *Shownieuws,* in dat soort programma's gaat het toch over wie bovenaan staat in de charts? Ik ben daar nog nooit geweest om te vertellen wie ik ben en wat voor muziek ik maak. In Frankrijk ben ik wel op de nationale tv geweest, niet in Nederland.

'Dit is best een gevoelig onderwerp. Donkere mensen zullen blij zijn dat ik er iets over zeg. Zij weten dat wij het moeilijker hebben. Blanke mensen geloven niet dat het waar is, zij willen er niet over horen.

'Toen ik bekend werd met *Cartier,* twee jaar geleden, was niet het eerste wat ik dacht: ik ga kijken of ik gediscrimineerd word. Zo denk ik niet. Maar na een tijdje ga je je er toch in verdiepen. Zoveel deuren zijn voor mij geopend, waarom blijft deze gesloten? Ben ik niet goed genoeg om op tv te komen?

'Ik heb heel veel respect voor Snelle, een rapper uit Deventer, ik hoop dat hij nog honderd gouden platen pakt. Hij heeft nu een grote hit en ik zie hem meteen op tv, zijn muziek komt overal op de radio. Dat werpt voor mij vragen op. Ik heb het hetzelfde bereikt als hij, meer zelfs, wat is dan het verschil tussen ons? Aan mijn muziek kan het niet liggen, die is populair. Wat heeft hij wat ik niet heb? Het enige dat ik kan bedenken is mijn huidskleur.

'Ik ben zo iemand: ik ga gewoon door, ik zorg dat je niet meer om me heen kunt. Ik ben zelfs blij dat het zo is gegaan, ik heb laten zien dat het ook kan zonder op tv te komen of op de radio te worden gedraaid, behalve bij FunX. Maar voor andere donkere artiesten die zien dat wij net wat minder shine krijgen en daardoor gedemotiveerd raken – voor hen vind ik het jammer.'

Ken je de Nederlandse artiesten die in de hitparade staan?
'Alleen, hoe heet hij ook weer, Jim Bakkum. Met hem zat ik een keer in de studio. Guus Meeuwis, Marco Borsato of Jan Smit: ik heb ze nooit gesproken. Maar ik weet wel dat zij mij kennen, hun kinderen lopen thuis te zingen: *planga van Cartier*. Wij zijn het die nu de getallen halen die zij eerst hadden. Ik zou graag met ze samenwerken, die twee genres bij elkaar brengen, dat is interessant. Ik ken hun muziek, daar ben ik mee opgegroeid in Nederland.'

Met wie zou je het liefst samenwerken?
'Met Doe Maar, ken je die groep?'

Waarom gaan je teksten zoveel over kleding en andere merken?
'Ik wilde altijd al iets doen in de fashion en als dat niet zou lukken, wilde ik het verwerken in mijn muziek. Ik weet er veel van, ik zit in die scene. Over drugs zou ik nooit rappen, daar heb ik niets mee.

'Mensen in de club willen niet horen hoeveel pijn je voelt. Een verhaal over hoe moeilijk het is en dat je de huur niet kan betalen: dat willen ze niet schreeuwen als ze dronken zijn. Ze willen luisteren naar teksten over hoeveel flessen je hebt en in welke auto je rijdt.

'Mijn vader werkt al heel lang als dj in discotheken, hij heet DJ Flash. Ik was al bijna tien jaar bezig met muziek maken, vooral als producer, achter de schermen. Voor optredens kreeg ik nooit aanvragen. Tot ik een nummer maakte dat *Alarm* heette. Daar zat een verse in dat mensen konden meezingen: Bil hoog, hoofd laag, chillen in de vip, jij bent nooit daar.

'Mijn vader zei: dit soort muziek moet je maken, voor in de clubs. Zo is het begonnen, ik zag met welke verses ik kon scoren. Daar ben ik hem dankbaar voor. Mijn goal was altijd: zoveel geld verdienen dat mijn ouders niet meer hoeven te werken. Mijn moeder werkt nog, maar ik betaal wel haar huur. Dat ga ik mijn hele leven blijven doen.'

Humphrey Lamur

Oud-hoogleraar (Suriname, 1933)

NEDERLANDS
'Dat voelde ik me al in Suriname. Het onderwijs was zo duidelijk Nederlands: bij Lobith komt de Rijn ons land binnen.'
SURINAAMS
'Elke dag.'
PARTNER
'We zijn tweeënvijftig jaar getrouwd en kennen elkaar uit Suriname. Als ik in die tijd in Nederland had gewoond, was mijn vrouw misschien een Nederlandse geweest.'
WIT OF BLANK
'Ik was zo lang gewend om blank te zeggen. Sinds kort ben ik met argumenten overtuigd om wit te gebruiken.'

De foto hangt boven het bureau van Humphrey Lamur, op de werkkamer van zijn huis in Amstelveen, waar hij van zijn vrouw drie uur per dag mag werken. Die regel is ingesteld na Lamurs tachtigste verjaardag. 'Hoe kan ik nu stoppen als ik zo lang heb gewerkt? Dat lukt me niet.'

Van 1972 tot 1998 onderwees Lamur aan de Universiteit van Amsterdam, vanaf 1984 als hoogleraar culturele antropologie. Op de foto draagt zijn overgrootmoeder een wit gewaad, een koto. 'Ik was twaalf jaar toen ze overleed. Ze werd geboren in 1856. Over de slavernij werd niet gesproken. Ik kan me één keer herinneren. Ze woonde in bij mijn opa, haar zoon. Mijn broers en ik speelden op het erf, ik was zes. Toen zei ze: deze kinderen kunnen alleen spelen, ik ben slaaf geweest.'

Wat bedoelde ze daarmee?
'Mijn interpretatie is: ze vond dat wij ook moesten werken. Pas veel later begon ik de slavernij te onderzoeken, ik was al in de

dertig. Toen ik sociologie en culturele antropologie ging studeren was dat niet mijn bedoeling.

'Eerst dacht ik dat mijn overgrootmoeder geen slavin kon zijn geweest. Ik dacht dat kinderen pas vanaf hun twaalfde hoefden te werken en de slavernij werd afgeschaft toen zij zeven jaar was. Tot ik in de archieven vond dat ze geregistreerd stond als werkcreool.

'Ik wilde niet de economische aspecten bestuderen, of de trans-Atlantische slavenhandel. Ik wilde weten: wat gebeurde er op die plantages in Suriname, hoe zag dat leven eruit?'

En wat vond u?

'Internationaal is de opvatting dat de Nederlandse plantages de wreedste ter wereld waren, wreder ook dan in de Verenigde Staten. Nu wordt gezegd: natuurlijk beweren ze dat in Engeland en Frankrijk, zo kunnen ze zichzelf vrijpleiten, ze zijn concurrenten. Ik heb de getuigenissen van slaven bestudeerd en vergeleken. Het verschil zat vooral in de lichamelijke mishandeling. In andere landen werden ook partners en ouders en kinderen uit elkaar gehaald en verkocht. Maar in fysiek opzicht was Suriname wreder.

'Met behulp van paarden een slaaf vierendelen, de jaloerse vrouw van een plantagehouder die een meisje van veertien met een gloeiende staaf verminkte en de pezen in haar benen doorsneed. En wat ik niet begrijp: wanneer het vermoeden bestond dat een slaaf wilde ontsnappen naar de binnenlanden, naar de Marrons, dan werd hij opgehangen. Dus je wilt niet dat hij ontsnapt en dan hang je hem op? Dan ben je hem toch ook kwijt? Maar laten we ophouden over deze wreedheden. Ik heb ook mooie dingen gevonden. Zoals meneer Uhlenkamp uit Friesland die op zijn plantage slavenkinderen vrijkocht van wie hij de vader was.'

Lamur toont de Black Achievement Award voor de wetenschap die hij ontving in 2018. 'Ik vind het heel positief dat steeds meer belangstelling bestaat voor dit deel van de geschiedenis. Hooggeplaatste mensen zoals ministers spreken zich uit, de gemeente Amsterdam gaat excuses aanbieden. Dat laatste hoeft voor mij niet zo.'

Waarom niet?
'Voor mij verlichten die excuses niets. Belangrijker is dat kennis wordt genomen van de geschiedenis. Dat we ervan leren, zodat het niet weer gebeurt.'

De award bestaat uit een pagina tekst, met daarop deze slotzin: *Hoog tijd om deze bescheiden onderzoeker om zijn wetenschappelijk werk te eren.*
Lamur: 'Natuurlijk is de felle toon van activisten goed, maar dat past niet bij mijn karakter.'

Bent u minder fel dan latere generaties?
'Veel andere Surinamers roepen maar wat over de geschiedenis. Ik doe niet makkelijk uitspraken wanneer ik ze niet kan documenteren. Van nature ben ik voorzichtig en terughoudend.'

Wanneer kwam u naar Nederland?
'Aan het begin van de jaren vijftig. Mijn vader had in Suriname veertig jaar gewerkt als ambtenaar, als onderwijzer, en kreeg een West-Indisch verlof. Een soort vakantie van een jaar, met behoud van salaris. In Nederland zag je toen op straat nauwelijks mensen zoals ik. Iedereen was vriendelijk. Het enige wat ik soms hoorde: kijk, daar gaat een zwarte meneer.
'Ik ging naar het Hervormd Lyceum in Amsterdam-Zuid, een school met rijke kinderen, en daarna naar de Universiteit van Amsterdam. Daar studeerde ik met Gerhard Durlacher, later schreef hij het boek *Strepen aan de hemel*, over zijn ervaringen in de Tweede Wereldoorlog. Zijn hele familie was vermoord, als

jongetje kwam hij alleen terug uit Auschwitz. Hij ging naar zijn ouderlijk huis in Apeldoorn. Daar woonden Nederlanders die zeiden dat hij moest ophoepelen. Voor mij was dit nieuw, in Suriname hoorde ik er niets over. In Nederland ook niet, in de jaren vijftig.
'Jaren erna kreeg hij een eredoctoraat in de sociologie. Met Joop Goudsblom, een collega-hoogleraar, liep ik naar binnen bij die plechtigheid. Hij vroeg of ik Gerhards boek al had gelezen. Ik zei nee, maar dat ik die verhalen dertig jaar eerder al van hem had gehoord. Joop begreep het niet. Hoe kon het dat ik die verhalen van Gerhard kende en hij niet? Na de plechtigheid vroeg ik het hem. Gerhard zei: jij luisterde tenminste. Nog steeds kan ik het niet goed verwerken. Wat met mijn overgrootmoeder gebeurde, en met Gerhard. Hoe kunnen mensen zo met elkaar omgaan?'

Heeft u al een antwoord?
'Nee, natuurlijk niet.'

Numidia

Zangeres, werd geboren als Numidia El Morabet
(Nederland, 1999)

NEDERLANDS
'Dat ben ik gewoon, ik kom hiervandaan. En verder: in Marokko.'
MAROKKAANS
'In Nederland. Zo word ik hier gezien.'
PARTNER
'Kan van alles zijn. Hij hoeft geen Marokkaan te zijn.'
WIT OF BLANK
'Wit vind ik een grof woord. Zwart ook. Een voorwerp is wit of zwart, niet een mens.'

Een paar jaar geleden was Numidia nog niet een artiestennaam, maar gewoon de voornaam van Numidia El Morabet, middelbare scholier op het Valuascollege in Venlo. 'Geertje? Ja, die zat vroeger op dezelfde school, in hetzelfde gebouw. Toen heette het nog St. Thomascollege. Ik weet dat hij werd gepest en vernederd. Hij was een beetje getint, met donker haar.'

Waarom noem jij hem Geertje?
'Ik kan alleen maar om hem lachen. Mensen zeggen altijd rare dingen. Hij is toevallig politicus, moeten we dan ineens opgewonden doen omdat hij iets zegt?

'Nu woon ik in Utrecht. Ik moet zeggen: hier hoor ik meer aanmerkingen op Marokkanen. In Venlo zijn ze niet zo racistisch. De jongens waar het om gaat, die rotte appels, zitten daar dieper in de criminaliteit. De rest had niet zo'n last van ze.

'In Venlo was het: zij doen hun ding, ze zijn 's nachts bezig. Het ligt aan de grens met Duitsland, er is veel drugshandel.

Verder waren die jongens rustig. Ik voelde me veilig, ook als ik 's nachts over straat liep. Ze waren nooit respectloos naar vrouwen. De vrouwen in Venlo zijn natuurlijk ook niet de makkelijksten.'

En hoe is het in Utrecht?
'Hier wonen veel Marokkanen. Daar zitten jongens tussen die op straat hangen en vervelend doen. Ik vind dat bijna iedere Marokkaan ADHD heeft. Mensen van mijn generatie – of ouder, van wie de vader en moeder in Marokko zijn geboren – wij weten: je moet het zelf fixen. Dat krijg je thuis mee.

'Als je thuis zegt dat je iets niet snapt, met je huiswerk bijvoorbeeld, dan zeggen je ouders: wij snappen het ook niet, je moet het zelf regelen. Of wanneer je iets wilt bespreken: mama, ik heb problemen met een docent op school. Of: er is een jongen die ik leuk vind. Het kan niet worden besproken. Alles is fout en verboden.

'Vanbinnen begint een bom te tikken, vaak onbewust. Tot je lichaam zegt: tot hier en niet verder. En dan ontploft die bom, het moet eruit komen, dat kan niet anders. Met een woedeaanval of een geweldsexplosie. Het betekent niet dat die jongens slecht zijn. Ze kunnen alleen thuis nooit praten over hun gevoel.'

Waren jouw ouders streng?
'Ze komen allebei uit de Rif, in Marokko. Ik heb ADHD, ze wilden me zo moe mogelijk maken, zodat ik 's avonds meteen in slaap zou vallen. Maandag had ik na school musicalles, dinsdag klarinetles en daarna volleybal, woensdag weer musicalles en donderdag volleybal. Vrijdag was ik vrij.

'Mijn vader vond: doe je ding, mijn moeder was wat traditioneler. Toen ik jong was, mocht ik geen vriendje hebben. Nu wel. In een islamitisch gezin wordt dat meestal niet gewaardeerd. Dat je een vriendje hebt, betekent: je hebt seks gehad en dat mag niet voor het huwelijk. Ook als je helemaal geen seks hebt gehad met dat vriendje, denken zij dat het zo is.

'Ik was veertien toen ik in de finale kwam van *The Voice Kids*. Sinds dat moment word ik beoordeeld door mijn eigen mensen. Ze vinden dat ik niet mag zingen en zeggen van alles over me. Ik heb zelfs gehoord dat ik een joodse Marokkaan ben – alleen omdat ik muziek maak. Zij vinden dat moslims geen muziek mogen maken. Wat die mensen niet begrijpen is dat je in ons geloof juist niet mag oordelen, of vooroordelen hebben. Dat is een belangrijk deel van de islam. Ik oordeel niet over anderen.'

Waarom zijn er niet veel Nederlands-Marokkaanse zangeressen?
'Ze zijn er wel, maar ze breken niet door. Ze durven niet door te pakken nadat iemand zegt: jij mag dit niet. Je moet ertegen kunnen. Op straat worden uitgescholden voor hoer, vernederd door je eigen mensen. Ik trek me er niets van aan, ik ga gewoon door.

'Een paar weken geleden is mijn auto helemaal kapot gemaakt, terwijl ik op een boeking was. De banden kapot gesneden, overal krassen, met eieren besmeurd. Door mijn eigen mensen, een paar jongens van zeventien. Die hele auto interesseert me niet, het wordt gerepareerd. Zij staan op de camerabeelden, zij hebben een probleem. Ik niet.'

Voel je je een Limburger?
'Natuurlijk, daar ben ik trots op. In het Westen is iedereen meer op zichzelf, in Venlo groet je iedereen op straat. We zijn traditioneler. Vlaaien, carnaval, iedereen deed daaraan mee.'

Denk je dat andere Limburgers jou zien als een van hen?
'Als ik positief in het nieuws kom, dan wel. In de finale van *The Voice Kids* was ik de Limburgse, de Venlose Numidia. Wanneer ik een overval zou plegen, ben ik een Noord-Afrikaan.'

Je praat met een Limburgs accent, maar dat verdwijnt als je zingt.

'Het klinkt meer Brabants vind ik, Limburgers praten weer anders dan ze in Venlo doen. Ik krijg er wel commentaar op, van Marokkanen die vinden dat ik niet Marokkaans klink. Wanneer ik ABN praat, klinkt het geforceerd. Bij het zingen heb ik vanaf het begin gezegd: dit doe ik in ABN, dat klinkt mooier. Ik heb het bewust in mijn systeem gezet.'

Amanda van Hesteren

Filmmaker (Nederland, 1991)

> NEDERLANDS
> 'Door Amsterdam fietsen.'
> SURINAAMS
> 'Met mijn haar bezig zijn.'
> PARTNER
> 'Overwegend wit, maar ook donkere guys. Alleen kom ik die niet zo snel tegen in mijn omgeving.'
> WIT OF BLANK
> 'Wit, omdat ik ook zwart zeg.'

Het begon met Zwarte Piet. 'Door die discussie werd mijn moeder *woke*. Ze ging naar Radio Mart luisteren. Als we op zondag bij haar op bezoek kwamen, stond het aan en zei ze dat we moesten meeluisteren, mijn broers en ik.

'Wij vroegen waarom dat ineens moest. Wat ik op de radio hoorde vond ik haatzaaien, de hele tijd racisme proberen te bewijzen. Ik ben voor de empowerment van blacks en ik ben trots op mijn kleur. Maar zoek niet overal naar racisme. Als je iets wilt doen, start dan samen een bedrijf of ga studeren.'

Radio Mart staat voor Multiculturele Amsterdamse Radio en Televisie en zendt Surinaams-georiënteerde programma's uit. Als eindexamenfilm voor haar studie Audiovisuele Kunsten aan LUCA School of Arts in Brussel maakte Amanda van Hesteren een documentaire over de vervreemding met haar moeder. Volgens Van Hesteren wordt haar moeder steeds meer pro-black en anti-white.

Mama en ik: ja maar nee/nee maar ja is als 3Lab-documentaire te zien op de site van de VPRO. 'Bij de NPO beloofden ze iedere keer dat hij ook op de televisie zou komen, maar dat is nog niet gebeurd.'

Waarom wilde je deze film maken?
'Ik denk dat ze het niet meent. Bij mijn moeder zit er veel humor in. Dan maakt ze zo'n opmerking over iets wat typisch zou zijn voor witte mensen en begint ze te lachen. Ik wilde die film maken omdat ik haar niet geloof.'

Wat voor opmerkingen maakte ze?
'Bij mij begon het met mijn uiterlijk. Eerst studeerde ik aan de Universiteit van Amsterdam. Ze zei dingen als: je ziet eruit als een UvA-meisje: slordig en niet verzorgd. Ze vond dat ik er meer uit moest zien als een zwarte vrouw.'

Hoe is dat?
'Met sieraden en make-up en mijn haar helemaal gedaan. Bling. Mijn moeder ging meelopen met demonstraties tijdens de intocht van Sinterklaas. Ze werd boos als ik niet mee wilde. Dan vroeg ze: voel je je niet Surinaams?
'Volgens mij is het slimmer om de oplossing te zoeken in een andere beeldvorming. De jonge filmmakers om me heen – het is een witte wereld. Mijn zwarte vrienden zijn vooral mijn neven en nichten. Ik zie mijn ambitie als een vorm van activisme. In mijn werk wil ik goed en succesvol worden, dat is mijn bijdrage.'

Vierden jullie vroeger Sinterklaas met Zwarte Pieten?
'Tot een paar jaar geleden werd het nooit besproken. Piet was zwart van het roet in de schoorsteen. Ik ben een keer zwart geschminkt naar school gegaan. Nu zie ik pas dat Zwarte Piet niet zuiver is. Met de familie vieren we Sinterklaas niet meer. De gedichten maken we met Kerstmis.
'Het is zo anders dan hoe mijn moeder hiervoor leefde. Ze heeft veel witte vrienden en wilde bewaken dat ik naar de universiteit zou gaan. Vanuit Amsterdam-Osdorp moest ik de hele stad door naar het Spinoza Lyceum, veertig minuten fietsen.

'Ze sprak weinig Surinaams tegen ons, dat was een bewuste keuze. Ik kon beter Frans of Spaans leren, daar heb je meer aan. We gingen niet op vakantie naar Suriname, maar naar Thailand en Indonesië, of met de auto door Europa. De Surinaamse politiek had haar teleurgesteld, ze miste de ambitie in dat land. Ze heeft rechten gestudeerd en werkte als juridisch medewerker. Mijn jongste broer heeft ze Arjan genoemd.'

Hoe vindt hij het om zo te heten?
'Grappig. Het is een *unique selling point*. Welke zwarte man heet nou Arjan?'

Wat vindt je vader ervan?
'Die is zelf wit en gaat erin mee, hij moet lachen als mijn moeder zo begint te *ranten* over witte mensen. Mijn moeder is dominant. Mijn vader komt uit een artsenfamilie, zijn ouders verhuisden naar Zuid-Frankrijk. Die waren niet blij toen hij thuis kwam met mijn moeder. Mijn oma had tegen hem gezegd: je leven is makkelijker met een witte vrouw. Later zei mijn opa dat hij jaloers was omdat mijn vader een zwarte vrouw had. Mijn moeder dacht toen: yes.'

Je moeder is donkerder dan jij. Kan het dat ze daardoor meer racisme tegenkomt?
'Ik denk dat kleur weinig verschil maakt. Het is belangrijker of je charisma hebt of knap bent. Dat je kleding een beetje netjes is. Daar word je meer op beoordeeld dan of je donkerbruin bent of lichtbruin.

'Die film heb ik gemaakt als een afsluiting van de discussie met mijn moeder. We hebben erover gepraat en gaan allebei toch niet meer van mening veranderen. Als ze er weer over begint, zeg ik: dit hadden we toch al besproken?

'Mensen die de film zien, staan aan mijn kant of aan die van haar. Ik heb ook witte vrienden die vinden dat mijn moeder me in die film voor schut zet. Dat door haar eindelijk een keer wordt uitgelegd hoe het zit.'

Zij weten beter dan jij hoe het is om zwart te zijn?
'Het zijn vrienden met wie ik studeerde in Amsterdam. Mensen die dertig uur in de trein zitten naar Napels omdat het fout is om te vliegen of in een auto te rijden. Zij zien alles zo: dit is een goed mens en dat is een slecht mens. Ik vind het interessanter om te kijken waarom iemand iets slechts doet.'

Postscriptum: Twee maanden na publicatie van dit interview werd *Mama en ik: ja maar nee/nee maar ja* alsnog uitgezonden op NPO 3.

Sjaak

Rapper, werd geboren als Mehdi Chafi (Nederland, 1985)

NEDERLANDS
'Als ik na een vakantie in Marokko weer terugkom: ha lekker, thuis.'
MAROKKAANS
'Als we bijna in Marokko aankomen voel ik me daar ook thuis.'
PARTNER
'Ik ben multicultureel, ik hou van alle goede mensen. En mijn vrouw is goed.'
WIT OF BLANK
'Wit klinkt racistisch, blank is beter.'

De schoonouders van Sjaak wonen in Bathmen, een dorp buiten Deventer. Door hun dochter werden ze voorbereid op de ontmoeting met de beruchte gangstarapper uit Amsterdam-Oost. 'Eerst zeiden ze: ha leuk, Sjaak, een Nederlander. Toen liet mijn vrouw een foto zien van mij met een bijl.'

Hoe ging die ontmoeting?
'Ze was niet het eerste Nederlandse meisje bij wie ik thuis kwam. Het gaat altijd prima, we zijn allemaal mensen. Haar ouders waren benieuwd naar me. Breng hem maar hier, zeiden ze.

'Het was meer dat ik verbaasd was over Bathmen. De fietsen staan open, de auto's ook. Zelfs de huizen gaan niet op slot. Ik zei: waar ik vandaan kom, denk je wel vijf keer na voor je dat doet. Als je in Amsterdam een pakje sigaretten in je auto laat liggen, wordt je raam ingetikt.

'Ik woon nu in Bathmen, heerlijk aan het water. Met opa en oma dichtbij voor mijn dochter. Laatst was ik vijf dagen in Amsterdam, ik kon niet wachten om naar huis te gaan. Hier loopt geen hond op straat.'

Wat gebeurt er als jij door het dorp loopt?
'In het begin ging ik voor het eerst naar de Bathmense kermis, die hebben ze hier ieder jaar. Ik zal niet zeggen dat het racistisch was, maar ze keken wel. Zo van: je bent een Marokkaan, wat doe je hier? Nu is alles rustig, ze weten wie ik ben. Veel mensen hebben kinderen, die kennen mijn muziek.

'Eerst woonde ik zeven jaar in Deventer, dat was een voorbereiding voor Bathmen, een trainingskamp. Mijn vrouw woonde daar toen. Het was een gekke overgang, storm in mijn hoofd, afkicken van Amsterdam. Daar was ik gewend om naar buiten te gaan, mijn ding doen. Naar de coffeeshop, mijn rondje maken, je weet toch.

'In Deventer zie je geen Marokkanen. Wel veel Turken, niet normaal. Almelo, Zutphen, Hengelo, overal zijn Turken. Marokkanen wonen alleen in de stad. Amsterdam, Utrecht, Rotterdam, Den Haag. En in het zuiden. Eindhoven, Den Bosch, Bergen op Zoom. Niet hier in het oosten.'

Hoe groeide je op?
'Mijn oma kwam als eerste naar Nederland, de moeder van mijn moeder. Zij heeft nog buiten geslapen, in parken, met andere Marokkanen. Nadat ze alles had geregeld met haar papieren kwam ze de rest van de familie ophalen.'

Was het niet meestal de man die als eerste vooruitging?
'Mijn oma en moeder komen uit Rabat, in het Arabische deel van Marokko. De grote stad. Moderne vrouwen die gewoon sigaretten rookten op straat. Mijn vader was al in Nederland, daar ontmoette hij mijn moeder. Hij had in verschillende landen gewoond, een paar jaar in Brazilië. Een Marokkaanse gypsy. Ook Arabisch, uit Oujda. Tot mijn vierde waren ze samen, later heb ik hem twaalf jaar niet gezien. Hij was, hoe zeg je dat, een mysteryguest.

'We dachten allemaal dat hij dood was. Hij bleek lang vast te zitten in Frankrijk. Op mijn achttiende zag ik hem weer, in Marokko. Daar woont hij nog steeds. Tot 2007 mocht hij Europa niet in. Ik werd opgevoed door mijn oma, ik noemde haar moeder. De broers van mijn moeder beschouw ik als mijn oudere broers, zij voedden me ook op. Mijn moeder studeerde en dan bracht ze me naar oma. Wat ze studeerde? Dat soort dingen vraag ik nooit. Het was iets met boekhouden of accountant.

'Vanuit Amsterdam-Oost verhuisde ik met mijn moeder voor een paar jaar naar Amsterdam-Noord. In Oost zaten we tussen de Marokkanen, Turken, Surinamers, Nederlanders, alles door elkaar. In Noord woonden vooral van die ouderwetse rasechte Amsterdammers, ik ging net zo plat Amsterdams praten als zij deden. Ik kwam terug in Oost en ze zeiden: hé Sjakie, je bent een verkaasde Amsterdammer geworden. Zo werd Sjaak mijn bijnaam.'

Hoe begon je met muziek?
'Als kind hang je in de buurt en je ziet jongens met dikke auto's, dure kleren en geld in hun zak. Je denkt: hoelang ga ik werken, vijftig jaar? Of doe ik één jaar zoals zij en dan kan ik een huis in Marokko kopen? Muziek begon in het buurthuis, omdat ik het leuk vond. Ik zag: mooi, hier verdien ik geld mee, dan hoef ik die andere dingen niet meer te doen.

'*Ik Heb Schijt*, waar ik op rapte met Appa, dat was mijn doorbraak, in 2007. Een bom. Iedereen dacht: dit is even wat anders, wie zijn die gasten? In de videoclip zwaaide ik met een bijl en een honkbalknuppel. Het was de eerste keer dat ik mijn gezicht liet zien. Ik kom uit een buurt waar je zei: ga weg met die camera. Eerst hoorde je alleen mijn stem in al die raps die ik maakte. Mijn gezicht laten zien, dat was een dingetje.

'Appa was bezig met politiek. Mij interesseert dat niet, ik representeerde de straat. *Schijt* werd een anthem voor iedereen die *struggles* had. Maar ik kwam er ook mee op plekken waar je niet één donkere persoon zag. Mijn vrouw ging een keer mee naar een optreden bij een studentenvereniging in Utrecht. Allemaal van die nette studenten, misschien één verdwaalde Hindoestaan. Zij schreeuwden het ook allemaal mee: Ik heb schijt aan de overheid.'

Charl Landvreugd

Kunstenaar (Suriname, 1971)

> NEDERLANDS
> 'In het buitenland.'
> SURINAAMS
> 'Altijd en nooit.'
> PARTNER
> 'Brabants. Surinamers en Brabanders hebben veel gemeen: vrijmoedigheid, gezelligheid en gastvrijheid.'
> WIT OF BLANK
> 'Blank veronderstelt neutraliteit en dat klopt niet. In het woordenboek staat zelfs: onbesmet. Dat klopt zeker niet.'

Charl Landvreugd noemt het zelf Het Fetisj-incident. Het gebeurde in 2004 in Londen. Daar studeerde hij voor een bachelor aan Goldsmiths College, de opleiding voor beeldende kunst van de University of London. 'In die tijd maakte ik gladde sculpturen van gips, helemaal wit. Zelf vond ik het modernistisch. Ik zette ze niet op een sokkel, maar plaatste ze op de grond.

'Met de studenten moesten we elkaars werk analyseren. Meerdere keren hoorde ik dat ze die sculpturen een fetisj vonden, dat gevoel kregen ze erbij. Ik begreep er helemaal niets van. Het waren toch gewoon gipsen sculpturen? Ik belde mijn moeder om te vragen hoe dit kon. Ze zei: hoeveel zwarte mensen zitten op die opleiding? Toen viel het kwartje pas. Kennelijk werd wat iemand zoals ik maakt gezien als een fetisj.

'In die tijd was ik naïef, ik hield me niet bezig met mijn kleur. Ik kom uit Rotterdam, die discussie heb ik toch al gehad toen ik vijf was? Iemang zegt één keer vuile Surinamer, daarna zeg ik vieze Marokkaan en dan ben je klaar. In Londen heb ik besloten:

als je fetisj wilt, dan kun je fetisj krijgen. Die gipsen sculpturen liet ik niet wit, ik ging alles zwart verven.'

Nu, vijftien jaar later, is Charl Landvreugd onder meer lid van de Akademie van Kunsten en toezichthouder bij het Amsterdams Fonds voor de Kunst. Bij het CBK Zuidoost in Amsterdam is momenteel een overzichtstentoonstelling te zien van zijn werk, Ososma. 'Die installatie is mannelijk, zwart, brutaal, *unapologetic*. Op de grond heb ik schelpen gelegd, zodat je als bezoeker steeds denkt: o, ik maak iets kapot. Het gaat over mij, over hoe ik als grote zwarte man mijn glimlach heb gecultiveerd om niet bedreigend over te komen. Maar het gaat ook over jou, over de ander.

'Na 2004 heb ik tien jaar de kleur zwart onderzocht. Wat betekent die als huidskleur, sociaal, economisch, politiek? Voor mezelf is het eindresultaat van die studie: wanneer je de opgelegde zwartheid accepteert, jezelf accepteert, dan kun je niet meer geraakt worden. Als iemand zich door zijn huidskleur en sociale klasse superieur voelt aan mij, denk ik: ah, de lieverd.

'Ik onderscheid drie fases. De eerste is dat je het niet ziet. Zo was ik als kind. Bij bepaalde incidenten denk je: wat gebeurt hier, ik begrijp het niet, we zijn toch allemaal hetzelfde? In de tweede fase word je bewust van je aanwezigheid als zwarte man en wat dat in de wereld betekent. Daar reageer je heftig op. Ik zit in de derde fase: ik trek het me niet aan, omdat ik weet dat het niet over mij gaat. Het speelt zich af in het hoofd van de ander. In Nederland reis ik vaak met de trein, in de eerste klas. Daar word ik weleens aangesproken door andere passagiers: weet je wel dat dit de eerste klas is? Ik zeg dan alleen ja. Verder niets. Ik zie hun vooroordelen, maar ik heb er geen tijd voor. Ik ga niet van hun probleem het mijne maken.'

Waarom wilde je studeren?
'Tot mijn dertigste heb ik in het nachtleven gezeten. Ik begon als danser in de iT, de Amsterdamse discotheek. Daarna ben ik zelf feestjes gaan organiseren. Ik heb tien jaar clubs gedraaid. Het concept bedenken, de programmering. Als je tweeëntwintig bent, weet je wat hip en happening is. Op je dertigste niet meer. Het nachtleven stopt. Ik wilde niet veertig worden, in een aftandse nachtclub, als de jongen die twintig jaar geleden zulke leuke dingen deed.

'Als jongeling had ik een voorsprong omdat ik veel lees. Alleen had ik niet gestudeerd, daar begon ik last van te krijgen. Ik merkte dat ik veel nadacht over een bepaald onderwerp en dan kwam ik er niet uit. Ik had geen overview, ik miste de manier van denken die je leert door te studeren.

'In die tijd had je in de Nederlandse kunsten ook al de discussie: we willen wel zwarte mensen laten meepraten, maar we kunnen ze niet vinden. Ik dacht: dan ga ik na mijn bachelor in Londen ook nog naar Columbia University in New York voor een master en naar het Royal College of Arts in Londen voor mijn PhD. Ik heb de praktijk en de theorie bestudeerd. Anderen zoals ik deden dat ook. Nu kan niet meer worden gezegd: we kunnen ze niet vinden.'

Na die jarenlange studie: wat betekent de kleur van Zwarte Piet?
Een aarzeling. 'Ik wil voorstanders van Zwarte Piet geen munitie geven. De activisten tegen Zwarte Piet doen hun werk. Ik doe hetzelfde, alleen op een andere plek.'

Uiteindelijk toch: 'Zwarte Piet is blackface, maar het wordt anders vormgegeven dan in Amerika. In Amerika was het specifieke doel van blackface om zwarte Amerikanen neer te zetten als dom en minderwaardig. Het was actieve propaganda, vanuit een diepe kloof gebaseerd op angst en haat. Daarmee zijn wij in Nederland niet opgegroeid.

'De Amerikaanse blackface is bewust racistisch. Zwarte Piet lijkt onbewust racistisch. Het is een racistische daad, maar zo wordt het niet ervaren door de uitvoerder. Nederland moet nu beseffen dat iets wat fijn was mogelijk negatief is. Daar zit de pijn. Mooie jeugdherinneringen zijn besmet. De discussie gaat niet meer over ras. Het gaat over wie bepaalt wat onze cultuur is. En je kunt niet tegen Nederlanders zoals ik zeggen dat wij daar niet over mogen meepraten.

'De pijn zit ook in de witheid. Door deze discussie wordt wit zichtbaar als een etniciteit in plaats van als neutraal, wat het in Nederland altijd is geweest. Aan die etniciteit worden nu attributen toegewezen, zoals racisme. Daarom zijn mensen zo boos als ze wit worden genoemd in plaats van blank. De zogenaamde neutraliteit is nu zelf aan de beurt. Weet je wat ik al mijn hele leven krijg toegewezen, op basis van mijn huidskleur? We maken elkaar tot iets wat we niet per definitie zijn.'

Chivv

Werd geboren als Chyvon Pala (Nederland, 1995)

> NEDERLANDS
> 'Ik voel me gewoon mens.'
> SURINAAMS
> 'Dat is wat ik ben, altijd.'
> PARTNER
> 'Mijn voorkeur gaat uit naar donkere vrouwen.'
> WIT OF BLANK
> 'Blank. Dat is me aangeleerd. Ik heb ook liever dat mensen negroïde zeggen in plaats van zwart. Zwart klinkt negatief. Zwartrijden, zwartmaken, zwart geld.'

Je zou het kunnen zien als een bevestiging van wat de jaarlijkse nationale discussie óók is: een generatieconflict. Oudere Nederlanders willen hun jeugdherinneringen aan Zwarte Piet behouden. Jongere Nederlanders hebben binnen een week gezorgd voor ruim 800.000 views op YouTube voor *Expose Zwarte Piet*, de protestsong van rapper Chivv. Op Spotify werd het in dezelfde tijd meer dan 500.000 keer gestreamd.

Het begon met de grote hoeveelheid DM's die Chivv binnenkreeg op Instagram, waar hij 293.000 volgers heeft. DM is een afkorting voor *direct message* en in de berichten stond steeds hetzelfde verzoek. 'Iedereen vroeg of ik me wilde uitspreken, omdat ik een groter platform heb. Ze hoopten dat naar mij wél zou worden geluisterd.'

De openingstekst van *Expose Zwarte Piet*:

Ik neem nooit een blad voor de mond
Al willen mensen dat we zwijgen
Traditie is traditie

Maar ze ontkennen de feiten
Ik heb respect voor jouw cultuur
Maar jouw mensen kwetsen de mijne

Wat wil je zeggen met deze tekst?
'Ik wil dat de voorstanders van Zwarte Piet het gaan zien. Dat ze beseffen hoe het is voor ons. Zwarte Piet komt racistisch over. Dit jaar zijn er nog meer ogen op gericht. Op het nieuws zag ik wat in Den Haag was gebeurd, waar bij die vergadering van Kick Out Zwarte Piet ramen werden ingegooid en mensen belaagd. Dit kan zo niet verder.'

Chivv heeft meer ervaring met gescheiden werelden binnen Nederland. In 2019 scoorde hij in de Single top 100 – in wisselende formaties, zowel solo als in groepsverband – vier top 10-hits, waaronder één keer nummer 1. In 2018 stond hij in dezelfde ranglijst acht keer in de top 10, waarvan vier keer op nummer 1. Zijn soloalbum *2 Borden, 1 Tafel* kwam in september 2019 binnen op nummer 1 in de Album top 100.

En toch: 'Soms herkennen zelfs jonge mensen me niet. Dan kennen ze alleen mijn muziek en vragen ze: Chivv, van *4x Duurder*, ben jij dat?' In 2017 stond het liedje *4x Duurder* achtentwintig weken in de Single top 100.

Hoe komt het dat ze je niet herkennen?
'Ik weet het niet, man. Bij andere artiesten die zo scoren, zie je dat ze op tv komen, bijvoorbeeld in RTL *Boulevard*. Die hebben helaas nooit bij mij aangeklopt. Hiphop is een moeilijk gewaardeerde cultuur voor de Nederlandse gemeenschap. Eigenlijk kunnen ze er niet omheen, maar dat doen ze wel.'

Zie je verschil tussen rappers?
'Het is geen leugen dat het bij blanke rappers makkelijker gaat. Zij krijgen meer aandacht, ze komen op tv, op de radio, worden

in afspeellijsten gezet. Dit is hun land. Nederlanders hebben meer interesse in andere Nederlanders. Een guy uit Zeeland kent eerder een blanke rapper dan dat hij mij kent. Het is hun cultuur. Ik kom uit Suriname.'

Heb je ooit in Suriname gewoond?
'Nee. Ik werd in Nederland geboren, maar ik ben Surinaams. Mijn roots liggen daar, niet hier. Ik wil geen namen noemen van blanke rappers. Eindstand: ik wil niet zeggen dat het racisme is, maar zij krijgen wel meer privileges.'

Is dat niet wat racisme is?
'Dat kan. Ik weet dat het speelt, maar ik heb het een plek gegeven. Zo praat ik erover met andere donkere guys: het maakt ons harder, wij maken de kwalitatief betere muziek. We hebben tv en radio niet eens nodig om op nummer 1 te komen. Bij tv zeggen ze tegen ons: fuck jou. Dan zeggen wij: fuck hen. Dat we ze niet nodig hebben, betekent niet dat ze geen moeite hoeven te doen voor ons. Ik wil ook doelen bereiken.

'Als je een groter platform hebt, kun je minder shows doen voor meer doekoe. Ik sta ieder weekend op drie of vier plekken. Laten we zeggen dat ik vier shows doe voor 5.000 euro per stuk en een guy met een groter platform doet er één voor 18.000 euro, dan heb ik nog steeds meer geld.

'Ik stond een keer in een club met een andere artiest, op dezelfde avond. Mijn show was toffer, het publiek ging meer los, maar hij kreeg meer betaald. Dat privilege heeft hij. Toen dacht ik wel: shit, ik had meer moeten vragen.'

Hoe is je contact met collega's die meer privileges krijgen?
'We zijn chill met elkaar. Het is niet hun schuld, zij doen hun ding. Ik ken ze, maar ik ben niet tight met ze. Zij komen niet uit dezelfde omgeving, we hebben niet dezelfde vibes. Bij de donkere

guys weet ik: zij komen uit dezelfde situatie als ik. Ons is niets gegeven, het is geen Sint-Maarten.'

Uit wat voor situatie kom jij?
'Ik ben moeilijk opgegroeid, in Kraaiennest. De Bijlmer. Je ziet dat je moeder achterstand heeft met betalen, moeite heeft met boodschappen halen. En je ziet jongens die drugs dealen. Het is makkelijk om daarin te worden meegesleurd.
'Ik heb twee keer vastgezeten. De eerste keer twee weken voor bankpasfraude, ik werd gepakt door een observatieteam. De tweede keer drie maanden voor dealen. Daar ben ik niet trots op, maar ik heb ervan geleerd: je kunt zo je leven vergooien. In de gevangenis ging ik nadenken. Wil ik dit langer? Hoe ga ik terugkomen in de samenleving?
'Ik was al heet op straat, door tracks die ik online had gegooid. In de gevangenis schreef ik nog meer teksten. Het klinkt raar, maar het werkte positief voor mijn carrière dat ik vastzat. Ik kreeg er *credibility* door en iedereen wachtte tot ik vrijkwam, op de muziek die ik dan zou droppen. Vijf maanden geleden ben ik verhuisd, van het huis van mijn moeder naar een appartement dat ik heb gekocht in een andere buurt in Amsterdam. Bijna al mijn buren zijn blank. Ik ben bezig met een tweede appartement kopen, om te verhuren aan expats. Daar doe je het allemaal voor.'

Abdelkader Benali

Schrijver (Marokko, 1975)

> **NEDERLANDS**
> 'Altijd.'
> **MAROKKAANS**
> 'Ook altijd.'
> **PARTNER**
> 'Ik heb geluk gehad met Saida. Hiervoor had ik ook relaties met Nederlands-Marokkaanse vrouwen, maar dat werkte niet. Mensen denken: we hebben dezelfde afkomst, dan lukt het wel. Zo simpel is het niet. Het is een val, een fata morgana.'
> **WIT OF BLANK**
> 'Wit. Blank roept een neutraliteit op die mij niet zint.'

Vier jaar geleden ging Abdelkader Benali terug naar waar hij vandaan kwam – voor een deel van het jaar. 'Met mijn vrouw kocht ik een appartement in Tanger, in Noord-Marokko. Van juni tot september zijn we er weer geweest. Haar ouders komen uit die buurt.'

Marokkanen die teruggaan. 'Als andere Marokkanen dit deden, zouden ze nog meer van Nederland houden. Wanneer je er echt gaat wonen, dus niet alleen een paar weken op vakantie. Het zou een relativering zijn voor het racisme en de discriminatie die ze in Nederland zo bezighoudt.

'Natuurlijk moeten in Nederland dingen veranderen. Het verschil is: hier kun je dingen veranderen, zeker voor jezelf. In Marokko niet. In Tanger zeggen ze: als het je niet bevalt, daar is de boot. En dan bedoelen ze niet de veerboot, maar die kleine bootjes: velen zijn je voorgegaan over de Middellandse Zee.

'In Marokko krijg je één kans. Deze studie, die winkel – dat is het, als je die kans niet pakt is het klaar. Een plan B is er niet. In

Nederland heb je plan A, maar ook plan B of anders wel plan C. Ik snap dat jonge Nederlandse Marokkanen zeggen: ik wil alleen plan A, plan B hoef ik niet. Maar het mooie aan Nederland is dat je via plan B, of zelfs C, weer uit kunt komen bij plan A.'

'Mijn vader heeft een vriend in Tanger. Ooit verlieten ze hetzelfde dorp in de bergen. Zijn vriend stopte al in Tanger, mijn vader ging door naar Rotterdam. Daar werd hij slager. Mijn vader heeft nu een pensioen en kan doen wat hij wil. Die vriend werkt in een gaarkeuken – nog steeds. Vergeleken bij hun leeftijdgenoten die in Marokko zijn gebleven, hebben oudere Nederlandse Marokkanen het heel goed. Het is niet allemaal mislukt met die migratie.'

Waarom Tanger?
'Het was een idee van mijn vrouw en ik doe alles wat zij zegt. Tanger is een atypische Marokkaanse stad, het lijkt meer op Italië of Spanje dan op Marokko. Ik ben er drie dagen heen gegaan om te kijken, in mijn eentje. De stad is gebouwd op heuvels, je bent steeds aan het klimmen en dalen. Ik liep een heuvel af en ik zag: dit is het.'

Wat zag je?
'Het licht, hoe de zon daar schijnt. Ineens voelde ik waarom Matisse en al die andere paradijsvogels naar Tanger kwamen. Het lijkt nergens op en tegelijk lijkt het overal op. Een stad in identiteitscrisis, net als ik.'

Hoe werd je verwelkomd?
'Niet. Ze gaven me totaal niet het gevoel dat ik welkom was. Tanger is een havenstad, dat herken ik uit Rotterdam. Ik hou van de directe toon achter die barse houding. Wanneer je iets koopt bij de groenteman doet hij vriendelijk. Maar als je de volgende

dag weer bij hem komt, is hij je allang vergeten. Dan begin je het hele toneelstuk opnieuw.

'Zij zien aan mij: die is niet van hier, ze horen het zodra ik begin te praten. Dan ben ik zo dat ik er nog een schepje bovenop doe. Ik verwacht niet dat zij zich aanpassen aan mij, ik doe alles op hun manier. Vanaf de eerste dag zei ik: vertel mij wat ik moet doen, ik weet niet hoe het hier gaat. Ik zit twee uur te wachten om de elektriciteitsrekening te betalen, net als zij. Daar hebben ze respect voor.

'Dit is wat veel Nederlandse Marokkanen niet begrijpen. Ze verwachten dat de rode loper wordt uitgerold omdat zij naar huis komen, ze vinden dat ze recht hebben op een uitzonderingspositie. In Marokko heb je een spreekwoord over een sinaasappel die je helemaal moet uitpersen. Zo zien zij toeristen. Of je daar bent voor de seks of omdat je oma ervandaan komt – het interesseert ze niet. Marokkanen zijn bezig met overleven. Niet met de gevoelens van een Europeaan die zijn roots wil opzoeken.

'Op de boulevard van Tanger zie je maar één groep met veel lawaai hard optrekken in hun auto's. De Belgische Marokkanen doen het niet, de Fransen ook niet. Alleen de Nederlandse kentekens. Ze praten hard, in het Nederlands, ze klagen en zeuren. Hun houding is koloniaal. De locals zien ze komen met hun dikke klokkies en denken: jij behandelt ons schofterig, dan pakken wij jou terug. Ze zien: voor jullie is dit een plek waar je komt pissen en schijten.

'Nederlandse Marokkanen gaan koffiedrinken in het duurste café van de stad. Daarna zetten ze een foto van de rekening op Facebook: we zijn weer opgelicht. Ik vind dat zonde. Ze ontzeggen zichzelf de stad. Naar Tanger komen en alleen naar Mc-Donald's en het winkelcentrum gaan – dan doe je Volendam, niet Tanger.

'Ik heb zoveel Nederlandse Marokkanen zien komen die wilden ondernemen. Hun idee was: kijk mij, hier ben ik, terug in het land van mijn ouders, ik wil zaken doen. Na een jaar waren ze financieel helemaal leeggetrokken. Ik denk dat een witte Nederlander nog meer kans maakt. Die heeft geen emoties, die wil gewoon geld verdienen.'

Wat trekt jou aan in Tanger?
'Alles wat wij in Nederland prettig vinden aan de mediterrane cultuur. Het leven op straat, de gezelligheid, dat je met iedereen kunt praten. Ik ben daar niet Abdelkader Benali, de schrijver uit Nederland. Ik ben die kale, van dat appartement, met die dochter. Ze begrijpen alleen niets van wat ik daar doe. Ik woon in Europa, in het paradijs. Waarom zou ik naar Marokko komen?'

Deniz Üresin

Ondernemer (Nederland, 1994)

> **NEDERLANDS**
> 'Zodra men mij accepteert als Nederlander.'
> **TURKS**
> 'Op een bruiloft.'
> **PARTNER**
> 'Ze is Nederlands. Dat is toeval. Ik beoordeel iedereen als persoon. In mijn vriendengroep zitten Koerden, Armeniërs, joden.'
> **WIT OF BLANK**
> 'Blank klinkt naar vroeger, alsof het nog de slavernijtijd is. Wit klinkt vriendelijker.'

Deniz Üresin vertelt net over het verschil tussen hem en die andere Nederlandse lachgashandelaar met bijna dezelfde voornaam. 'Dennis Kuipers heet hij. Over hem kwamen mooie verhalen in de krant, dat Nederland trots mag zijn op zo'n slimme ondernemer die een nieuwe business had ontdekt. Twee maanden later schreven ze over mij, Deniz met een z. Alleen was toen de toon heel anders.'

Üresin is de oprichter van Ufogas, het bedrijf waarmee hij handelt in ballonnetjes gevuld met lachgas. 'Hoeveel ik afgelopen jaar heb verdiend? Tussen de vijf ton en een miljoen euro. Ik betaal gewoon inkomstenbelasting.'

En dan komen, tijdens het interview, pushberichten binnen op de telefoon. Alle nieuwsorganisaties melden dat het recreatief gebruik van lachgas zojuist is verboden door staatssecretaris Blokhuis, evenals de verkoop aan particulieren. Deniz Üresin is niet verbaasd. 'Ik had al gehoord dat het eraan zat te komen, ik denk dat het te maken heeft met de alcoholindustrie.'

Hoe bedoel je?
'Het is allemaal lobby. Voor ieder ballonnetje lachgas wordt één glas minder alcohol verkocht. Het gaat gewoon om geld. Alcohol is aantoonbaar schadelijker dan lachgas, maar op de ballonnetjes wordt geen accijns verdiend. Ze kunnen het niet verbieden. Wat ze nu doen heet ontmoedigingsbeleid. Net als de boetes die ik krijg.'
Op zijn telefoon laat hij de foto's zien: vier dwangsommen van de gemeente Amsterdam, voor bij elkaar een miljoen euro.
'Ik had gezegd: ik stop als ik een miljoen euro boete krijg. En zij sturen me vier bedragen die bij elkaar precies een miljoen zijn. Ik ga dat echt niet betalen.'
In de zomer van 2019 verschenen ze plotseling in het centrum van Amsterdam: de met lachgas gevulde tanks van Üresin. Volgens de gemeente was daarvoor een ventvergunning vereist, Üresin vond dat hij als koeriersbedrijf opereerde. Vele boetes en arrestaties volgden. Momenteel heeft Üresin een gebiedsverbod voor het centrum van Amsterdam.

Hoe begon je met ondernemen?
'Ik kom uit een handelsfamilie. Mijn opa en oma hadden hotels en restaurants in Izmir, in Turkije, gericht op toeristen. Mijn ouders hebben ook horecabedrijven, in Amsterdam. Dat is wat ik om me heen zag. Ik ben opgegroeid in Nederland en Turkije.'

En hoe begon je met lachgas?
'In 2015 richtte ik een koeriersbedrijf op, we werkten voor Thuisbezorgd.nl, Deliveroo en Post.nl. Ik bezorgde ook tanks met lachgas, daar kun je meer dan honderd ballonnetjes uit halen. Een jaar geleden zat ik te spacen, ik had twee joints gerookt. Ineens bedacht ik: waarom verkoop ik dat lachgas niet per ballonnetje? Net als een ijscoman, die verkoopt ook per bolletje ijs.'

Waarom groeide je op in Nederland en Turkije?
'Ik werd geboren in Nederland. Toen ik zeven was scheidden mijn ouders. Mijn moeder bracht me naar haar ouders in Izmir, daar woonde ik tot mijn vijftiende. Ik kwam terug en moest weer Nederlands leren, ik sprak alleen Turks en Engels.

'Op het Berlage Lyceum in Amsterdam had je een klas voor buitenlanders van over de hele wereld. Brazilië, China, India, ze kwamen overal vandaan. Ik kwam daar in 2 havo en ging door naar 3 vwo. Ik begreep alles, alleen had ik een taalachterstand. Ze zetten me terug naar de havo, dat deed ik tot de vijfde klas. Eigenlijk wilde ik rechten studeren. Met de klas gingen we kijken bij hbo-opleidingen. Ik bedacht: mijn taalachterstand is zo heftig, dit gaat het niet worden. Midden in het jaar ben ik gestopt. Ik wilde gewoon mijn straatdiploma halen als ondernemer.

'Die school was bizar. Je had twee gebouwen, A en B. In gebouw A zag je alleen donkere kinderen, in gewoon B zaten de de blonde leerlingen, de Hollanders. Op het schoolplein waren we tussen elkaar. Ik merkte: zij vinden het niet prettig als wij daar zijn.'

Jij ziet er niet donker uit.
'Ik heb blauwe ogen, ik zie er Europees uit. Ze wisten het pas als ze me hoorden praten.'

Heb je daarom een baard genomen?
'Met die baard denken ze dat ik een jihadist ben. Ik wilde niet de hele markt voor deze baarden overlaten aan de jihadisten. Nee, serieus, op straat is een baard toch anders. Je komt mannelijker over. Waar wij 's nachts werken is het wetteloos. Je ziet vuurwapens, je kunt overvallen worden. Ik ben al twee keer in mijn rug aangevallen met een mes.

'Veel van de gasten die vervelend doen zijn allochtoon. Zonder die baard denken ze dat ik een Nederlander ben. Nu zien ze dat ik een van hen ben. De jongens die voor me werken, komen uit Osdorp, uit Amsterdam-West. Daar kom ik vandaan. Ik kende ze al of ze komen via via bij me. Al die Ali's en Mo's breng ik van West naar Amsterdam-Centrum. 'Eerst geef ik ze instructies. Praat met respect. Als een Hollander een grapje maakt dat je niet leuk vindt: het hoort erbij, niet meteen boos worden. Ze hebben nooit eerder contact gehad met blonde Nederlanders, ze weten niet hoe dat gaat. En we beschermen onze klanten tijdens hun roes van de lachgas, die duurt een paar minuten. Op dat moment zijn ze kwetsbaar, wij zorgen dat ze niet worden beroofd.'

Wat doet de politie?
'Die zien we 's nachts bijna niet. Alleen om mij te arresteren. In het afgelopen jaar heb ik negentig keer op bureau Elandsgracht geslapen. In het arrestatiebusje, daar gebeurt alles. Weg van het publiek op straat, geen camera's, geen collega's die kunnen zien wat ze doen. In dat kutbusje krijg ik harde klappen.'

Hij laat foto's zien van verwondingen aan zijn gezicht en armen. 'Het is nog erger dan in Oeganda.'

Hoe weet je dat?
'In landen als Oeganda weet je dat het kan gebeuren. In Nederland doen ze alsof het netjes gaat, maar de politie haalt gewoon alles uit wat ze willen.'

Karim Erja

Ondernemer (Nederland, 1976)

NEDERLANDS
'Mijn cliënten vertegenwoordigen in het buitenland, dan ben ik een ambassadeur van Nederland.'
MAROKKAANS
'In een blanke omgeving.'
PARTNER
'Nederlands en Indisch. Ze denkt ook los van kleur.'
WIT OF BLANK
'Wit en zwart komen bij mij pijnlijk binnen, dat zijn militante termen. Een papiertje is wit, het hoesje van mijn iPhone is zwart.'

Karim Erja heeft een Nederlandse moeder en een Marokkaanse vader. Ook is hij, met zijn bedrijf SeiSei, de manager van artiesten en sporters, onder wie kickbokser Rico Verhoeven. In december 2019 vocht Verhoeven tegen Badr Hari. 'Bij hun eerdere gevecht had ik het al gemerkt. Dit is niet alleen een sportwedstrijd, het is ook Nederland-Marokko, of eigenlijk is het nog groter: Nederland tegen de multiculturele Nederlanders die zich hier niet gehoord voelen. Door voor Rico of voor Badr te zijn, zeg je iets over je identiteit.'

Hoe werd je zijn manager?
'SeiSei begon in 2007 met danser Timor Steffens. Die kwam bij me en zei: ik wil de wereld veroveren, maar ik heb de contacten niet. Ik investeerde in hem en bedacht een strategie voor zijn carrière. Een jaar later deed hij mee aan het tv-programma *So You Think You Can Dance*. We vertrokken met z'n tweeën naar Los Angeles en de eerste opdracht die hij binnenhaalde was als danser

voor Michael Jackson. Hij heeft drie maanden met hem gewerkt en zou dansen in de This Is It-tournee, alleen stierf Michael toen. Timor werkt nu internationaal als creative director en choreograaf. Hij werd mijn eerste merk.

'Rico Verhoeven kwam in 2013 naar me toe: ik wil hetzelfde als wat jij met Timor hebt gedaan, een merk worden. Ik had vooroordelen over kickboksen, het negatieve imago, ik wilde niets met hem te maken hebben. Hij bleef aandringen tot ik overtuigd was. Vanaf het begin zetten we in op: hoe kunnen we laten zien dat jij anders bent dan het stereotiepe beeld van kickboksers? Ik bracht hem binnen bij de juiste netwerken in Hilversum en bewaakte streng de keuzes die werden gemaakt. Zodat iedereen kon zien: dit is een grote, vriendelijke blanke jongen. Hij voldeed aan het sociaal wenselijke beeld, omdat hij ook echt die persoon is.'

Terug naar Nederland-Marokko. 'Voor het gevecht tegen Badr werd ik een landverrader genoemd, omdat ik aan Rico's kant sta. Maar ik hoorde ook autochtone Nederlanders racistisch praten over Badr en zijn achterban. Marokkanen zijn een beetje het zwarte schaap van Nederland en dan had je ook nog het verleden van Badr. Je zag een tweedeling ontstaan. De autochtone Nederlanders waren vooral voor Rico en de Nederlanders met een multiculturele achtergrond voor Badr.'

Wat was jullie tactiek?
'Bewust escalatie voorkomen. We wilden positiviteit en vermeden alles wat als nationalistisch kon worden gezien. Geen oranje trainingspakken of Nederlandse vlag. Absoluut geen Nederland-Marokko, die sentimenten zijn heel gevaarlijk. Mensen weten niet dat Rico is opgegroeid in een gemengde buurt, tussen veel Marokkaanse jongens, hij heeft een gemêleerde vriendengroep. De Nederlander die tegenover de Marokkaan wordt gezet, dat wás hij helemaal niet.

'Ik begrijp dat het een perfecte tegenstelling is. De good guy tegen de bad guy. De sympathieke Nederlandse jongen tegen de nationale klootzak. En ik begrijp ook waarom het voor autochtone Nederlanders beangstigend kan zijn dat zoveel mensen in dit land voor Badr waren. Veel autochtone Nederlanders hebben niet de urgentie om zich te verdiepen in het hoe en waarom. Het is kortzichtig van ze, maar ik snap dat die mensen kunnen denken: waarom haten zij Nederland zo?'

Waarom is de passie voor iemand als Badr Hari zo groot?
'Hij is een erg goede kickbokser. Een held voor mensen die zich met hem kunnen identificeren. Ze klampen zich vast aan de mensen uit hun groep die excelleren. Ik noem het een gevolg van cultureel letsel dat je altijd meedraagt. Je cultuur en afkomst wordt continu generaliserend en onheus bejegend, dan snak je naar een succes. In hun ogen is Rico de jongen die alles cadeau krijgt en Badr de underdog die wordt buitengesloten. Rico wordt het symbool van de generaliserende Nederlander die tegen hen is. Daarom hopen ze dat Badr die Nederlander neerslaat en dat laten ze merken met veel meer vuur dan hier gebruikelijk is.'

De ouders van Karim Erja ontmoetten elkaar in Marokko, waar zijn moeder op vakantie was in Agadir. 'Mijn vader had een goede opleiding, een goede baan, geen economisch motief om Marokko te verlaten. Ze gingen heen en weer tussen Nederland en Marokko, tot mijn moeder zwanger werd en ze moesten beslissen waar ik zou opgroeien.

'Mijn moeder komt uit Rotterdam, daar heeft mijn vader jarenlang gewerkt bij Schmidt Zeevis, hij fileerde vis. Hij stond te werken met Turken, Kaapverdiërs, Surinamers, Marokkanen. Mijn vader was geen gastarbeider, maar hij viel wel in die categorie. Hij werkte onder zijn niveau. Door een paar beslissingen had zijn leven deze wending genomen.

'Mijn ouders scheidden toen ik zeven was. Hij woonde op een flatje in Capelle en kon niet uit die situatie komen. Bij mijn moeder had ik een Hollandse opvoeding. Verjaardagen met plakjes kaas en worst en naar Toon Hermans luisteren. Mijn vader liep thuis in een kaftan en probeerde me te vertellen over Marokko, alleen gingen we daar niet heen. Ik heb de taal ook niet geleerd.

'Ik speel nooit de racismekaart. Het leidt altijd tot een eindeloze discussie die je niet kunt winnen. Maar ik kan wel benoemen dat het er is. Je blijft in een bepaald isolement waar je alleen uitkomt door geluk of veel harder te rennen, zonder garantie op succes. Als tiener ging ik me sociaal wenselijk gedragen, het tegendeel bewijzen, als de zogenaamde goede Marokkaan. Bizar en achteraf dieptriest. Het is trouwens overal. Als je vanwege je culturele achtergrond wordt gediscrimineerd, maar zelf ook mensen veroordeelt, om hun religie of seksuele geaardheid, dan ben je geen haar beter.

'Een van mijn eerste vriendinnetjes was een blond meisje. Ik kwam binnen bij haar familie en zei: hallo, ik ben Karim. Later stond ik in de keuken en hoorde ik uit de woonkamer: wat moeten we met dat soort gasten? Ik dacht dan: wat raar, mijn moeder is gewoon blond. Tegelijk weet ik dat er mensen bestaan die echt kleurenblind zijn, zoals mijn ouders en schoonouders.

'Ik groeide op in Rotterdam, in een gemengde vriendengroep. Soms schaamde ik me tegenover mijn donkere vrienden. Ik voelde dat zij dachten: jij hebt makkelijk praten, je krijgt het wel gefikst, op school of bij instanties, want je hebt een blonde moeder en een blanke stiefvader, voor jou worden dingen geregeld. Ik dacht dan: ja, als mijn moeder erbij is, maar zonder haar ben ik net zoals jullie, met mijn Marokkaanse naam en uiterlijk.

'Ik heb me altijd allebei gevoeld. Natuurlijk kwam ik weleens in groepjes met alleen Hollanders waar racistische dingen werden gezegd. Dat maak ik nog steeds mee, privé en zakelijk. En in groepjes donkere jongens werd over Nederlanders gezegd: je weet toch hoe die tata's zijn. In beide gevallen voelde dat als een speldenprikje in mijn hart.'

Bokoesam

Rapper, werd geboren als Samuel Sekyere (Nederland, 1992)

NEDERLANDS
'Met lekker weer buiten zitten en kijken naar de mooie mensen die langsfietsen.'

GHANEES
'Bij mijn vader. Uiteindelijk ben ik in dit land nooit echt helemaal Nederlands.'

PARTNER
'Haar moeder is Duits, haar vader van de Seychellen. Ik val op licht getinte vrouwen. Ze is heel Nederlands in haar doen en laten.'

WIT OF BLANK
'Ik vind wit een beter woord. Blank kent meer betekenissen.'

Het rappen begon als een grap. 'Ik zag niet dat ik hier iets mee kon doen, sowieso vond ik niet zoveel van mezelf. Naar school ging ik niet echt, die muziek deed ik gewoon, daar zat geen bedoeling achter. Toen het begon te lopen, heb ik wel alles op alles gezet om ervoor te werken.'

Wat betekent je artiestennaam?
'Zo noemde ik mezelf al op Twitter, waar ik mijn eerste muziek deelde. Het is omdat ik Ghanees ben. Die worden bokoe genoemd en ik heet Samuel. Ik begon met muziek en ik dacht: moet ik nu een rapnaam kiezen? Het bleef Bokoesam.

'Ghanezen werden gepest, ze waren niet cool. De Surinaamse jongens waren cooler. Bokoe is een scheldwoord voor Afrikanen, het betekent dat je stinkt. En nu ruik ik naar Tom Ford.

'Het werd niet op een leuke manier gezegd. Mijn vrienden moesten lachen om de naam Bokoesam. Ik ben wel meer dingen genoemd. In onze vriendengroep maken we elkaar altijd belachelijk, daar krijg je een dikke huid van. De zelfspot moet je er altijd in houden.'

Wat dachten mensen dat jij was?
'Meestal dachten ze Surinaams of Antilliaans. Dat vond ik wel kut of zo, ik wilde laten zien dat ik een trotse Ghanees ben. Maar ik begrijp het wel. Als ik in Nederland een Aziatische persoon zie, ga ik er ook van uit dat die een Chinees is.'

Werd jou weleens verweten dat Ghanezen een rol hadden in de slavernij?
'Omdat mijn vader een Ashanti is? Nee. Die geschiedenis wordt op de witte man gelegd. Ik heb er dingen over opgezocht. Overal waar slavernij is geweest, hebben mensen eraan meegewerkt. Het wordt anders verteld door verschillende stammen.'

Ben je in Ghana geweest?
'Twee keer, toen ik een tiener was. Ik vond het daar eigenlijk wel leuk, man. De taal spreek ik niet, ik was niet elke dag met mijn vader, maar het is goed om te zien waar je vandaan komt of zo. Ik hoor overal bij en nergens bij.

'Hier word ik gezien als een donkere guy, ik kan nooit echt een Nederlander worden. En daar noemden ze me obroni, een witte man. Dat woord kende ik al, van mijn vader en van ooms, maar het was nooit eerder tegen me gebruikt. Ik werd boos: eindelijk kom ik hier in Ghana en dan hoor ik er alsnog niet bij.'

De moeder van Bokoesam werkte als juf op een basisschool in de Amsterdamse Watergraafsmeer. 'Van haar kreeg ik echt een Nederlandse opvoeding, ook bij mijn opa en oma. Die woonden buiten de stad, in Durgerdam.'

En zijn vader werkte in een coffeeshop in Amsterdam-Oost. 'Daar kwamen veel Ghanezen, mannen die ik oom noemde. Iedereen groette je, misschien kreeg je van iemand 5 gulden waarmee je iets leuks kon doen. Mijn ouders scheidden toen ik vier was, soms ging ik langs bij mijn vader als hij daar aan het werk was.'

Wat vond je moeder daarvan?
'Ze vond het niet kunnen. Ik was nog een kind, ik begreep niet wat softdrugs waren. Pas later werd ik me er bewust van wat andere ouders voor werk deden.'

Ze woonden in Amsterdam-Oost, in de Indische buurt. Bokoesam en zijn broertje gingen naar school in de Watergraafsmeer, waar zijn moeder als juf werkte. 'Dat waren twee aparte werelden. Op de hele school zaten misschien tien donkere kinderen, echt heel weinig. De Watergraafsmeer was een wat beter deel van de wijk, de ouders hadden wat meer centen.

'Waar wij woonden had iedereen wat minder geld. Onze ene buurman was een junkie, de andere was een dealer. Op straat zag je weleens kogels liggen. Bij de kinderen in mijn klas gebeurden dat soort dingen niet, ze konden het niet begrijpen.'

Vond je het moeilijk?
'Ik wilde een witte Nederlander zijn, ik woonde bij mijn moeder, maar dat ben ik niet. Ik was gewoon anders. Op de pleintjes bij mijn huis was mijn accent te Nederlands, op school praatte ik weer te straat.

'Het is lastig. Mensen praten vaak over wij en jullie. Als je donker bent en je hebt veel slechte dingen meegemaakt met Nederlanders, dan heb je een negatiever beeld. Dat kan ik begrijpen. Maar ik ben een fusie, ik verdedig die twee kanten allebei als er iets onaardigs over wordt gezegd. Haat je mij nu ook, vraag ik dan, vind je mij ook een lul?'

Dido Michielsen

Schrijver (Nederland, 1957)

NEDERLANDS
'In het dagelijks leven. Als iemand vraagt wat ik ben, zal ik altijd zeggen: een Nederlander.'
INDISCH
'Bij mijn familie of andere Indische mensen. Sinds ik dit boek schreef meer dan ooit.'
PARTNER
'Een Hollander. Je bent meer dan alleen het bloed door je aderen. Wij delen weer andere dingen.'
WIT OF BLANK
'Ik probeer politiek correct te zijn en wit te zeggen, maar het lukt me niet. Blank is voor mij natuurlijker.'

Acht jaar geleden begon Dido Michielsen aan het onderzoek voor wat uiteindelijk *Lichter dan ik* zou worden, een boek gebaseerd op het leven van haar betovergrootmoeder in Nederlands-Indië. De verteller heet Isah, een zogeheten njai, de bijvrouw van een Hollandse man. 'Al acht jaar was ik ermee bezig en nu blijkt het goed in de huidige tijd te passen.

'Het was de belangrijkste keuze die ik heb gemaakt bij dit boek. Misschien bestaat het, maar ik heb het niet gevonden: een Nederlandse roman waarin het verhaal wordt verteld vanuit het perspectief van een vrouw zoals Isah. Ik wilde dat de lezer met haar zou meeleven.

'Hella Haasse, Couperus, Multatuli – ze schreven prachtige Indische romans, maar hoofdzakelijk met de ogen van de kolonisator, nooit van de gekoloniseerde. De na-oorlogse generatie Indische schrijvers zoals Van Dis, Bloem, Baay en Birney, bood pas een Indisch perspectief.'

Hoe komt dat?
'Door de geschiedenis heen zie je dat de kolonisator in eerste instantie neerkijkt op het volk dat ze koloniseren, de genuanceerde blik volgt pas later. Ik wilde nadrukkelijk een ander perspectief bieden. Nederlanders deden neerbuigend over de njais. De vrouwen die je weleens op straat zag, of bij school – terwijl dat iemands moeder was. De njais werden weggemoffeld, ze vormden geen gevaar voor de echtgenotes. Ze waren lijfeigenen, een soort voorwerpen. Dat is lang doorgegaan, tot aan de Tweede Wereldoorlog.

'In de tijd van mijn betovergrootmoeder begonnen Nederlandse mannen langzaam te beseffen dat de kinderen die ze verwekten bij hun njai niet alleen bijhulpjes waren of lastige extra monden om te voeden. Het waren ook hun biologische kinderen. Net zoals ik zijn veel Indische mensen in Nederland afstammelingen van een njai. Dat was de oermoeder. Daar begon het gemengde bloed, de eerste generatie waarbij de kinderen een hogere positie hadden dan hun eigen moeder, omdat ze lichter waren. Over die naamloze vrouwen bestond veel schaamte en dat vind ik ontzettend triest. Door de schaamte van de oudere generaties weet de huidige generatie er niets van.'

Hoe kwam je bij het verhaal over je betovergrootmoeder?
'Van mijn moeder kreeg ik haar levensverhaal, een album met handgeschreven teksten en foto's. Alleen stond de naam van mijn betovergrootmoeder er niet bij. Ik werd kwaad dat ik die niet wist. Dat zie je vaker, de namen van deze familieleden zijn niet bekend.

'Mijn ouders zijn allebei Indisch, geboren in Indonesië. Ze scheidden toen ik zeven was. Mijn vader had in een Jappenkamp gezeten en voor Nederland gevochten in de onafhankelijkheidsoorlog. Een moeilijke man, later begreep ik pas dat hij getraumatiseerd was. Ik zag hem twee keer per jaar, dat waren moeizame weekenden. Hij begreep niet wat een kind leuk vond, nam me mee naar een atelier waar ze dieren opzetten.

'Ik was alleen met mijn moeder en ook nog enig kind, het enige kleinkind zelfs. Mijn moeder en haar ouders gingen met iedereen om, net zo makkelijk met Hollanders als met Indische mensen. Als kind zag ik het Indische niet. Ik zag wel hoe mijn moeder omging met gasten, dat die gastvrijheid anders was dan in andere huizen, maar ik dacht dat het kwam doordat we alleen waren.

'In Amersfoort was mijn beste vriendinnetje half-Chinees. Op school werd ons uiterlijk besproken. Ik weet nog dat een leraar aan haar vroeg: en waarom ben jij zo donker? Ze antwoordde dat het kwam doordat haar vader in de zon had gezeten. Het drong niet tot ons door dat haar vader Chinees was.

'We gingen naar grote Indische familiefeesten, ik was altijd ontzettend verlegen. Daar was voor dagen gekookt, mensen zaten tot op de trap met hun bord. Later keek ik erop terug en zag ik het pas. De gebruiken, het bijgeloof, de voorwerpen, de boeken die mij werden aangeboden. In mijn jeugd was het niet duidelijk. Mijn moeder switchte met groot gemak van een koningshuisgezinde Nederlander zijn naar afgeven op die Hollanders.'

Onderscheidt dat makkelijke switchen de Indo's van andere immigrantengroepen?
'Veel Indische mensen vinden het vervelend als wordt gezegd: jij bent Indonesisch. Het betekent dat het verschil niet wordt begrepen. Indisch betekent: gemengdbloedig. Inheems gemengd met Nederlands.

'In Indonesië hoorden de Indo's die later naar Nederland kwamen al tot de koloniale middenlaag. Ze werden Nederlands opgevoed, wisten meer over de Nederlandse geschiedenis dan de Hollanders zelf. Waarom vinden zij het zo belangrijk om als gemengd te worden beschouwd? Ik denk omdat ze voor hun gevoel dichter bij de Hollanders staan dan die Hollanders zien.'

Amade M'charek

Hoogleraar (Tunesië, 1967)

NEDERLANDS
'De vrijheid die ik voel als ik door de stad fiets en om me heen kijk.'
TUNESISCH
'Mijn familie. De begraafplaats voor verdronken migranten die we daar aan het bouwen zijn. Door mijn onderzoek voel ik me weer meer Tunesisch.'
PARTNER
'Een Duitser. We hebben interessante en diepgaande gesprekken, daar gaat het mij om, niet om zijn afkomst.'
WIT OF BLANK
'Wit natuurlijk. Blank heeft een koloniale geschiedenis.'

In de zomer van 2019, kort voordat Amade M'charek naar Tunesië afreisde, was er weer een boot gezonken. Een week later wilde ze naar het strand. 'Toen was het zover. Drieëntachtig aangespoelde lijken van vluchtelingen op één dag, het was een macaber gezicht. Ze vertrekken vaak vanuit Libië, dan spoelen ze aan in Zuid-Tunesië.'

In maart 2020 bevond M'charek zich weer in Tunesië, voor haar project over de forensische identificatie van die aangespoelde vluchtelingen. Als hoogleraar Antropologie van de Wetenschap aan de Universiteit van Amsterdam is forensische antropologie een van haar specialisaties. 'Bij forensische identificatie denkt iedereen aan DNA, maar dat is lastig. Nadat ze lang in het water zijn geweest, krijgen ook zwarte mensen een witte huidskleur. Via hun kleding of sociale media kun je de identiteit proberen te achterhalen. Het is vrij moeilijk, dit spoorzoeken. Toch denk ik dat we het moeten doen.'

Waren er in maart veel coronabesmettingen in Tunesië?
'In het hele land was één besmetting zeker, van een migrant die terugkwam uit Italië.'

Voelde het raar om naar Nederland te gaan?
'Het was haast surrealistisch, maar mijn dochter is 15 maart jarig, dus op 14 maart kwam ik terug. In Tunesië was corona vooral onderwerp van grapjes, hier kwam ik thuis in een lockdown. Daar weten ze: als het komt, zijn we verloren. In Tunesië hebben ze de middelen en de capaciteiten niet om een uitbraak te managen. Tot nu toe houden ze het met een strak regime in de hand.'

Veertig jaar eerder verhuisde Amade M'charek van Tunesië naar Nederland. 'Mijn vader was vanuit ons stadje naar de hoofdstad van Tunesië gegaan, daar zou hij buschauffeur worden. Hij werd getipt door een kennis: ze zoeken mensen om in Europa te werken, jij bent sterk en ziet er goed uit, ze willen je vast hebben.

'Mijn vader ging naar die recrutering, de Nederlandse minister van Economische zaken was er ook bij. Van Holanda had hij nog nooit gehoord. Een jaar later kwam hij terug, in een zwarte Mercedes. Het was niet zo slecht, dat Holanda. Eerst werkte hij in een kippenslachterij, later bij de Hoogovens. We woonden in Haarlem.'

Hoe was dat?
'Mijn zus en ik kwamen aan in een weekend, twee dagen later gingen we naar de Floraschool, tegenover ons huis. Na twee maanden spraken we vloeiend Nederlands. In Haarlem woonden weinig Tunesiërs, dat hielp. Een Hollands kind wordt benaderd als een individu, met een eigen biografie en persoonlijkheid. Een migrantenkind wordt gezien als deel van een groep. Daar had ik niet zo'n last van, omdat er geen groep was.

'Het enige probleem kwam in de zesde klas. Ik was een ijverig kind, ik wilde studeren en dokter worden. Het hoofd van de school, meneer De Westerveer, had voor mij geregeld dat ik naar de huishoudschool zou gaan – dat was goed voor mij, want ik zou toch trouwen en dan kon ik voor mijn man zorgen. Ik zei dat ik dokter wilde worden, daarvoor moest ik naar een andere middelbare school. Dat was niet makkelijk, ingaan tegen het hoofd van de school. Ik was twaalf en woonde pas een jaar in Nederland.'

Moest je het zelf regelen?
'Ik ondertekende mijn eigen schoolrapporten, mijn ouders konden niet lezen en schrijven. Nu zijn ze apetrots op wat ik heb bereikt. Op dat moment begrepen ze er niets van. In de families van allebei mijn ouders was ik de eerste die ging studeren. Dokter worden was iets concreets, daar konden ze zich iets bij voorstellen, alleen werd ik uitgeloot. Daarna koos ik voor sociale wetenschappen, dat was ongrijpbaar voor ze. Als ik bij McDonald's ging werken, had ik ze toen blijer gemaakt.'

Je loopt sinds 1987 rond bij de Universiteit van Amsterdam. Is er veel veranderd?
'De studentenpopulatie is sterk veranderd, de universiteit is nu veel internationaler. Ook de Nederlandse studenten zijn diverser geworden. En bij de docenten: de grootste verandering is in gender. Toen ik studeerde was er bij de sociale wetenschappen niet één vrouwelijke hoogleraar. Die verandering heeft een lange geschiedenis. In de jaren zestig en zeventig was er een vakgroep vrouwenstudies, we zijn hier al een tijdje mee bezig. Het leeft niet bij iedereen even sterk, maar er is voldoende draagvlak voor.
'Racisme en post-koloniale verhoudingen zijn een ander verhaal. Ook op de universiteit hoor je het soort taal dat we kennen uit Den Haag: kom op, het is tweehonderd jaar geleden, waarom moeten we hier nog over praten? De universiteit is een institutie,

waar ze lang gewend zijn de dingen op een bepaalde manier te doen. Wanneer er iemand komt die tegen een hoofddocent of professor zegt: hier zie je iets over het hoofd – dat wordt lastig. Op de universiteit wordt niet snel gezegd: we gaan het volgend jaar totaal anders doen. Racisme en de koloniale geschiedenis staan nu wel hoog op de agenda.'

M'charek ziet een scherp contrast tussen deze constateringen over de cultuur binnen een universiteit en identiteitspolitiek. 'Zowel extreemrechts als extreemlinks hanteert een simplistische benadering van identiteit. Het is fictie die ze vervolgens voor waar nemen. Aan beide kanten is het een politiek instrument. Mijn sympathie ligt meer bij mensen die iets tegen ongelijkheid proberen te doen. Maar alles afmeten aan huidskleur of afkomst is echt te simplistisch.

'Ik ben van Tunesische afkomst, ik ben Nederlander en voel me een Amsterdammer. En ik hoor bij de universiteit en bij zoveel meer. Ik dacht dat ik een agnost was, maar na 9/11 werd ik weer tot moslim gemaakt. Als ik met mijn moeder over straat loop, word ik aangezien voor Marokkaans. In mijn eentje kan ik Mexicaans zijn, of Turks of Israëlisch. Wanneer ik mijn dochter ophaal, ben ik de oppas. Op een congres werd een keer door een Britse linguïst aan me gevraagd: *M'charek, are you Irish?* In die tijd was ik net *The Dubliners* aan het lezen, daar komt die naam ook in voor.'

Catherine Keyl

Presentator (Nederland, 1946)

NEDERLANDS
'Altijd, heel erg zelfs.'
JOODS
'Als mensen denken dat de Holocaust niet heeft bestaan. Geef me dan mijn grootouders maar terug.'
PARTNER
'Ze waren allemaal Hollanders, alleen de laatste was een Engelsman. Ik val op karakter en intelligentie, niet op uiterlijk.'
WIT OF BLANK
'Wit, omdat ik ook zwart zeg. Blank suggereert dat het iets beters is en dat wil ik niet.'

Toen Catherine Keyl een jaar of acht was, werd ze op straat in Den Haag uitgescholden. 'Vuile jodin – ik wist niet eens wat het betekende. Ik vroeg aan mijn moeder wat het was, hoe kwamen mensen daarbij? Ze zei dat ik daar beter niet over kon praten. Dat heb ik gedaan, tot mijn vijfenveertigste.'

En toen?
'Ik was verslaggever van het actualiteitenprogramma *Hier en Nu*, bij de NCRV. Ze vonden dat ik naar Israël moest gaan. Ik wilde niet, ik dacht dat ze me partijdig zouden vinden als ze hoorden dat mijn vader joods was. Een verslaggever moet onpartijdig zijn. In een vergadering vertelde ik het. Doodse stilte. Niet relaxed. Tot iemand zei: ben jij jóóds?'

Dacht je dat ze anders naar je zouden kijken?
'Ja. Negatiever, dat weet ik wel zeker. Daarom vind ik het best eng om er nu over te vertellen. Het had ook een voordeel: als mensen niet wisten dat ik joods ben, praatten ze vrijuit. Al die complottheorieën, ook nu weer met corona, daar spelen joden

altijd een rol in. Blijkbaar bestaat er een duister, mysterieus beeld van joden. Dat ze veel invloed hebben en geldwolven zijn. Ook in de tv-wereld wordt zo gepraat.'

Joden zouden de media beheersen. Heb je in Hilversum met joden gewerkt?
Na een paar seconden: 'Bij *Televizier*, met Jaap van Meekren. Verder nooit, niemand is daar joods. Mijn vriendinnen weten het van me. Die zeggen dat ik zo handig ben met geld. Ik heb geprobeerd het goed te doen, maar ik heb met geld genoeg fouten gemaakt. Bij mijn vriendinnen vraag ik door: wat bedoel je daarmee, hoezo ben ik goed met geld? Dan zeggen ze dat het in mijn genen zit. Zo hardnekkig zijn die vooroordelen.'

Als kind vond Catherine Keyl tussen de boeken van haar vader een exemplaar van het Oude Testament. Voor in het boek stond: Eliazar Keyl, geboren uit Nathan Keyl en Elisabeth Kooperburg. 'Dat waren zijn ouders, bij hun namen stonden ook data vermeld, op welke dagen ze waren geboren en overleden. Dat laatste woord had hij doorgestreept en in grote letters erbij geschreven: VERMOORD.

'Ik wist van niets, wat was dit? Toen ik het vroeg, riep mijn vader dat ze in de oorlog zo stom waren om als domme schapen gewoon die oproep op te volgen. Zijn ouders dachten dat ze gingen werken en weer terug zouden komen, ze hebben zich vrijwillig gemeld. In 1942 gingen ze naar Westerbork en in januari 1945 zijn ze pas vermoord, in een concentratiekamp in Polen.

'Mijn vader was een lange blonde man met blauwe ogen, hij zag er niet joods uit. Met een vals persoonsbewijs zat hij in het verzet. In de trein naar Rotterdam werd hij opgepakt, met een tas vol exemplaren van *Vrij Nederland*, die bracht hij rond. Hij heeft in Sachsenhausen gezeten. Niet als jood, maar als verzetsstrijder. In oktober 1945 kwam hij terug en de hele familie was weg. Zijn vader had een zaak in Den Haag. Ook weg.

'Op van die leuke bijeenkomsten, zoals verjaardagen, begon mijn vader altijd over de oorlog. We hadden niet veel geld, op een verjaardag kreeg je een gebakje, daar keek ik weken naar uit. Zodra die gebakjes op tafel stonden, zei hij dat ze in het kamp niks te vreten kregen. En daarna of we wel wisten dat in het kamp iedere dag iemand werd opgehangen, als voorbeeld voor de anderen? Dan was de vrolijkheid van de verjaardag wel weg.
'Ik vroeg me steeds af: is dit echt waar of zegt hij maar wat? Jaren later werkte ik bij RTL en vroegen ze me om in Berlijn mee te kijken naar een talkshow die niet goed liep. Ik kreeg een auto met chauffeur en dacht: Sachsenhausen is vlakbij, ik ga kijken. En ja hoor, dat kamp had een groot plein met in het midden een galg.'

Voel je je joods?
'Als mijn moeder joods was geweest, voelde het anders, denk ik. Dan was ik officieel joods. Maar de twijfel komt vooral door mijn vader. Ik weet zeker dat hij bar mitswa heeft gedaan, alleen noemde hij zich een agnost. Hij wilde geen jood zijn. Dat associeerde hij met verlies, ellende en verdriet. In Den Haag gingen we een keer naar een bar mitswa, ik denk van vrienden. De rabbijn wilde dat mijn vader een talles omdeed, zo'n gebedskleed. Mijn vader weigerde en schreeuwde: sodemieter op met die talles.'

In februari 2020 verscheen *Ik heb niets tegen antisemieten, ik lééf ervan*, de door Ronit Palache samengestelde bloemlezing met teksten van Ischa Meijer. De titel is een citaat uit een door Catherine Keyl geschreven interview met Ischa Meijer. Ze zoekt het op in het register achter in het boek. 'Uit 1982, in weekblad *De Tijd*, ik kon het me niet eens herinneren. In de bundeling staat ook een column van Ischa uit *Het Parool*, over een boek dat ik had geschreven. Tegen mij had hij al gezegd dat hij het een hartstikke goed boek vond. Toen dacht ik: ja, dahag.'

Waarom dacht je dat?
'Ik hoor er natuurlijk niet bij, sinds ik ooit overstapte van de publieke omroep naar RTL.'

Vind je dat jammer?
'Ja. Ik zou er graag bij horen. Daar kan ik stoer over doen, maar zo is het niet. Ook ik ben een slachtoffer van vooroordelen. Nee, dat is een grapje, alleen wel met een serieuze ondertoon. Bij *Hier en Nu* en *Televizier* was ik de sterverslaggever, ik maakte serieuze reportages. Tot Fons van Westerloo vond dat ik middagtelevisie moest maken, dat werd AVRO *Service Salon*, in 1985.

'Ineens kwam ik terecht bij de infotainment, in die hoek ben ik altijd gebleven. Terwijl ik journalist ben geworden doordat ik joods was, daar hangt alles mee samen. Voor *Televizier* interviewde ik Jean-Marie Le Pen, die de Holocaust ontkende, ik kon die man wel vermoorden. Vanuit Berlijn móést ik naar Sachsenhausen, het komt altijd terug. Mijn grootouders die niet beter wisten en zich aanmeldden voor Westerbork. Ik wilde zorgen dat mensen geïnformeerd werden.'

Ajouad El Miloudi

Tv-maker (Nederland, 1987)

NEDERLANDS
'In het buitenland valt pas op hoe divers Nederland is. Je buurman kan een Turk zijn en je collega een Arubaan. In Marokko bestaat dat niet. Daar heb je Afrikanen die de oversteek naar Europa willen maken. Die maken echt geen deel uit van de maatschappij.'
MAROKKAANS
'Bij familie.'
PARTNER
'Marokkaans, uit Nederland. Dat is zo gelopen, het was geen bewuste keuze.'
WIT OF BLANK
'Blank. Wit klinkt zo hard, op de kleur gericht.'

Vroeger wilde Ajouad El Miloudi niet eens te gast zijn in *De Nieuwe Maan*, de talkshow die hij tegenwoordig presenteert op NPO 2. 'Nu zie ik dat ik te radicaal was. Ik moest een presentator worden van neutrale programma's en wilde absoluut niet op tv komen als Marokkaan. Daar was ik te geobsedeerd mee bezig.'

Twee gesprekken. Het eerste bij zijn afscheid van de Amsterdamse zender AT5. 'Ik kwam daar binnen toen ik achttien was en drie jaar later ging ik weg, met een contract voor drie programma's bij de KRO. Bij dat gesprek zat een eindredactrice die zei dat ze het razend knap vond, zo jong en zo snel doorgebroken als presentator.

'De uitvoerend producent zei toen dat die doorbraak ook te maken had met andere factoren, zoals mijn afkomst. Op dat moment dacht ik: vuile Duitser, al die jaren heb ik hier mijn best gedaan en nu krijg ik dit. Het was zo onder de gordel, zo neerbuigend: het is wel leuk en je kan best wat, maar dit is natuurlijk niet jouw verdienste.

'En dat is precies waar ik zo allergisch voor was. Ik zag het om me heen, het diversiteitsbeleid in Hilversum. Bij DWDD hadden ze een diversiteitsredacteur, die hoorde bij het project. Het tempo en de werkdruk is daar heel hoog, dus die viel door de mand. Zo breek je het juist af. Het viel me op dat de redactie daarna superwit was. Kennelijk was de conclusie: exotische mensen en dit programma maken, dat gaat niet zo goed samen.

'Een andere redacteur was weer overgekwalificeerd voor wat hij mocht doen. Echt een erudiet persoon, tegelijk journalistiek en filosofie gestudeerd. Een uitmuntende journalist die bij *Zembla* of *Nieuwsuur* had kunnen werken. En die moest dan de research regelen voor een programma waarin mensen langs de weg van de route naar Marokko werden aangesproken. Tegen hem werd gezegd: jij kan zo'n programmaatje doen. In dat systeem kon hij geen redacteur zijn bij een gewoon programma.

'Het was afvinken. In Hilversum konden ze denken: we hebben één redacteur in dienst genomen, aan die plicht is weer voldaan. Daar wilde ik geen voorbeeld van zijn, ik was bang dat ik ook zo zou worden gezien. Dat was mijn obsessie. Ik zag dat donkere collega's, presentators en redacteuren, geen onderdeel waren van de carrousel waar iedereen bij hoorde. Ze werkten in een speciaal hoekje waar ze hun kunstje mochten uitvoeren.'

Het tweede gesprek was met Jeroen Pauw. 'In 2010 won ik de Philip Bloemendal Prijs, voor televisietalent. Ik was verbolgen dat ik toen niet in zijn show mocht komen om daarover te vertellen. Later zei Jeroen: waarom zou ik jou over die prijs aan het woord laten, terwijl je beter iets kunt toevoegen over het onderwerp waar je echt verstand van hebt: je afkomst.'

Wat was het verschil tussen die twee gesprekken?
'Jeroen was progressiever, hij wilde me voorbereiden op een carrière als mediamaker. Ik moest een stap maken in mijn werk. Als presentator van veilige programma's was ik multi-

inzetbaar, maar ik had geen karakter. Nu was het tijd voor meer profiel.'

En dat profiel moest bestaan uit jouw afkomst?
'Dat is onvermijdelijk, ik moet ook niet naïef zijn. Die obsessie heb ik heel gedisciplineerd volgehouden. Als DWDD belde of ik wilde komen omdat Aboutaleb burgemeester van Rotterdam werd of omdat Hans Spekman van de PvdA iets had gezegd over Marokkanen: altijd afhouden. Ik hield me er te veel mee bezig, daardoor was ik niet relaxed. Later zag ik dat ik iets kan toevoegen.
'In 2017 maakte ik het programma *Ajouad: kaaskop of mocro*? Ik had de *Keuringsdienst van Waarde* gepresenteerd. En *Puberruil* en *De Reünie*, met Anita Witzier. Ik had een basis neergezet, bewezen dat ik inzetbaar was voor niet-etnische dingen. Met die neutrale titels op zak durfde ik pas exotisch te gaan doen.'

'Toen ik opgroeide waren de media niet de beste bondgenoten van de Marokkaanse gemeenschap. Als in mijn buurt een camera kwam, zette je een capuchon op en deed een hand voor je gezicht. Media en entertainment werden niet gezien als iets goeds, tenzij je heel veel geld verdiende, zoals Ali B of Najib Amhali.
'In de ene wereld was ik helemaal de man. Bij AT5 had ik een eigen programma en ook bij FunX, onder jongeren een superpopulaire zender. Hoe had ik op mijn negentiende al zoveel bereikt? In de andere wereld, thuis, werd het niet gezien als een serieus leven.
'Ik werkte bij AT5 en mijn vader kwam de redactie oplopen, hij vond dat ik mijn leven vergooide en wilde me daar weghalen. Op school kon ik goed leren, ik had een nette eindlijst, hij wilde inzetten op een studie economie of medicijnen. Vanuit het perspectief van een gastarbeider was dat een goede basis. Mijn vader is slimmer dan dat hij alleen naar geld kijkt. Maar toen hij complimenten over me begon te krijgen en zag dat ik een auto kon kopen, begreep hij dat het serieus was.'

Sinan Çankaya

Universitair docent (Nederland, 1982)

NEDERLANDS
'In het buitenland. Verder heb ik er weinig aanleiding toe, net zoals bij Turks. Het is een van mijn identiteiten. Mijn stedelijke identiteit vind ik belangrijker.'
TURKS
'Als ik boos ben, schiet ik in de Turkse taal.'
PARTNER
'Ze waren divers. Colombiaans, Iraans, Marokkaans, Dominicaans. Nederlands, als in: wit. O ja, en ook Turks.'
WIT OF BLANK
'Wit, omdat blank wil doorgaan voor neutraal. De term wit maakt het zichtbaar als kleur en dat doet pijn, daar reageren mensen boos op.'

Het begon met de penalty van Clarence Seedorf. Turkije-Nederland, op 2 april 1997, was een belangrijke kwalificatiewedstrijd voor het WK voetbal van 1998. Vijf minuten voor tijd miste Seedorf een penalty, bij een 1-0 achterstand voor Nederland.

'Als migrantenkind voelde ik een soort identificatie met Seedorf en de andere zwarte spelers van het Nederlands elftal. In de periode ervoor, met de zogenaamde Kabel, werd in Nederland over ze gesproken op een negatieve manier waarvan ik dacht: dit klopt niet, wat gebeurt hier?'

Çankaya is, als cultureel antropoloog, universitair docent aan de Vrije Universiteit Amsterdam. 'Identiteit is een narratief dat we over onszelf vertellen, maar ook wat óver ons wordt verteld door anderen. Ik was een jaar of vijftien, ik had nog helemaal niet nagedacht over vragen als: wie ben ik?

'In Nijmegen was ik in een grotendeels witte vwo-klas terechtgekomen. Ik ging naar een andere school dan mijn vriendjes,

of ze zaten in hetzelfde gebouw op een lager niveau. In de klas werd voor mij bepaald dat ik natuurlijk voor Turkije was en dus tegen Nederland, dáár werd dat etiket op mij geplakt. Ik moest dus juichen toen Seedorf miste, terwijl ik het ook heel erg vond voor hem.
'Die identiteit had ik niet zelf bedacht, het werd me toebedeeld. Ik ging me daarnaar gedragen, ik kreeg een enclavementaliteit: ik ben hier De Turk. In de achterstandswijk waar ik opgroeide, voetbalden we al met de Turken tegen de Marokkanen, maar daar was het een zelfgekozen identificatie, geen label dat door anderen werd bepaald. In de jaren negentig lootte Nederland toevallig twee keer achter elkaar tegen Turkije voor de WK-kwalificatie, die wedstrijd kwam steeds terug.'

Zou jouw leven anders zijn verlopen zonder die lotingen?
'Dat denk ik wel. Ik ga uit van het sociale. Niet alles staat vast, allerlei paden en wegen zijn mogelijk.'

De tweede fase kwam in 2007, bij het Project Juxta van de politie Amsterdam-Amstelland, waarbij twaalf jonge academici tegenspraak mochten bieden op het functioneren van het korps. 'Van die twaalf was ik de enige met een migratieachtergrond. Na drie maanden mochten we met eigen projecten komen. Als antropoloog koos ik voor interne discriminatie en uitsluiting bij de politie, daar ging later mijn proefschrift over. Daarna heb ik een onderzoek gedaan naar etnisch profileren door de politie.
'In geen andere context is zo vaak aan mijn neutraliteit getwijfeld als bij de politie. Wat kwam ik daar doen, ik moest steeds mijn politiepas laten zien, ik werd aangezien voor de schoonmaker of de monteur voor de frisdrankautomaat. Het verschuift. In de auto word ik niet meer aangehouden, kennelijk ben ik niet erg bedreigend meer. Ik kom nu in een ander sta-

tusconflict terecht: ongeloof over dat ik een universitair docent zou zijn.

'Identiteit is een rekkelijk begrip, het kan verschuiven als de context of de omstandigheden veranderen. Ik zat met twee agenten in de auto. We hadden een provocatief, maar leuk gesprek. Ze maakten harde grappen over Turken. We kregen een melding van een vrouw die een conflict had met haar buurman. Toen we daar aankwamen, zei die vrouw over mij: híj komt absoluut niet mijn huis in. Ik was stomverbaasd.

'De agent die net in de auto de hardste grappen over mij had gemaakt, zei tegen haar: hij is ook van de politie, óf wij gaan nu met z'n drieën naar binnen, óf we gaan weg. Hij wachtte het antwoord niet af en liep haar huis in. In de auto, onder elkaar, was ik een Turk en nu, in het gezelschap van burgers, was ik zijn collega. Ik vond het prettig dat hij zo voor me opkwam. Die rekkelijkheid zie ik ook in mijn eigen leven. Thuis, in Amsterdam-West, ben ik een Turk. Als ik naar het centrum van Amsterdam ga, word ik aangezien voor een toerist. Een Spanjaard, een Italiaan of een Arabier.'

De derde fase kwam bij het presenteren van zijn onderzoek naar de politie. 'Ik herinner me nog een gesprek met een redacteur van een belangrijk actualiteitenprogramma op de televisie. Dat ging vooral over de vraag: wat voor kennisproducent ben jij, hoe objectief is dit onderzoek, je bent Turks, stond de uitslag niet van tevoren al vast?

'In mijn laatste boek, *Mijn ontelbare identiteiten*, probeer ik weg te blijven van het idee dat racisme een probleem is van de onderklasse, geconcentreerd onder PVV-stemmers die lager opgeleid zijn en niet beter weten. Ik wil laten zien hoe structureel en institutioneel het is, ook in progressieve kringen en zelfs bij mensen die een anti-racistische positie innemen, zoals deze tv-redacteur.'

Je schrijft dat je weg wilt blijven van anekdotes omdat het dan een persoonlijke ervaring lijkt in plaats van een wetenschappelijke vaststelling.
'Je bent Turks, hoe objectief ben je dan? Dat idee. Terwijl objectiviteit bij niemand bestaat. Ik ben me ervan bewust dat het boek een aaneenrijging van anekdotes is. En dat dit tegenstrijdig is. Maar ik probeer het persoonlijke te ontstijgen en het in een bredere context te plaatsen.'

Het boek is heftig, er zit niet veel lucht in.
'Ik probeer wel het speelse te benadrukken, het spel van de identiteit. Alleen moest het ook een stomp in de maag zijn. Ik wilde niet vervallen in een goedkope en holle benadering van dit onderwerp, een hosannastemming waarin het allemaal meevalt in Nederland. De slavernij, de holocaust, die gebeurtenissen zitten nog in ons. Toch denk ik dat het alsnog een hoopvol boek is.'

Najib Amhali

Comedian (Marokko, 1971)

> NEDERLANDS
> 'Als het Nederlands elftal speelt – tenzij Marokko meedoet.'
>
> MAROKKAANS
> 'Bij mijn moeder, met de hele familie.'
>
> PARTNER
> 'Niama en ik deelden hetzelfde: een weg vinden in de combinatie van onze Nederlandse en Marokkaanse kanten.'
>
> WIT OF BLANK
> 'Ik zei altijd neger en blanke, nu is het zwart en wit. In mijn grappen was het: neger dit, neger dat. Dat kan niet meer, het is gevoeliger geworden.'

Een paar verhaallijnen uit de in juni 2020 verschenen biografie van Najib Amhali, genaamd *Najib*: zijn verslavingen aan alcohol, drugs en gokken, het vreemdgaan tijdens zijn eerste huwelijk en de jarenlange gevangenisstraf van zijn jongste broertje. Een week voor het naar de drukker ging, is hij het boek toch eens gaan lezen. 'Mijn broertje was niet blij, die moest huilen. Maar ja, het is mijn verhaal en dit hoort daarbij.'

Waarom zo openhartig?
'Een paar jaar geleden las ik in een kliniek in Portugal het boek van Wim Kieft, over zijn verslavingen. Dat was een goed boek. Ik vind: als ik iets vertel, moet ik alles vertellen. Mijn ervaringen delen.'

Over de verslavingen ging het al in je laatste theaterprogramma's. Was dat een schok?
'Voor andere Marokkanen, bedoel je? Sommigen lieten weten: vuile junk, neem nog een snuif. Dan denk ik: waarschijnlijk

breng jij het rond, of anders je neef wel. Kom op, we leven in Nederland, weet je hoeveel mensen drinken, ook Marokkanen? In Marokko wordt gewoon gedronken. Ik ben een publiek figuur, dit onderwerp had ik vaak ontweken. Het zou toch een keer uitlekken, dan kon ik beter mijn eigen versie van het verhaal vertellen.'

In het boek worden de feesten uit zijn jeugd beschreven. De flessen drank stonden thuis op tafel, er werd gerookt en geblowd. 'Mijn moeder droeg moderne, hippe kleren en geen hoofddoek. Mannen en vrouwen zaten bij elkaar. Zo ging het bij alle Marokkanen die naar Nederland kwamen. Nu zou worden gevraagd: maar waar haalden jullie dan vlees? Gewoon, kip bij de supermarkt. Een halal slager was er niet in Krommenie.'

Is er thuis veel veranderd?
'Mijn moeder draagt een hoofddoek, ze ging zich meer verdiepen in het geloof. In haar woonkamer hingen foto's van de kinderen en kleinkinderen. Die heeft ze weggehaald, omdat een vrouw van de moskee zei dat het moest. In de ruimte waar ze Allah aanbidt, mogen geen foto's hangen van anderen. Haar neef kwam zelfs zeggen dat ze geen tv meer mocht kijken, dat was haram. Ik heb hem gebeld: heb jij een tv thuis? Ja, dat had hij. Ik zei: flikker die dan eerst uit het raam en bemoei je daarna weer met mijn moeder.

'Bij FunX werd een radiopresentator bedreigd omdat hij een programma presenteerde dat *Ramadan Late Night* heette. Dat mocht niet, want muziek zou haram zijn. Die show werd meteen gecanceld. In Marokko gaat dat niet zo. Als je daar op straat met een grote baard over joden loopt te schreeuwen, word je opgepakt. Ik ben geen politiek analist, maar ik denk dat het komt door de invloed van Saoedi-Arabië. Zij financieren hier moskeeën, in ruil willen ze invloed. Net zoals bij de PVV zou moeten worden gevraagd: wat zijn die giften, waar komt jullie geld vandaan?'

Is er nog meer veranderd?
'Ergens is iets misgegaan met het beeld van Marokkanen. In Nederland kun je leven met behoud van identiteit en religie, dat staat zelfs in de wet. Het is een prachtig land. Om me heen zie ik allemaal succesvolle vrienden van Marokkaanse afkomst. Een hoofdagent bij de politie, een ondernemer met negen vestigingen van Domino's Pizza, of een hoge functie bij ABN Amro. Daar ga ik mee om. De ene heeft een vrouw met een hoofddoekje op, de andere niet.

'Dat beeld zie ik nooit. Je krijgt alleen de draaideurcrimineel te zien. Als drie Belgen van Sharia4Belgium met een spandoek naar Nederland komen, staan ze op de voorpagina. Ze heten Sharia4Belgium, het zijn niet eens Nederlanders. Ik ben niet heel streng gelovig, of druk bezig met religie. Maar islam is vrede, dat is hoe ik het ken. Je moet elkaar helpen.

'Je hoort weleens mensen zeggen: kijk naar de Chinezen, daar zijn nooit problemen mee. Die staan niet op straat vrouwen uit de schelden voor hoer. Klopt. Alleen zie ik ook geen Chinese voetballers, geen artiesten, geen burgemeesters en geen Kamervoorzitter.'

Wie zitten in jouw publiek?
'Mijn zalen zijn voor 80 procent wit, dat heeft te maken met reserveren. Hollanders doen dat, Marokkanen of Surinamers bedenken een week van tevoren dat ze willen gaan – ja, dan is het uitverkocht. En verder: van hoogopgeleid tot laag en van PVV'ers tot hoofddoekdragende moslima's.'

Waarom komt een PVV'er naar jouw show?
'Zij zeggen altijd tegen me: jij bent anders. Ik vraag dan: hoezo anders? Het komt toch door angst, daarom stemmen ze PVV. De

enige Marokkanen die ze kennen, zien ze bij *Opsporing Verzocht*. Je hebt trouwens ook Marokkanen die op de PVV stemmen. Die zijn het helemaal zat: ik doe zo mijn best en dan verpesten een paar Mocro's het voor ons allemaal.'

Besefte je eind jaren negentig dat je de eerste cabaretier was die zijn afkomst als materiaal kon gebruiken?
'Zo keek ik er zelf niet naar. Ik had de shows van Eddie Murphy gezien, die vertelde over zijn leven. Zo heb ik het altijd bekeken: ik vertel over mezelf. Ik merkte dat hoogopgeleide mensen schreven dat het over integratie ging. Daar was ik helemaal niet mee bezig.

'In mijn eerste show kwam ik op en begon ik in slecht Nederlands te praten. Niemand kende me nog. In de zaal gingen ze me verbeteren, ze probeerden me te helpen, zo slecht was mijn Nederlands. Daarna praatte ik ineens normaal en zette ik de hele tent op z'n kop. Het was een geweldige act, maar het ging niet over integratie. Ik deed het omdat ik het grappig vond.

'Dé Marokkaan bestaat niet. Nu hoor ik steeds over Palestijnen en Israël. Zoals ik ernaar kijk: Saoedi-Arabië is zo rijk, als ze het wilden, hadden ze al een heel nieuwe staat neergezet voor de Palestijnen. Ik ben opgegroeid met joden, die hebben me groot gemaakt. Ik heb alles te danken aan Raoul Heertje, de oprichter van Comedytrain. Mijn oom in Marokko zei al: blijf bij hem, hij brengt je omhoog.'

Dinand Woesthoff

Zanger (Nederland, 1972)

> **NEDERLANDS**
> 'Als ik mijn muziek kan delen met zoveel mensen en we samen die energie voelen. Ze zijn allemaal anders en toch allemaal Nederlanders.'
> **INDISCH**
> 'Wanneer ik voel dat het leven en de geest in alles is.'
> **PARTNER**
> 'Engels, maar dat is toeval. Ik ben niet bezig met waar iemand vandaan komt. Totaal onbelangrijk.'
> **WIT OF BLANK**
> 'Wit, dat is waar we nu op zijn aangekomen. Het levert een gelijkwaardiger samenzijn op.'

Toen zijn vader nog leefde, zat Dinand Woesthoff een keer met hem in de auto, op de Laan van Meerdervoort in Den Haag. 'Naast ons stopte een dikke Chevrolet met het dak open. Mijn vader is geboren in Nederlands-Indië, hij is donkerder dan ik. Toch werd hij lijkbleek: dat is Andy Tielman. Daar zat hij, in de auto naast ons, de ultieme oudere rockster. Via mij ontmoette mijn vader mensen die beroemder waren dan Andy Tielman, daar was hij totaal niet van onder de indruk. Maar voor Indische mensen was dit toch wel de superster.'

En toen?
'Met Kane waren we een paar jaar later de eerste Nederlandse band die een concert gaf in wat nu de Johan Cruijff ArenA heet. Daar heb ik Andy Tielman voor uitgenodigd, om hem te bedanken voor hoe hij de rock 'n roll naar Nederland bracht. De Indorock, eigenlijk nu de rockmuziek. We hebben hem in de

koninlijke loge neergezet en tijdens het concert legde ik het hele stadion plat, met alleen een licht op hem.'

Voel jij je verbonden met de Indorock?
'Absoluut. Mijn vader is geboren in Bandoeng, op Java. Hij noemde zichzelf Nederlands-Indisch, daar was hij precies in. Mijn vader kwam hier in 1953, zij waren de eersten die er anders uitzagen dan de Nederlanders. Ik heb geen last gehad van de discriminatie die mijn vader en zijn zussen ondergingen. Zij waren de hangjongeren van die tijd, laat ik het zo noemen. Ze werden met de nek aangekeken.'

Ben je op Java geweest?
'In 2004 voor het eerst, met mijn vader. Mijn eerste vrouw was net overleden. Omdat ze een bekende actrice was, werd het in Nederland heel heftig. Overal waar ik kwam werd ik erop aangesproken. Dus ik zei: pa, laten we gaan naar waar jij vandaan komt en even niet hier zijn. Daar vertelde hij voor het eerst over de pijn en de weggestopte emotie.

'De hutkoffer waarmee hij van Java naar Nederland kwam, drie weken op de boot, staat nog in mijn huis. Ze moesten kiezen: of je wordt een Indonesiër of je moet weg, als je een band hebt met Nederland. Het bekende Indische verlangen naar een land dat er niet meer is, dat herken ik wel. En er niet over praten. Dat is toch de natuur van deze bevolkingsgroep: nederig, je stil opstellen in een grotere samenleving. Als ik dat vergelijk met de Nederlandse Molukkers, zij hebben een totaal ander vuur, een andere trots.'

Wat vond je van Indonesië?
'Ik heb veel gereisd. In China keken ze naar me: jij bent niet Chinees, maar wel Aziatisch, dus ben je ook een Chinees. Zo had ik mezelf nooit gezien. Ik zie mezelf als een Europeaan, niet als een Aziaat. Eigenlijk ben ik gewoon van de hele wereld, zoals iedereen.

'Ik was benieuwd hoe Java bij mij zou resoneren. Het was niet zo dat ik me meteen thuisvoelde bij de letterlijke dingen, zoals het eten of de temperatuur. Ik herkende me in de verfijning van hoe mensen bewogen, in de finesse van de kunst en ik was vooral volledig geïntrigeerd door de muziek.'

Een week eerder verscheen een single van Dinand Woesthoff, *Can You Hear Me*. 'Het is eerder opgenomen, maar het gaat natuurlijk ook over wat we nu zien gebeuren, in 2020. Dat zal altijd relevant zijn. Een tijdje terug bekeek ik een documentaire, *King in the Wilderness*, over Martin Luther King. Daarin zat een gesprek uit 1967, kort voor zijn dood. We kennen allemaal zijn speech over *I have a dream*. Hem werd toen gevraagd of die droom niet was veranderd in een nachtmerrie. Dat was zo, zei hij. Hij was ontgoocheld door de enorme polarisatie terwijl hij juist iedereen wilde samenbrengen. Zijn gedachten over het verlichte pad van eenwording werden een desillusie.

'Meer dan vijftig jaar later zijn racisme en de beperkte erkenning ervan nog steeds aan de orde van de dag. George Floyd was de laatste druppel in zó'n lange reeks. Wij kijken nu naar Amerika, maar natuurlijk ligt de oorsprong van de slavernij, van het racisme, hier in Europa. In Nederland, Engeland, Spanje, Portugal, wij hebben de slaven gebracht.

'Ik denk dat muziek een tijdgeest moet representeren. Rock, hiphop, dat moet de stem zijn van een maatschappij. Wat ik bedoel met *Can you hear me*: pas als we elkaar echt horen en zien, kunnen we elkaar begrijpen, daarna zelfs omhelzen en zo uiteindelijk de generaties na ons verder dragen in harmonie.'

Is het als soloartiest anders dan in een band?
'Het is bevrijdend omdat je niet te maken hebt met heel veel mensen. Ik kan me steeds omringen met nieuwe inspiratie, nieuwe muzikanten.'

Dat deden jullie bij Kane toch ook al?
'Ik weet dat we die naam hadden. En daar kan ik nu wel om lachen. We hebben bijna twintig jaar succes gehad, daarin werkten we ook periodes van zeven, acht jaar met dezelfde muzikanten.'

Waarom zing je in het Engels?
'In die taal kan ik me het best uitdrukken. Ik weet dat de helft verloren gaat bij een publiek van niet-*native speakers*. Maar ik zie mijn teksten meer als een *travelogue*, een reis die ik vastleg, zoals in een dagboek, voor later.'

Is het moeilijk om nieuwe muziek te maken als je misschien niet de grote successen uit het verleden kunt evenaren?
'Is ego nog een drijvende factor? Om die vraag gaat het. Waarom wil ik dat podium op? Je went snel aan dingetjes, nadat je zoveel jaren succes hebt gehad, wordt het normaal. Ik voel me gezegend dat ik mijn muziek mag delen. Als ik een boek lees waardoor ik word gepakt en verrast, dan ben ik blij dat de schrijver het niet voor zichzelf heeft gehouden.

'Wat me is overkomen, had niet alleen te maken met talent en doorzettingsvermogen, het kwam ook door de tijdgeest en een combinatie van factoren waar ik geen invloed op had. Het is niet aan jou, je kunt het niet afdwingen. Zodra je die controle loslaat, kun je genieten van het delen van je muziek.'

Orlando Engelaar

Oud-voetballer, ondernemer (Nederland, 1979)

NEDERLANDS
'Altijd.'
SURINAAMS
'Ook altijd.'
PARTNER
'Half-Nederlands, half-Surinaams. Ik val op dat type uiterlijk. Verder kijk ik niet naar kleur.'
WIT OF BLANK
'Ik gebruik liever blank. Wit klinkt echt wit, blond met blauwe ogen. Blank kan ook iemand zijn met donker haar en bruine ogen.'

Pas als jeugdspeler van Feyenoord kwam Orlando Engelaar in een witte wereld terecht. 'Ik kom uit de Afrikaanderwijk en Feijenoord in Rotterdam, allebei achterbuurten. Daar woonden ook wel Nederlanders, maar vooral Surinamers, Antillianen, Turken en Marokkanen. Als ik naar een andere buurt ging om te voetballen, was dat in een vergelijkbare straatcultuur. Dat was alles wat ik kende. Ik kan het niet vergelijken met een geheel witte buurt of school, daar heb ik nooit op gezeten.'

Orlando Engelaar speelde veertien keer in het Nederlands elftal en was basisspeler op het EK in 2008. Hij kwam onder meer uit voor PSV, FC Twente en NAC en in Duitsland voor Schalke 04. Bij Feyenoord speelde hij in de jeugdelftallen. 'Het was nieuw voor me. Veel blanke medespelers en tegenstanders, net als de trainers, de begeleiders en de leiding. Voor het eerst voelde ik wat het betekent om een donker persoon te zijn in een blanke wereld.

'Op voetbalvelden en in stadions ben ik voor van alles uitgemaakt. Bananenplukker, kankerzwarte, ga terug naar Afrika.

Maar ook in het veld, met tegenstanders. Je hebt twee populaire scheldwoorden, we zouden ze hier allebei niet moeten noemen. Kankerlul en kankerzwarte. Wat mij zo verbaasde was dat ik een tegenstander net tegen iemand anders had horen zeggen: kankerlul. En dan roept hij tegen mij: kankerzwarte. Wat gebeurt er in zijn hoofd dat hij voor een ander woord kiest?

'Eén situatie kan ik me nog goed herinneren. In de jeugd hadden we een tijdje een donkere keeper. In een wedstrijd maakte hij in de eerste helft een fout waar een tegengoal uit kwam. De trainer begon tegen hem te schelden in de rust, het was niet normaal, hij maakte hem helemaal af. In de tweede helft maakten we 1-1, maar door een fout van een blanke jongen verloren we in de laatste minuut met 2-1. We kwamen de kleedkamer in en weet je wat de trainer tegen die jongen zei? Jammer man, kan gebeuren.'

Wat vind je van de wereldwijde ontwikkelingen sinds de moord op George Floyd?
'Heel pijnlijk, maar goed dat het er eindelijk is op zo'n grote schaal. Als er nu geen verandering komt, gebeurt het nooit meer. Ook ik ben in mijn auto talloze keren zomaar aangehouden, op een bepaald moment bijna wekelijks. Steeds dezelfde man in dezelfde auto met hetzelfde kenteken – kunnen ze dan geen aantekening maken dat het goed zit?

'Na een training reed ik rustig naar huis in een BMW 535 en ik werd aangehouden door een politieagent op een motor. Ik pakte de autopapieren uit het dashboardkastje, alleen lag daar ook wat contant geld in. Hij vroeg waarom ik dat had en begon meteen te dreigen: ik wil antwoord, hoeveel geld heb je daar, ik neem je mee naar het bureau. Waarom zou ik geen contant geld bij me mogen hebben? Zoiets zou nooit zijn gebeurd bij een blanke man. Ik reed weg met tranen in mijn ogen, het was zo denigrerend, ik voelde me zo minderwaardig.

'In Amerika komen nu onderzoeken naar buiten over *white privilege*. Daar wordt door blanke mensen op twee manieren op gereageerd. Een deel zegt: aha, nu snap ik het pas, ik heb er nooit bij stilgestaan dat ik voordeel kreeg door mijn huidskleur. En je hebt mensen die ondanks al die voorbeelden blijven zeggen dat ze geen voordeel hebben van hun huidskleur. Misschien zijn die mensen geen openlijke racisten, ze staan niet op de tribune te roepen dat ik een aap ben, maar bij die groep zit wel een groot deel van het probleem. Ook in Nederland bestaat racisme, zowel openlijk als onderhuids, ook al blijft een bepaalde groep dat hardnekkig ontkennen. Mensen die bij sollicitaties en in andere situaties niet gelijk worden beoordeeld, dat moet gewoon verdwijnen.'

Hoe nu verder? Je bent agent van jonge voetballers, zie je een verschil met toen je zelf begon?
'Ik kan het moeilijk beoordelen omdat ik zelf niet dagelijks rondloop op clubs. Tot nu toe heb ik niet een speler bij me gehad die zei dat hij werd gediscrimineerd om zijn huidskleur, maar ik weet dat het niet verdwenen is uit het voetbal. Bovenin, op leidinggevende posities, is weinig veranderd. Nog steeds zijn er weinig donkere hoofdtrainers of directeuren, op andere functies bij clubs zie ik ze ook niet. Terwijl er zeker goede kandidaten zijn.'

Hoe was het om voor Nederland te spelen?
'Fantastisch. Het EK van 2008 is het hoogtepunt uit mijn loopbaan. Ik ben Surinaams, maar ook Nederlands. Het Wilhelmus is een lied dat je pakt, ik was trots om daar te staan voor de wedstrijd. In Zwitserland kwamen duizenden mensen naar het hotel om ons succes te wensen, vanuit onze kamers konden we ze horen zingen. Tussen die mensen zullen ook racisten hebben gestaan die liever met een geheel wit Nederlands elftal zouden spelen. Maar het overgrote deel van de toeschouwers was trots op

ons, ook op de donkere spelers. Ik wil benadrukken dat er heel veel goede blanke mensen zijn. Fred Rutten, mijn trainer bij FC Twente, heeft veel voor me betekend. Op school heb ik blanke leraren gehad die belangrijk voor me waren.

'Ik voel me thuis in Nederland, ik hou van dit land, het is op vele manieren goed voor me geweest. Voor mij is het simpel: mensen die mij iets niet gunnen vanwege mijn kleur, daar ben ik snel klaar mee, ik geef ze geen aandacht meer. Wanneer iemand op een positie zit waar hij mij tegenhoudt vanwege mijn kleur, dan ga ik om hem heen. Of ik werk nog harder, zoals vroeger. Opgeven is geen optie. Anders was ik nooit profvoetballer geworden.'

Oumayma Elboumeshouli

Online creative (Nederland, 1995)

NEDERLANDS
'In Dubai draait alles om status, laten zien dat je geld hebt. Ik kijk daar met Nederlandse nuchterheid naar, ik neem het niet zo serieus. Het is maar mode, we zijn niet bezig de wereld te veranderen.'

MAROKKAANS
'Lekker bij mijn familie zijn.'

PARTNER
'Hij mag alle afkomsten hebben, als hij maar islamitisch is.'

WIT OF BLANK
'Ik zeg blank en getint, of donker. Wit en zwart vind ik niet fijn klinken.'

De laatste weken, sinds de maatschappelijke reactie op de moord op George Floyd, merkt Oumayma Elboumeshouli (224.000 volgers op Instagram, online creative, actief in de modewereld) dat ze veel nieuwe opdrachten krijgt, onder meer van H&M. 'Ik mag nu heel toffe campagnes schieten voor merken waar ik vroeger niet eens van durfde te dromen. Zoals Givenchy, dat is echt heel exclusief. Het is een eer om als een van de weinigen wereldwijd aan die campagne mee te doen.'

Waar was het voor?
'De nieuwe editie van een tas die ze bij Givenchy na tien jaar weer in het licht wilden zetten. Sinds 2018 schiet ik socialmediacampagnes voor merken. Zij zeggen bijvoorbeeld: we hebben een nieuw paar sneakers dat goed bij jou past, we denken dat jij die schoenen leuk draagt. Dan kopen ze een post in een Instagram Story van mij.'

Werd er ook bij gezegd waarom jij nu ineens voor Givenchy werd gevraagd?
'Nee, maar ik kon het zien aan de talentengroep voor deze campagne. Die was heel divers, niet de standaard influencers. En niet alleen van verschillende afkomsten, ook diverse beroepen. Daar zat een fotograaf bij en activisten, mensen die echt een verhaal vertellen.

'Ik merk dat het hele diversiteitsgebeuren van de laatste weken voor mij een voordeel is, dit is een fijne tijd. Vanaf nu ga ik wel vragen waarom ik voor een campagne ben gekozen en met welke anderen ik daarin zit. Ik wil me alleen nog verbinden aan merken die zich inzetten voor diversiteit.

'Merken denken nu wel twee keer na voor ze een campagne maken: moet er niet meer diversiteit in? Je ziet dat veel bedrijven meegaan in de diversiteitsmode en net doen alsof ze heel erg voor Black Lives Matter zijn. Als ze dat niet werkelijk menen, wordt het benoemd en krijgen ze er online van langs.

'Een paar weken geleden zag je het gebeuren bij Luisa Via Roma, een exclusieve online kledingwinkel. Op hun social media deelden ze allemaal posts over BLM, alleen startten ze daarna een campagne waar bijna alleen maar blanke influencers in zaten. Dat wordt niet meer gepikt. Ik hoop dat het een lesje voor ze was.

'Van mijn manager begreep ik dat het tijdschrift *Vogue*, in Nederland, nu drastisch gaat veranderen, ook op de redactie. Daar heb ik me vaak over verbaasd. Als ik een video zag van de redactie van een modeblad, ook in Nederland. Een heel blanke redactie met misschien één gekleurde persoon. Als de werknemers diverser zijn, worden de concepten, campagnes en samenwerkingen van verschillende kanten bekeken. Dan maken ze andere keuzes.

'Tot nu toe zag ik dat modemerken kiezen voor één donker model en één met een hoofddoek en dan nog tien met een blanke afkomst. Dat is fake, het ziet er gemaakt uit. Het zou op een natuurlijke manier moeten gaan, die diversiteit, maar dat gebeurt niet. En het komt door de samenstelling van de werknemers. Diversiteit is een mooi streven, alleen zag je het nooit op hun eigen kantoor. Ik zeg dit trouwens niet omdat ik iets heb tegen blanke mensen. Al mijn vriendinnen zijn blank, dat is hoe ik ben opgegroeid.'

Hoe ben je begonnen?
'Ik was tien toen ik begon met fotografie. Mijn vader werd afgekeurd, hij had bij de Hoogovens gewerkt, we woonden in Alkmaar. Het was best een blanke omgeving met weinig andere Marokkanen. Ik had veel Nederlandse vriendinnen. Je hoort allemaal verhalen over discriminatie. Daar hadden wij geen last van, ik voelde me thuis.

'Mijn vader ging werken als fotograaf op Marokkaanse bruiloften in Nederland. Een creatieve man, hij had altijd een camera bij zich. Op vakantie in Marokko vertelde hij trots dat hij veertig jaar eerder met alleen een paar slippers naar Nederland was gekomen en wat hij daar had opgebouwd. Hij was geen gastarbeider, het was zijn eigen keuze om hier te komen, dat vond hij belangrijk om te vermelden.

'De fotografie ging ik combineren met mode. Mijn ouders zagen er allebei tof uit. Ze waren, hoe noem je dat, ijdel? Ik begon boeken en tijdschriften te lezen, haalde inspiratie uit foto's die mijn vader had gemaakt. En ik keek naar reallifesoaps, zoals *The Hills* op MTV. Ik zag dat je echt iets kon uitdrukken door wat je droeg. Dat wilde ik ook. Uit je comfortzone komen, anders zijn dan de rest. In de brugklas van de middelbare school durfde ik het nog niet. Vanaf de tweede klas dacht ik: fuck it, ik doe het gewoon. Ik droeg bijvoorbeeld een blazer, een jasje waarvan je denkt: dat is voor een oudere vrouw. Op school werd ik de *fashion icon*.'

Hoe kwam je van Alkmaar naar de modewereld?
'Ik ga niet naar *Vogue*, ik zorg dat zij naar mij toe komen. Dat was mijn plan. Zorgen dat ik op social media zou opvallen. Ik wilde *styling agent* of fotograaf worden. Dat komt samen in wat ik nu doe. Achter iedere foto die ik plaats zit een authentieke gedachte en een verhaal, het is nooit zomaar een foto. Hoe ik die maak, met een spiegelreflexcamera en een analoge feeling, op een inspirerende locatie waar mijn outfit er goed uit komt – al die details vertellen een verhaal.'

Jay-Way

Rapper, werd geboren in Nederland als Jeff Kesse

NEDERLANDS
'Altijd. Op de racistische dingen ben ik iets minder trots, maar het is een groep, niet iedereen denkt zo.'
GHANEES
'Ook altijd. Als op vakantie wordt gevraagd waar ik vandaan kom, kan ik twee antwoorden geven en ze zijn allebei waar.'
PARTNER
'Ik heb een voorkeur voor bruin.'
WIT OF BLANK
'Als het zwart is, moet het ook wit zijn. Bruin en rozeachtig, als je specifieker wilt zijn over wat de echte kleur is. Dat waren de kleurpotloden die ik als kind gebruikte.'

Op de basisschool vergat een vriend van rapper Jay-Way ooit zijn riem om te doen. 'Hij vertelde hoe zijn moeder zei dat hij die riem moest omdoen, anders leek hij wel een bokoe. Het scheldwoord dat Surinamers gebruikten voor Afrikanen. Mijn ouders komen uit Ghana. Toen wist ik: dit komt vanuit huis, van hun ouders, daarom denken zij zo.'

Jay-Way groeide op in Holendrecht, in Amsterdam-Zuidoost. 'Je zou denken dat hier nauwelijks discriminatie was, toch gebeurde het onderling wel.'

Hoe vond je dat?
'Als kind ben je kwetsbaar. Het maakte me onzeker, ik vond het niet fijn om dat gevoel te hebben: hoor ik er wel bij? Mijn moeder nam me mee op vakantie naar Ghana, daar zag ik hoe mooi het land was. Op familiefeestjes werd ik juist blij en trots, ik zag dat er niks mis mee was om Ghanees te zijn. Ik denk dat

het duurde tot ik twaalf was. Vanaf de middelbare school ging ik *embracen* waar ik vandaan kom. Maar het is niet zo dat ik een ongelukkige jeugd had, veel van mijn vrienden waren Surinaams.'

En hoe is het nu?
'Met alles wat er de laatste maanden gaande is, door Black Lives Matter: veel zaken worden nu pas belicht. De meeste creoolse Surinamers uit mijn jeugd wisten niet dat ze oorspronkelijk uit Afrika kwamen, het was allemaal onwetendheid.'

Dat kan ik me bijna niet voorstellen.
'Het was echt zo. Alles wat we op school bij geschiedenis leerden, ging over Europa. De middeleeuwen, de reformatie. Over de slavernij en de Nederlandse rol daarin leerden we niets. Mijn ouders komen van de Ashanti-stam. Wat hun rol in de slavernij was: het werd nooit besproken, niemand wist het. Mensen om me heen komen daar nu pas achter, nadat ze hun eigen research gingen doen. Ik hoorde het ook pas kort geleden.'

Wat vind je ervan?
'Wat moet ik ervan vinden? Ik weet niet of mensen uit mijn bloedlijn zich daarmee bezighielden. Het is een dom argument als mensen nu zeggen: Ashanti mogen zich niet uitspreken tegen racisme, omdat ze zelf slavenhandelaren waren. Ik wil daar sowieso meer onderzoek naar doen, omdat ik niet geloof dat alles zo zwart-wit is als het nu wordt gebracht.

'Dat mijn ouders Ashanti zijn, zegt overigens niets over de Nederlandse slavernijgeschiedenis en over de invloed die we daar nu nog van merken. Die slavenhandel was vroeger, laten we zorgen dat Zwarte Piet ook iets van vroeger wordt. Voor veel Nederlanders is dit een moeilijk gesprek. Ze willen er liever niet over praten en proberen dan maar het onderwerp te veranderen, nu dus naar de rol van de Ashanti.'

Vanuit Nederland maakte Jay-Way een opmerkelijke stap: hij tekende bij het Amerikaanse label Curb | Word Entertainment. Op 17 juli verschijnt zijn nieuwe ep, *No, I'm Not Ok*, deels geproduceerd door het team van Social House, eerder verantwoordelijk voor de wereldhit *Thank U, Next* van Ariana Grande.

Waar gaat *No, I'm Not Ok* over?
'Het is niet altijd goed met mij gegaan. Ik was niet waar ik wilde zijn in mijn leven. Depressief, een laag zelfbeeld, financieel ging het niet goed. Het werd te veel, alles bij elkaar. Ik woonde nog thuis, had ruzies met mijn moeder. In 2019 ben ik gaan praten met een psycholoog, in Haarlem. Dat kan ik iedereen aanraden. De oplossing kwam toen ik begon te praten.

'Net zoals je naar een sportschool gaat is het goed om je mentale gezondheid te verzorgen. Ik weet dat het een taboe is, mensen denken dat je gek bent als je daar gaat. In de periode dat het niet goed ging, heb ik er nummers over geschreven en dat werd *No, I'm Not Ok*. De eerste stap naar genezing was erkennen dat het niet oké ging.'

Het zijn ongebruikelijke teksten voor hiphopmuziek.
'Waar anderen over schrijven, dat is niet mijn realiteit. Ik schrijf over wat ik om me heen zie. Een van mijn grootste inspiratiebronnen is Avril Lavigne. Zij is altijd echt eerlijk geweest over haar emoties. Ik hou nog steeds superveel van haar muziek. Bij mijn Amerikaanse label hebben ze ook met Avril Lavigne gewerkt, ze lieten mijn muziek aan haar horen. In een e-mail kreeg ik een reactie, dat ze het tof vond. Nu kan ik vredig sterven. Ik kan niet wachten om haar te ontmoeten.'

Waarom rap je in het Engels?
'Op de middelbare school had ik van een klasgenoot leren rappen, ik werd verliefd op die muziek. Toen ik veertien was, vroeg

mijn moeder wat ik later wilde, als ik groot was. Ik zei dat ik naar Amerika wilde. Haar broer woonde in New York, met zijn gezin, daar wilde ik heen. Even later zei ze: ik heb het geregeld. Een halfjaar heb ik daar gewoond. Als je jong bent, absorbeer je veel. Ik kwam terug en het had weinig zin om in het Nederlands te blijven rappen.

'In het begin was het moeilijk. Iedereen rapt hier Nederlandstalig. Als je het in het Engels doet, moet het keihard zijn, net zo goed als Amerikaanse rappers. Je mag geen accent horen. Mensen zeiden: hij wil Amerikaans zijn, waarom in het Engels? Ik ben heel blij dat het uiteindelijk is gelukt.'